FIELDWORK

TAIWAN

田野特調

調查地方的手法、配搭與尾韻

5
[2025]
MAY

邱星崴 —— 主編

陳冠彰・王麗蘭・佘岡祐・王昱登・蔡念儒・劉書甫・吳宗澤 —— 合著

Table of Contents

田野特調
調查地方的手法、配搭與尾韻

前言 | Foreword
004　地方、特調與特別調查

後記 | Afterword
350　一起成為地方工作者

第一篇 | PART ONE
地方調查方法

009

第 1 章 | Chapter 01
田野調查這回事：調查實作的事項與環節
邱星崴

017

第 2 章 | Chapter 02
如果地方是一個人：地方文化的交陪與探索
陳冠彰

047

第 3 章 | Chapter 03
一群人走更遠：團體田野操作心法
王麗蘭

067

第 4 章 | Chapter 04
觀其形而會其意：地景判讀調查方法
佘岡祐

091

第 5 章 | Chapter 05
尋找更迭中的傳承：市街田野調查方法
王昱登・邱星崴

113

第 6 章 | Chapter 06
挖掘村田氏的秘密：鄉村田野調查方法
佘岡祐

133

第 7 章 | Chapter 07
認識島嶼的另類國度：部落田野調查方法
蔡念儒

155

第 8 章 | Chapter 08
知性美食家養成記：飲食文化調查方法
劉書甫

181

第 9 章 | Chapter 09
價值與財富的野帳：地方產業調查方法
蔡念儒

203

第 10 章 | Chapter 10
開啟奇幻世界的儀式：地方信仰調查方法
吳宗澤

225

第二篇 | PART TWO
現身、反身的後臺

257

第 11 章 | Chapter 11
地方工作者群像
邱星崴・陳冠彰・王麗蘭・佘岡祐
王昱登・蔡念儒・劉書甫・吳宗澤

263

第 12 章 | Chapter 12
我與地方的距離
劉書甫・佘岡祐・陳冠彰・王麗蘭・蔡念儒

287

第 13 章 | Chapter 13
關於地方，我們說的其實是……
邱星崴・佘岡祐・吳宗澤・王麗蘭・陳冠彰

303

第 14 章 | Chapter 14
在隱現之間的地方工作倫理
王麗蘭・佘岡祐・蔡念儒

319

第 15 章 | Chapter 15
地方實踐的焦慮與希望
劉書甫・吳宗澤・王麗蘭

329

第 16 章 | Chapter 16
如同重力的地方政策
邱星崴・蔡念儒・王麗蘭

339

前言 | FOREWORD

地方、特調與特別調查

如果用「本地普遍繁多、外地稀缺單調」為特色判準，放在國際上，近年來最能代表臺灣的事物，應該是「手搖飲料店」。手搖店不僅發源於臺灣，相比於其他國家，還遍布在全國各地，無論是市街、鄉村、部落或離島，多能點上一杯，依照自己的喜好特調。而臺灣的每一個地方，何嘗不是一杯杯的「特調」呢？

每一個地方都有其自然風土條件（飲料基底），受社會制度、市場區位、族群互動（甜度、冰塊、加料）等因素影響，在歷史的長河中，逐漸調和成獨特的滋味。這股滋味，在不同時代有不同的追求方式；[1]而在當代，我們格外渴求文化的意義感，受必然或偶然的因素觸動而投身行動，成為某種意義的地方工作者，為此展開一次次的「特」別「調」查。

當然，為此展開的「特調」，也正是一種田野調查，是地方工作者在觸動與行動之間必備的探照燈，否則無法看清問題現象，也無從評估方案效果。因此，地方工作的田野調查，是出於實用或應用的導向，尋求現實介入或問題解決，通常將調查結果訴諸地方內部（團隊自身、利害相關人等）；並受工作條件所限，往往採取短時間、多次、多方向的方式。這種作法好比速度快、種類多的街頭小吃，相較於此，其他常見的田野調查類型（學術研究或深度報導），就像是製作耗時繁複、富有飲食哲學的精緻料理。

FOOTNOTE | [1]
解嚴前，多是外來殖民者對地方的觀看紀錄；解嚴後，自我主體的觀看才逐漸萌芽茁壯，依浮現時間可以分為四個階段：1985年，民俗采風，紀錄各地的慶典與技藝；2000年，社區營造，以人文地產景的格式讀取地方資訊；2010年，社會創新，以創業創生的角度翻轉地方；2015年，地方工作，以地方性為核心，發展修補地方的機制。這些階段好比觀看地方的四顆鏡頭，彼此並不互斥，而本書主要屬於第四顆。

藉此比喻，當然不是要區分高低優劣，而是要點出，地方工作的田野調查確實有其特殊性：我們必須非常在乎社會關係的維繫與地方社群的共生，也因此必須以累積、有機的方式來推動進度；而其如此自成一格的原因，正是來自地方工作本身的特質所致。以上體悟讓我們決議共同寫作本書──是作者群寫給自己，以及其他地方工作夥伴的共享指南。無論是地方創生、社區營造、社區大學的從業人員，或者想要返鄉從事文創、小旅行的青年，又或是各層級學校參與地方課程的師生，只要有志於探索、進入地方，都是我們想邀請的讀者與協作者。

　　總而言之，我們希望建構從「地方特調」到「特調地方」的方法論，前者是領略每個地方的特別滋味，後者是因其滋味（不同主題和場域）而來的特別調查方式。為此，我們整理第一線的實作方法、心路歷程及批判反思，希望打造第一本地方工作的「特調」之書。而本書的定位並不只是提供技術或專業，事實上，在地方或地方工作的前提下，「特調」應該更接近素養的概念，是發展地方共作的可能，在其中讓自身也能共好。所以，我們更期待本書是某種陪伴與交會，在地方工作的漫漫長路上，一起特調地方，有機會也來一杯彼此的特調。

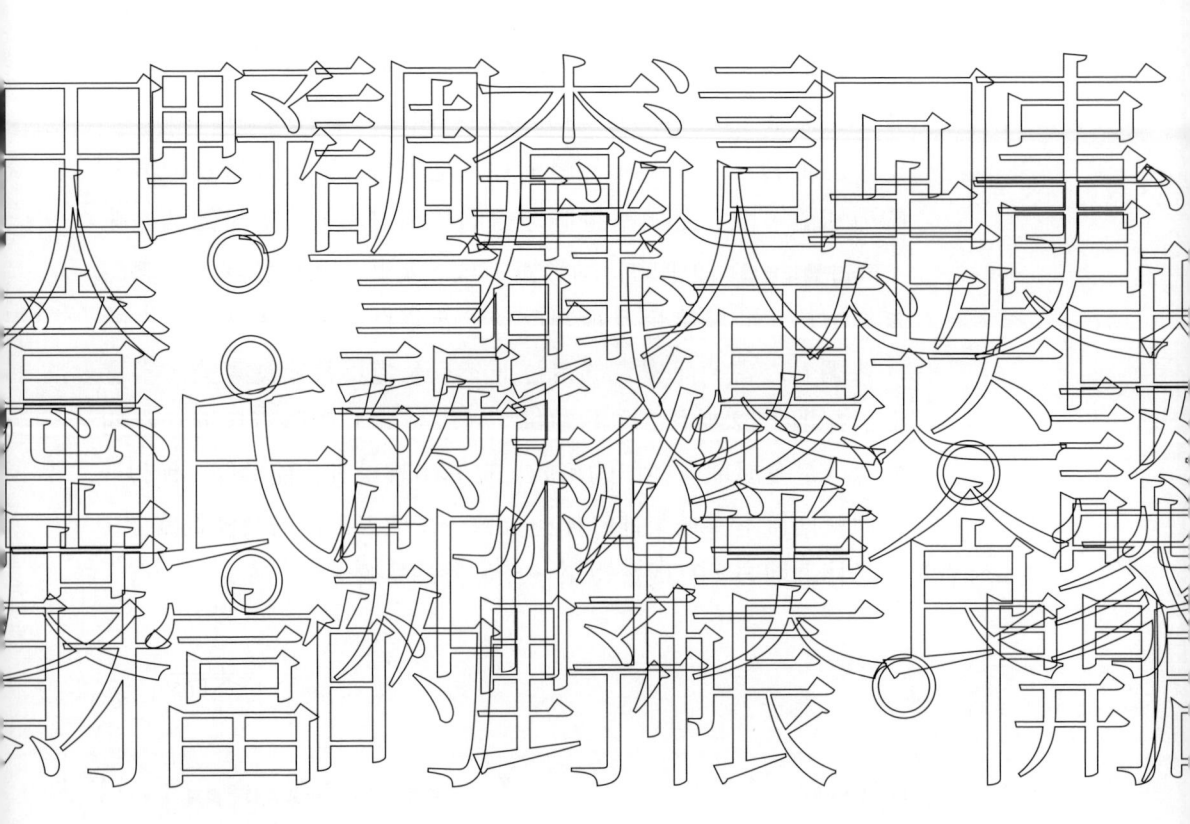

Methods of Investigating Places

PART ONE
地方調査方法

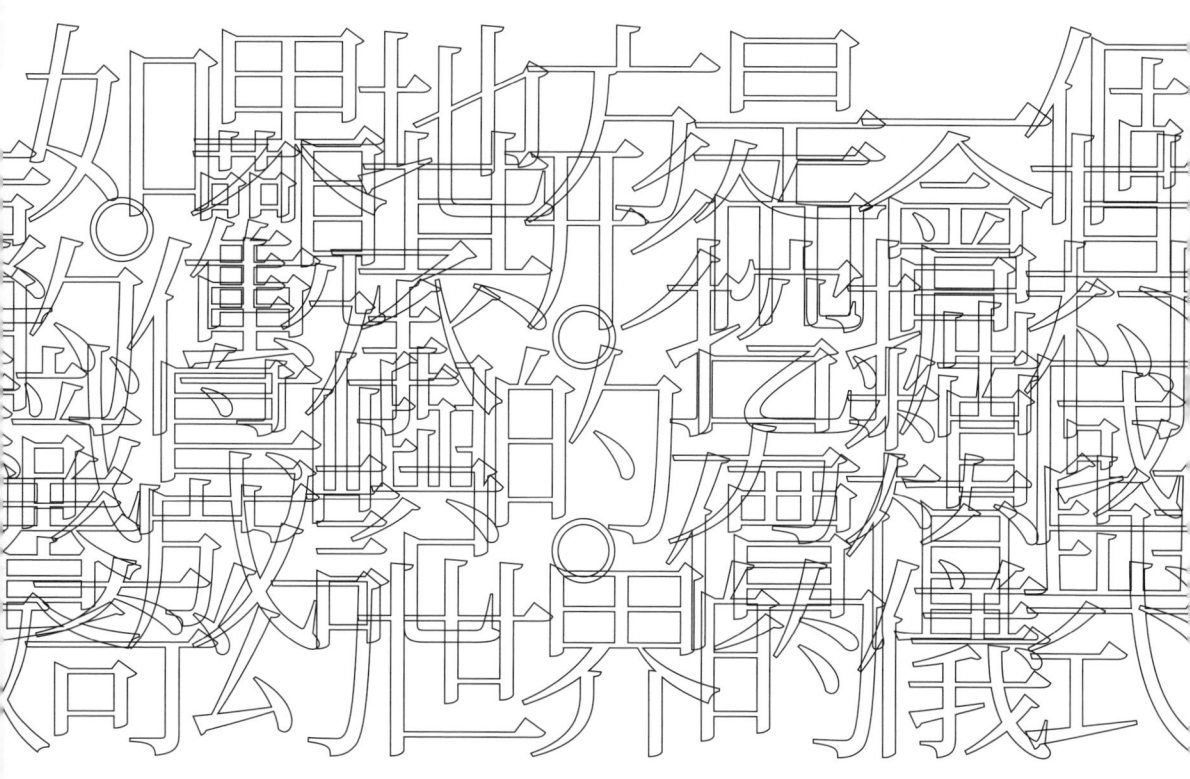

[章節說明]

本篇是針對田野調查實作的具體方法論，實際演練與回答「地方作為整體」、「地方之所以是地方」等關鍵的地方性問題。全篇分成「整體掌握與團隊建立」、「區域探索與特質說明」及「主題取徑與實地操作」三部分，採取從觀念建立到具體分析的作法，用現場的視角說明如何融會貫通操作。為此，設定了每一章的意象，以方便讀者進入情境，服貼該主題的特質，掌握特定的方法論。

整體掌握與團隊建立

　　第一部分，建立田野調查的基本概念與原則，說明初步探索的方式，並且因應團隊規模，提出團體田野應有的實務調整與技巧。

　　第一章〈田野調查這回事：調查實作的事項與環節〉：田野調查看似地方工作的常識，但到底是什麼並不容易說清楚。本章羅列田野調查的基本事項，步驟化每個環節的操作方法，並且強調現場的應變，因此使用「彈珠檯」的意象：每個環節都要觸及，但不是每次都能盡如己意。本文來自後續各章的

提煉，重視「如何」的操作性，並且闡述背後的思維，以利讀者建構自身的調查架構，可以視為本書的共通方法論。

　　第二章〈如果地方是一個人：地方文化的交陪與探索〉：認識地方，是以整體的方式，正如同「認識朋友」一樣，從初步印象、基本資訊、知根知底到彼此牽絆。本章說明如何從總體感知地方，勾勒初步感知，並開啟基本探索的方式，以地時人事物的方式循環深入，逐步從可見的表象轉向不可見的深層地方性，並與地方開展夥伴關係。

　　第三章〈一群人走更遠：團體田野操作心法〉：本書提及的調查方法，都可以一個人進行，但進入地方終究會走成各種意義的一群人。一個人與一群人進行調查，畢竟是不太相同的事情，團隊是否運作順暢關乎成敗。組織田野調查團隊的過程，恰似「組隊打怪」的冒險旅程，本章一步步說明如何從團隊組成開始，集結各角度的調查，最後匯聚眾人心血，解釋每個環節的注意事項及推進方式。

區域探索與特質說明

　　第二部分，走入實際的現場，進入特定區域的生活進行，而在臺灣不外乎是城區市街、農漁山村及原民部落，這部分不僅以實際現象為線索追尋解析，還提供因應不同聚落特質的調查方式。

　　第四章〈觀其形而會其意：地景判讀調查方法〉：地景是此時此刻的空間切面，看似為最表層的地方，也是簡單直接能感知的資訊，但要如何解讀其蘊含的豐厚含義並不容易。本章以「電影場景」的意象切入，在給定的時空條件下，檢視場景內的人事物是否得宜，這涉及到不同尺度、規模與主題之間的多層次交相應證，仰賴綜合性的資料蒐集，以判讀眼前的地景。

第五章〈尋找更迭中的傳承：市街田野調查方法〉：市街通常人文薈萃、風華動人，累積悠久的歷史資料，其核心在於商業活動，導致不斷變動，因此需要從相對不變的地方（老點、熱點）著手調查；另一方面，市街的特質在於其異質性連結與陌生的社會關係，這需要調查者發揮類似「業務」的精神，做足情報蒐集的工作，精準拿捏人際距離，才能有效加熱社會關係，從中汲取在地文化的資料。

第六章〈挖掘村田氏的秘密：鄉村田野調查方法〉：鄉村通常是由眾多產業與好山好水構成的風情畫，其核心在於第一級生產，農漁山村都涉及組織勞動力、生產設施建制及聚落的構成。鄉村的資料多為一手性質而缺乏研究文本，因此更需要實地的田野調查。本章以「議員候選人幕僚」的意象切入講究各式社會關係的鄉村，具體指出如何在既有社會文化脈絡下經營地方人脈，並借力使力展開田野調查。

第七章〈認識島嶼的另類國度：部落田野調查方法〉：部落是臺灣最古老的共同體，遠在國家到來以前就具備主體性的生活方式，有其特定的宇宙觀、聚落形式、生業模式，並共享著族群認同。而部落相對缺乏自身的文獻文本，多數為政府檔案或殖民紀錄，這更需要進入地方知識的脈絡才能理解。為此，本章設定「青年大使」的身分，扮演部落生活各面向的轉譯角色，以互為主體的方式認識散布在臺灣各地的國中國。

主題取徑與實地操作

第三部分，列舉地方明顯主題操作，飲食料理、產業技術及宗教信仰是繁多現象中，最明顯可見、具體可感的日常，因此特別挑選這三個取徑來理解地方特質，並發展專屬於該主題的方法論。

第八章〈知性美食家養成記：飲食文化調查方法〉：飲食是每日必須但難以自知的感知方式，反而不容易抽身釐清。本章以「Foodie」的意象設想，從愛吃以上、大廚未滿的定位出發，建構獨特的飲食調查方法論，提出「料理分解圖」及「地方飲食年表」的作法，顯現美食來由的前世今生；並且設定三種食伴（在地人、美食製造者及美味守門人），一起經歷從產地到餐桌的旅行。

第九章〈價值與財富的野帳：地方產業調查方法〉：產業是每個地方的物質基礎，而產業鏈運作又往往超出個人經驗範圍。為此，本章以「產品的專案經理」的意象帶入，以臺東的名產釋迦為主軸，進入每一個環節，解析其背後所涉及的多重條件及孕育過程，並提供探討的架構。換言之，是以逆推的方式來重構在地產業鏈，最後再加入池上米、茶葉、荖葉的比較，以呼應於地方性。

第十章〈開啟奇幻世界的儀式：地方信仰調查方法〉：一個地方的精神世界就存在其信仰之中，本章從日常的神聖空間談起，論及籌備期的禁忌狀態，以及慶典期的象徵互動，顯現地方社群如何整合。而地方精神世界的運作，恰似「奇幻作品」般令人著迷，充滿宇宙觀及運作法則。本章以此角度切入對比：設定集恰似日常神聖空間、大小事件恰似籌備期、結局決戰恰似慶典高潮，讓讀者可以從具體事項把握看不見的世界。

本篇各章依序安排的用意是，提供由淺到深的調查方法，將田野概念、現象與作法之間的複雜關係簡要對應，讓大家能從概念到具體、從原則到操作，逐步順利上手調查。因此，首先安排的是第一部分「整體掌握與團隊建立」，屬於整體概念的概覽，先介紹田野調查的階段與項目，再進入調查現場如何開展與推進，之後轉到團體田野的籌備，更符合地方工作多半仰賴集體協作的需求。

第二部分「區域探索與特質說明」，設定「地景判讀」銜接前面的概覽章節及後續的場域章節，同時提供通則以及細節的解析。接著，列舉出臺灣三種基本聚落型態（市街、鄉村、部落），並且依照當代情況來安排閱讀次序與篇幅：市街是多數人生活的場所，因此安排在首篇，並扼要描寫；與之相對，部落是相對獨特的生活經驗，所以增加許多具體說明。值得注意的是，這些聚落型態應該理解為彼此關聯的體系，是臺灣最古老的城鄉關係和流域連帶，更是一種應用性的概念，而不是絕對、斷裂的劃分。

　　第三部分「主題取徑與實地操作」，選擇地方上最明顯的三個主題進行探討，按照進入門檻的難易程度，依序為飲食、產業及信仰，每個取徑都是普遍、平凡又溶於地方性的存在。為了讓讀者能夠掌握與應用，每個主題都規劃兩個層次：先介紹如何在地方研究該主題，詳細說明相關的項目與方式；再處理如何由此主題研究該地方，藉此感受在地獨一無二的質地。換言之，每一種主題調查最終都能回到地方性的認識。

　　總結來說，第一部分從基本通則出發，第二部分說明不同區域特質的衍生重點，第三部分進入地方的主題取徑。具體而言，第一章到第三章是概論，第四章到第十章是實際調查，從物質世界的地景判讀到精神世界的整體感受，從看得見到看不見，讓讀者逐步貼近紋理深入地方，既從不同的管道探索，又從整體掌握，這樣就能回答「地方之所以是地方」的核心問題，以此作為日後地方工作的基礎。

[閱讀建議]

本書並不將自身定位為教科書，而是在地方實作路上的陪伴與對話，所以更鼓勵多重組合的閱讀方式。建議讀者除了從第一頁讀到最後一頁，還可以嘗試層次閱讀、關聯閱讀、交叉閱讀及主題閱讀。

層次閱讀

各章行文力求簡潔，在第一時間就清楚交待基本觀念和應用操作，為此特地安排一定陳述方式：開頭使用具體前提或情境，接著說明該主題特質，建議採用何種調查方法以切中關鍵。另外，以「BOX」整理各個環節的延伸知識，若對相關學理或資訊有興趣，可以參照閱讀。也就是說，各章先安排為首次基本閱讀，就像清粥白麵一樣好消化，但為避免「欠一味」的單調感覺，還準備了其他更複雜或專精的佐料，供搭配選用。因此，讀者可以按照自身需求加入，來增加閱讀層次，每次都會有不同領會。

關聯閱讀

翻閱完第一篇各章之後，可嘗試將調查目標放入對應的章節，按圖索驥進行細讀，如此就能顯現調查的方向、步驟及注意事項，以及可能的田野圖像。以臺灣名產鳳梨酥為例：可以先參照第八章飲食調查，爬梳鳳梨酥在臺灣史上如何出現，為何發生餡料在土鳳梨、冬瓜及鳳梨之間的轉換，涉及了不同時代環境、各層級業者的考量與秘方；若要進一步研究，可參考第九章產業調查，進入整條鳳梨（酥）產業鏈，從生產、運輸、加工到販售，這樣就能了解

常在機場熱銷的臺灣代表伴手禮從而何來；假如到了產地，甚至會赫然發現，鳳梨竟然也是在地供品，農民在土地公、五營兵將的廟宇中，特別以多胞胎的鳳梨來祭祀，於是可以另從第十章信仰調查著手，理解鳳梨之於精神世界的意義。總之，讀者可以用研究題目為核心，盡情在本書中探索、擴大認識。

交叉閱讀

在多次關聯閱讀後，會發現本篇各部分叢集與各章之間，都設定為互相呼應的構件，每個概括式論述都能找到更進階的應用和更聚焦的作法；反之，詳盡的作法也能回推到比較全局的視野。舉例而言，各章多少都提及，在正式開始調查前先到場域走一走，但如何走、該注意什麼，都有其特性側重。第三章團體田野開場推薦的集體暖身（浪遊慢走）活動，就很適合對照第二章整體文化探索，再參考第四章地景判讀解析，先分組進行再一同彙整交流，讓團隊可以快速拼湊地方圖像。而在進行第三部分各種主題調查前，很適合參照第一章，先了解不同主題之間的內在聯繫，並按照第二部分各區域特質的建議來擬定訪綱。上述功能性安排就意味著，讀者可以依照需求調整不同的焦距，更清楚地釐清調查對象。

主題閱讀

跨章的交叉閱讀，還能進一步發展成主題閱讀，即讀者依照關鍵字，組成自己的研究主題群。例如，要調查宗教慶典，就特別需要結合第三章團體田野，及早讓團隊成行，以全方面紀錄慶典；若是調查老街小吃，就可以結合第八章飲食調查及第五章市街調查來開展；若要調查老市區廟宇旁的夜市小吃，

則可以考慮結合第十章信仰調查、第八章飲食調查、第三章團體田野及第五章市街調查；若是調查花蓮東大門夜市的原住民小吃，就可以考慮結合第五章市街調查、第七章部落調查、第八章飲食調查及第三章團體田野。如此類推，讀者可以依照主題進行各種排列組合。

　　本篇各章都是第一線實戰淬鍊的結晶，由於深知各地方有其複雜性與深刻的特質，因此刻意安排高度組裝及呼應的功能：讀者先從第一部分來培養調查的基本概念，再依據第二部分所屬場域（市街、鄉村或部落）的特質，搭配第三部分的調查主題（飲食、產業或信仰），就能建立基本的調查架構，涵蓋注意事項及操作方式，會是不錯的起手式。而來回不斷參照、調動叢集與章節，正是本書最推薦的使用方式，以兼顧細節操作與全局視野。最終，我們期盼讀者能逐漸發展出屬於自身與地方的獨特方法，一起共創臺灣地方工作的調查方法論。

CHAPTER 1

田野調查這回事：調查實作的事項與環節

邱星崴

|

在廣義的地方工作領域（社區營造、地方創生、農村再生、社會創新、文化保存等）中，「田野調查」一詞（或稱「田調」）一直時有所聞，通常意指：在開展行動或方案前，為了解所在地的背景及相關對象，進入場域探討特定主題，所採取的資料蒐集、現場觀察、與相關人士詢問及互動等系列作法。就表面上來看，跟一般深度報導或學術研究相似，但關心的方向及側重的層次還是有所不同。

基本上，深度報導著重資料呈現、事實陳述及觀點平衡；學術研究則重視抽象概念、理論對話與知識突破。而地方工作由於實作取向，其田調重心比較像在兩者之間：的確要知其所以然，期待解析而不只是陳述，但並不追求純概念層次的討論；看重探討社會表象背後的文化觀念與結構條件，但這是為了理解地方社會如何運作，以找到實務工作的切入角度或支持方式。

> 「田野調查」（fieldwork）原先是學院或機構中，專業者進行戶外研究的術語。顧名思義會以為是去田野中做調查，早期的確如此，博物學家達爾文就是經典案例；後來專指人類學領域調查族群文化的方法，要求研究者進到一個聚落，長時間學習當地的語言與生活習慣；之後慢慢擴散出來，現在已經泛指進入地方調查其社會文化的作法。

為了便於掌握「地方工作的田野調查」，本章針對基礎的調查事項與原則，提出操作方法論，加入「如何」的層次：如何能參與、如何能觀察、如何進入一定深度、如何讓對方接受訪談，是更往現場推進、更符合地方工作者所面臨情境的實際作法。❶ 就內容安排而言，先說明一般田野調查的流程，再討論各個環節，並舉出一些類型，最後統整這些方法背後的思維，以助於融會貫通。

FOOTNOTE | ❶
本章為後續各章主題方法論之共同整理，許多想法與架構來自各作者，進一步應用仍須回到專屬篇章。

[調查環節說明]

一般田野調查會經歷幾個事項：起心動念、事先準備、進入角色、建立關係、取得資料、深化調查。在推動時往往環環相扣、相互糾結，難以個別細想，但其實自有其理路，可統整為系統性方法。

階段	項目	內容
規劃	起心動念	確立調查主題、目的與範圍
	事先準備	蒐集相關資訊,選擇調查場域與對象
	進入角色	反思自身生理因素與社會因素的影響
執行	建立關係	接觸報導人,並發展關鍵報導人
	取得資料	搜羅第一手資料,留意訪談的注意事項
檢討	深化調查	整理初步資料,並維持與地方互動

基本上,田調就如同推動一般計畫或活動,會經過規劃、執行與檢討等階段,並涉及大量的資訊蒐集與整理,同樣需要加以區分,釐清執行是否確實到位。但實務上,不是每次調查都能落實從想法到實作的循序漸進,真正的操作更受地方條件或主題特質牽動,甚至是現場機緣的超展開。

就長期地方工作而言,上列表格與其說是流程,實際上更像是彈珠檯:在既定範圍內,針對需要開展的事項進行調查,而過程不可能盡如己意,只能觀察每一輪的狀況,再決定下一輪出手的力道與方向,但最終仍然需要觸及所有的事項,才能完成特定主題的田野調查。

在進入正式討論前,需事先提醒的是:先求建立基本圖像的大致理解即可,相關示範與表格只是為了操作方便整理,無須每次都完整填寫。本章的關鍵是讀者出自實際需要,就特定環節或其他章節來組織搭配;重點在於多次、多樣練習,而非按部就班、一次到位。以下先描述一個案例,再以此對應分項解釋。

你是已經回到地方幾年的返鄉青年，活動舉辦得有聲有色，很受到各界肯定。最近接到公所通知，希望協助老街區活化的提案，你知道這並不容易。近年來，科學園區的衝擊越來越明顯，家鄉變成兩個世界，老街區持續凋零，而幹道對面的新商城不斷發展。但你的青春回憶都在老街區，所以希望能做些什麼，於是接受這個委託。

　　這個專案要在半年內完成老街區的調查與活化，預計前四個月進行調查，後兩個月的雙週末舉辦市集活動。雖然你在這裡長大，但細想起來所知有限，所以先上網查閱資料。你發現除了鄉鎮誌和一些文史資料，缺乏相關調查，當代資料只有公所製作的摺頁和一些網紅拍攝的影片，裡頭提到一些出名店家，你決定先從這些看起來友善的對象著手訪問。

　　在上網瀏覽時，你看到以前家裡在市場擺攤的國中同學在線上，於是趕快約對方出來聊聊，不過他得等到週末才能回來碰面。晚上，你詢問家中長輩該市場的背景，才知道為什麼自己的鄉鎮有雙市場，而且還是日治時期所規劃。睡前想了一下，你決定最近每天都去老街區走走。

　　老街區並不大，由中山路、中正路及中華路組成，路尾就是市場，你發現道路跟店家之間的分布好像有些規律：老店都在中山路的信仰中心附近，小吃在中正路上，中華路上還有很多現代的機構和商場。到了週末，同學依約返鄉，你們約在市場附近的老冰店，這是過去聚會的老地方，閒聊幾句你才知道原來他媽媽已經當上市場協會的理事長，就順勢約了訪談。

經過一週，市場的調查看來有些眉目，掌握到基本資料，也有熟人介紹店家訪問，可以協助解惑。但下週卻開始走衰，原先被網紅採訪的店家突然不理會你，原來對方跟同學媽媽競爭過理事長的職位。於是你感到頭痛，得想辦法另外經營跟市場攤販的關係；之後，還有返鄉創業的青年要拉進來，才能辦成市集的活動。

起心動念：確立調查主題、目的與範圍

調查的第一步，是確立自己想要了解的主題和目標，亦即常在研究論文中看到的「問題意識」，用白話文說，就是想探討什麼事情、為什麼感到興趣。地方工作者處理的題目可能很多元，有些是日常中自然產生的疑問，有些是被指派的任務，多少有些方向可以前進。

然而，也可能並沒有頭緒，只是想稍微試試水溫，那也可以從零開始，由自己生活周遭或是想要了解的區域著手，多去走走、多跟人講幾句話，並試著注意兩個現象：「反覆出現的人事物」和「沒有出現的人事物」。這些都是線索，只要循線摸索，終究能夠拉起整團相互關聯的地方社會叢結。

「反覆出現的人事物」代表該現象背後，有某個機制正在此時此刻的地方運作著。例如，在中山路上，可反覆看到布店、中藥行、榻榻米店等悠久老店家，都是長輩在顧店；中正路上則充斥許多小吃店，有肉圓、臭豆腐、鴨肉麵等，多是中壯輩在做生意，看來年代並不久遠。那麼，為何一路之隔店家有此差異？

「沒有出現的人事物」則是反向推論，透過落差反推什麼機制沒有在此發生。例如，在這些老街區看不到青年返鄉的工作

室或文青咖啡店、老店家沒有二代願意接班、飲食也沒有在地獨有或發源的小吃，這就顯得該鄉鎮與其他曾經繁榮的地方不太一樣。

上述「反覆出現的人事物」可說是「加法原則」，「沒有出現的人事物」則是「減法原則」，而地方不會只有單一的反覆現象。因此，在各種加加減減之間，地方的輪廓就能從看似紛雜的表象中初步浮現，藉此找出值得探討的主題，有助於克服地方調查的基本問題——現象無窮而資源有限。地方工作者勢必要做出取捨聚焦，依照當下的情勢（時間、能力、團隊等）來決定適合調查的主題及方式，未來再分階段推進或環繞開展。

> 感受在地現象的敏感度與自身的狀態有關。如果是本地人，對周圍環境熟悉，比較容易從「加法原則」著手，可能發現很細微或大範圍的反覆出現的人事物；如果是外地人，初期還擁有憑自身既有習慣進入陌生環境的落差感（文化震撼），自然發現沒有出現的人事物，容易操作「減法原則」。當然，這種區分並不絕對，若能組成團隊從各角度觀察，就能更多元地理解地方。無論如何，凡存在就是合理，只要現象在地方一直存在或不存在，就代表有其道理（無論其價值正確與否），都是能再往下探索社會文化的指標。

當然，如果一直在現場漫遊，在不影響他人的情況下，當作有益健康的散步未嘗不可，但就調查來說，只會累積更多毛線團，理不清之間的糾結，也可能讓自身陷入某種焦慮。因此，確立主題是必要之舉，接下來就要處理調查的範圍。

　　由於想要調查的主題會座落於一定的背景，並牽涉相關的人事物──即具有特定的時空邊界，在時間上可能是過去某個時段或當代，在空間上可能是自然村、行政區或多點進行──需要視主題來劃分相關「範圍」。而範圍會連帶調查框架設定，這樣就會知道接下來要蒐集哪方面的資訊。

　　以老街區的飲食為例，大多是湯包、牛肉麵、肉圓、臭豆腐、滷肉飯等常見的小吃，顯示地方交通與交易機能還在，仍然有快速外食的需求。而在老街區外的住宅區，倒是有些專賣客家粽的店家，以前沿街叫賣，這是屬於在地的特色飲食。若要研究客家粽，需討論稻米、炒料（香菇、菜脯、蝦米）及粽葉的來源，然後會發現這些食材多來自客家伙房與流域的互動，就需要再走入流域中游的客庄及上游的泰雅部落。

性質	現象	描述
反覆出現	中山路上多老店舖	信仰中心、布店、中藥行、榻榻米店都位於此
	中正路上多小吃	冰店、餅店、麵店、臭豆腐店等都位於此
	中華路上多機構、商場	醫院、銀行、連鎖店面（寶雅、全聯等）都在此
初步判斷	1. 不同的道路與店家應該是在不同歷史時期形成，才會有如此明確的分布。 2. 從現場人流來看，中山路的老行業可能部分跟信仰中心有關，中正路的小吃可能跟早市有關，中華路的機構和商場可能跟靠近交通幹道有關。總體而言，從小到大的變化不大，可以再去詢問原因。	

性質	現象	描述
沒有出現	缺乏返鄉青年店家	在老街區只有相隔很遠的兩間文青咖啡店，其他都散在外圍，而且只是處理本業，沒有舉辦什麼活動。
	缺乏代表性飲食	在老街區沒有具代表性的在地特色食物，頂多是滷肉飯、牛肉麵、湯包等外地都有的食物。
	缺乏二代接班	看到所有老店面都是長輩在經營，閒聊之下後代也都沒有接班意願。
初步判斷	1. 返鄉青年的數量與類型都有限，人數不多，而且彼此缺乏連結。 2. 缺乏牛肉湯、米糕、肉圓等區域限定特色食物，可能是因為街頭小吃發展的時間較晚。 3. 剩下的老行業只是習慣性經營，老顧客也凋零，可能區域重心早已轉移。	
綜合初判	儘管受到科學園區開發的衝擊，但採訪的跡象顯示：在老街區裡，靠近河道的部分越加衰敗，靠近幹道的地方還能維持一定繁榮。老街內，跟老有關的事物持續沒落，缺乏年輕人接手，可能都被吸引到園區工作或是去對面的新開發商城。本地的交通機能還在發揮作用，反映在大型機構仍然維持和講究方便的外來飲食種類上。	

事先準備：蒐集相關資訊，選擇調查場域與對象

在確定主題及範圍後，就可以著手蒐集資訊，以進行調查的準備和規劃。更進一步說，就是先行探索欲了解現象的周邊人事物及相關條件，這其實類似於生態系的探討：釐清物種與環境的關聯，了解其行為以及環境自身的狀態，並依循此理路來進行調查。例如，同樣是下雨天，農村看天吃飯，這時去拜

> **FOOTNOTE | ❷**
> 資料查詢的項目及實地走訪的內容，可見後續的第二章和第四章，在此不贅述。特別值得一提的是 Google 地圖，兼具資料與走訪性質，是適合用來初步探查的工具，可判斷對象（店家、廟宇等）活動時間，或是透過街景功能來概覽環境，但仍然需要更仔細的比對。

訪農友比較受歡迎，不會耽誤到工作；但在街區，商家多在室內做生意，就算下雨仍然不適合在工作時段拜訪。

蒐集資訊一般會分成兩條軸線——資料查詢及現地探查——孰先孰後並無固定，端看主題或調查者自身情況而定。如果是從生活中發現疑問，那可能是先去現場確認情形，再來比對文獻；如果是專題調查，則可能先完備資料蒐集，再來現場走訪。事實上，更常見的情況是：在現場發現新的文獻資料，或是在文獻資料中獲知現場的遺漏，所以兩者勢必持續交錯，才能造就足夠覆蓋調查範圍的理解框架。❷

從事資料查詢及現地探查到一定程度後，會遇到瓶頸，這時就該以這些基礎資訊出發，擬定需要實際互動的田野對象與場所，再進入下一階段。而在田野現場，資訊的擁有與存放有其條件，並非隨意取得。可以根據對象與場所的特定與否，開展出四個象限，並預先構想對應方式。

一、**特定人／特定場所**：通常是具有頭銜身分的人，並且在相對固定的地點出沒，像是鄉長之於公所、農會總幹事之於農會、返鄉青年之於創生基地、老闆之於老店等。一般而言，出於對方特定資格的限定資訊而拜訪相當正當，有時甚至是必須尊重地拜碼頭，自然構成進入該地點的合理性。反之，若無相關原因在特定地點出沒，可能會被視為麻煩製造者，增添日後調查的阻礙。

二、**特定人／不特定場所**：所謂不特定場所就是不需要特別原因就可以進入的地點，如公園、菜市場、大廟等，通常是庶民生活的空間，若在此遇到特定人士，有機會看到對方的另外一面，或是獲得比較非制式的回應。例如，在菜市場遇到鄉長，他可能比較不會拿出架子，而是寒暄幾句甚至邀請一起用餐。

三、**不特定人／特定場所**：所謂不特定人就是不具備特定職稱的一般人，但仍然擁有某些資格才會在特定場所出沒，像是家長之於學校、鄰居之於大樹下、農民之於土地公廟等。社會關係在這些地方是雞蛋雙生的問題，一方面需要足夠的社會關係才能進入，另一方面也可以在此培養出更深厚或綿長的社會關係。

四、**不特定人／不特定場所**：不特定的人群與地點，正是探查普羅大眾想法的最佳場域，如菜市場的主婦、公園的家長、大廟的信眾等等，其實就是在日常生活中進行調查。此作法有機會推進調查的廣度與深度，一方面可以接觸到多數人的看法，另一方面有機會遇到深藏不露的關鍵人物，避免調查方向受少數人影響或限制。

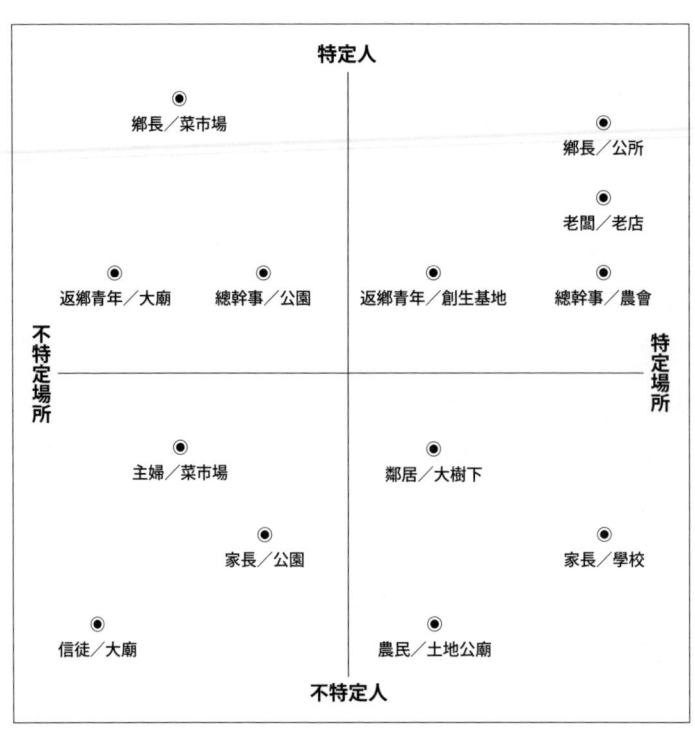

延續探討前面老街區的案例，我們先以公開資料了解基本背景，再經由現地探查找出行業的分布，哪些在日常或特定時間營業，又有哪些歇業，初步整理後再去請教協會幹部詳情。範例請見以下表格：

議題	調查對象	調查地點	調查時間	調查內容
老街區背景	公開資料	網路檢索 公所、圖書館	任意 平日	老街區的初步輪廓
老街區範圍	老街區店家營業情形	老街區周邊	平日假日各自比較	目前營運範圍
老街區感受	店家	老街區店家	平日午後顧客較少	不同類型店家 對街區的看法
老街區感受	消費者	老街區周邊	平日假日各自比較	顧客的來源 及消費行為

進入角色：反思自身生理因素與社會因素的影響

在一般的人情世故中，充足的理由才會構成對方願意提供他人資訊的前提，因此，告知自身的身分與來意很重要，這涉及到第一印象與日後互動。簡言之，不同的身分定位會影響被對待的方式及可開展的路徑，用現在的流行語來說就是某種「人設」。在此並非主張去經營一個符合利基的外在形象，而是需要正視此事，有時這就是調查推展不順的原因之一；就像進田野前可能對在地有些想法，反之亦然，地方看待調查者也會有些既有看法。因此，建議調查者要有明確的定位，避免認識不清或錯誤期待的困擾。

首先，是既有生理角色。基本上，地方社會的運作通常與性別及年齡的組合有關（例如祭祀的事務通常由男性長者處理），所以調查者的生理角色關乎能進入的路徑，並且由此特質對應到特定的看法與模式。在私領域，通常有一套成家立業的階段任務，男性需要有正職來養一家老小、女性則被期待結婚生子；在公領域，年長男性容易被當作潛在政治對手、年輕男性則是該聽

話的晚輩、年長女性應該以家庭為重、年輕女性的意見容易被無視。必須先做好準備的是，如果不符合既定看法（上述之外以及性少數），在地方社會比較容易招致議論，最好先準備一套說法，再慢慢由熟識的田野對象協助溝通。

其次，是社會職能角色。在無法改變的生理角色之外，還有變動性較大的社會角色。基本上，田野對象會考量「停留時間」與「利害關係」這兩個因素，來調整對待的方式。

一、**利害關係弱、停留時間短**：最經典的案例就是學生，這是常見初期做田野的護身符，多數鄉親對於學生身分相對友善，願意提供協助，比較不會被懷疑成詐騙集團。然而，這並不是免死金牌，若是一次太多學生團體或是太頻繁打擾，也會引起反感或向學校投訴。

　　另一個典型案例是遊客，比起學生更容易套入制式的腳本，若是不消費容易被當白目，如果消費大概只能多聊幾句，不然也會被評為奧客。這是最不容易開展田野調查的身分，建議盡快擺脫此位置。

二、**利害關係弱、停留時間長**：學生身分的優點在於無害，劣處在於往往只能取得表面資訊，若要取得更深層的資訊，就必須更被地方認識，讓自己不只是某校學生還是具體的個人。這多半要是研究生以上或是專案調查人員，能花數個月或一年蹲點才有機會，而且過程中不能只是調查資料，還必須有些回饋。

　　而遊客多是短暫停留，如果長期在某地流連忘返，用地方創生的術語來說就是關係人口，已經跟地方人發展出某些友誼，並扮演一些角色，也就擁有未來發展調查的部分基礎。例如，都市青年來到農村打工換宿，跟農場二代

變成好朋友，農忙時都會回來幫忙，之後協助農產品販賣，為此進行產業調查。

三、利害關係強、停留時間短：如果擔任某些職位或是承接某些計畫（助理、約聘、顧問公司、非營利組織等），地方人士可能因為期待好處、解決問題而大加禮遇，也可能被視為資源的掠取者而遭放大檢視，這些都是田野調查的不利因素，會導致田野關係的僵化，或造成調查方向往制式刻板的方向傾斜，但由於調查者能處理的時間不長，所以在一開始就要加以留意。

四、利害關係強、停留時間長：如果身為創生團隊、社造團隊、在地協會、創業業者、在地教師等，上述問題固然存在，但加入長時間的條件，就會有另一種利弊：好處方面，更有機會從前臺走入後臺，讓居民不只是認識特定社會角色，而是底下活生生、擁有喜怒哀樂的特定人；壞處方面，調查者本人可能就是地方人或半個地方人（婚姻、收繼），長期下來難免捲入地方長期的社會網絡與資源競爭，也就是俗稱的派系或廣義的政治，這時就會遇到立場問題，調查者需要反思初衷、審慎以對。

總之，地方社會的運作有一套既有的框架，在其中伴隨著特定的預設，調查者無論符合或不符合，各有對後續調查的影響。

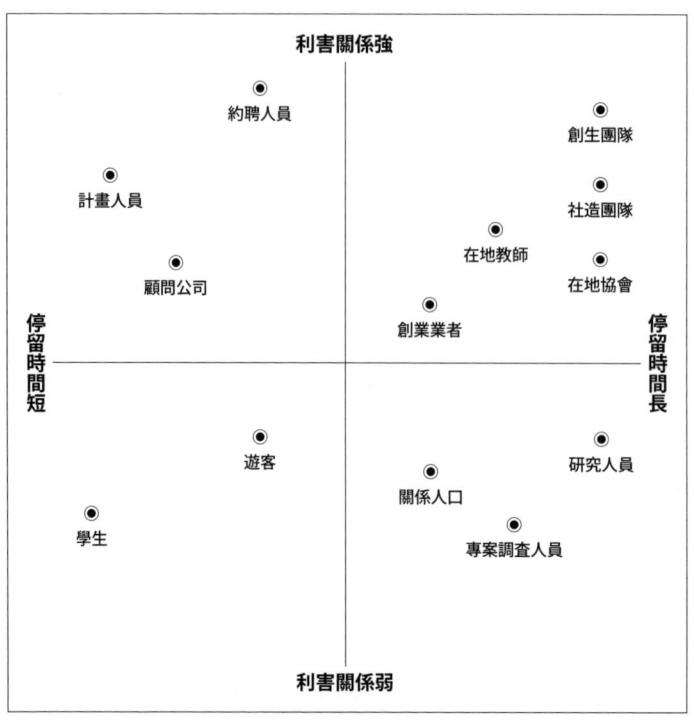

建立關係：接觸報導人，並發展關鍵報導人

　　社會關係像是吸收地方文化養分的根系，必須加以拓展才能夠周全地進行調查。起初，調查者與田野之間的社會距離可能存在以下幾種樣態：直接關係（原地方人，承繼原有關係）、間接關係（為地方人的鄰居、親戚、同學或好友）、親切關係（能說對方的語言或是熟悉生活方式）、毫無關係（以上皆非）等等。但無論如何，為了開展調查，就必須再發展或建立田野社會關係。如果跟地方有或多或少的關係，仍要跨出舒適圈，像是拜訪在廟宇或農會任職的遠親；如果跟地方毫無關係，也可以從社會角色的合理期待去互動，如要寫報告的學生、推動專案的助理、常來用餐的熟客等。社會關係顯然會影響調查的後續開展，因此接下來要進入其性質與類型的探討。

「開展田野的社會關係」乍看之下似乎有些矛盾，是懷抱特定目標而非自然而然的關係建立，容易讓人有些不安，但此事就像一般的人際關係，動機並不特別功利或純淨，有時很難切分清楚，例如跟朋友、伴侶共事或合作，就可能同時認同事情的意義且期待對方的肯定。事實上，這更是光譜的問題，行為正當與否是由情境而定，而調查者本來就會告知自身的角色，所以問題不是出於調查目的而建立關係，而是關係能否建立在尊重與認同的基礎上，才會有自然的情感交流與真心的相互著想。如此一來，才能累積友誼與信任，這不只是田野調查，還會是整體地方工作最珍貴的資產。

在田野調查的語境中，會將調查對象（即提供各式訊息的地方人士）稱為「（一般）報導人」；有些人擁有特別重要的資訊或格外提供資訊的意願，這種人物就是「關鍵報導人」。前者與後者的差別不見得是能力，更在於社會關係的強弱，而這又與信任程度的高低相關。事實上，調查者與報導人的關係就像一般交友的情況：多數是泛泛之交，好友只是少數，以自身為基點展開網絡，就會得到一個類似冰淇淋甜筒形狀的報導人圖像：甜筒的圓形開口是弱社會關係，由地方占多數、具備基本信任的（一般）報導人組成，由此可以增加探索地方的廣度；甜筒尾部尖端是強社會關係，由擁有高度信任的少數組成，關鍵報導人能提供特定資料或是知無不言，由此可以探究議題的深度。而調查資料的正確性，往往仰賴深度與廣度之間的相互檢證。

就通則來說，推動田野調查工作，就是要擴大或維繫這個甜筒，以盛裝更多的冰淇淋（田野資料），這會直接影響到田野工作的優劣成敗。有些時候，關鍵報導人甚至是田野調查必要條件的提供者，往往要在其協助之下，才能順利推動工作，包括食宿交通生活用品獲取、擁有資格進入參與、了解觀察重點、尋求訪談機會等。對長期的地方工作來說，更重要的是田野資

訊的比對及更新，畢竟調查者總有暫別或轉換調查的時候，這時就非常仰賴關鍵報導人的協助。關鍵報導人對於田野工作至關重要，但深厚的關係也會是一種情感負擔，如何拿捏就考驗調查者的智慧。

需要提醒的是，報導人與關鍵報導人之間的分別並不絕對，更是多張交織的光譜。回到交友的比喻，毋須刻意尋求有錢有勢的對象，確立關鍵報導人也是如此，對方未必要是最具備權力、威望或資源的人，願意花時間相處更加重要。這多半還是歸結於前述的社會角色與社會距離，才會產生共感、共鳴甚至共事，來深化彼此的連結，從報導人升為關鍵報導人。然而，就像友誼會變化，與關鍵報導人的關係也有可能倒退，甚至交惡、斷送資料來源。總之，社會關係與田野資料取得的品質和機會直接相關，調查者必須妥善因應之。

取得資料：搜羅第一手資料，留意訪談的注意事項

基本上，田野材料的性質屬於第一手，亦即未經過他人整理或詮釋，能夠直接反映地方情況或報導人所思所想的資料，諸如族譜、帳本、老照片、日記等，或者是進入現場照相、錄影或錄音所獲得的紀錄，這些都需要具備一定社會關係後才有機會企及。這些資料的操作與使用在後續章節有更詳細的說明，❸ 在此著重於「訪談」，也就是口語敘述資料，以掌握看不到的、無法從表面判斷的資訊。

FOOTNOTE ❸
更細緻的操作可見第二章。

田野調查的訪談是複雜、深入又耗時的方法，需要投入心力於前述的事先準備，以此規劃訪談。通常會先挑三到五個較大且關鍵的問題，預先設計數個可以探詢的子題，並盡量列出對方才知道答案的問題、避免無關的（初戀是在何時）、一般性（什麼事印象最深刻）或重複性的問題。

訪綱目標	從老街區店家了解區域發展
已調查資料	1・鄉鎮誌 　①清代：清代中葉就設有河運碼頭，沿著河岸的貿易帶形成中山路的雛型，後來才建立信仰中心。 　②日治：輕便軌連往山區，林業、樟腦、蔗糖等物產沿線輸出，形成今日的中正路。 　③戰後：臺一線縱貫路形成老街區外環，南來北往的人流造就機構、商場進駐。 2・地方踏查 　①老店、小吃與店面、機構分布於中山路、中正路、中華路。 　②平日人遠比假日還多，許多店家已經沒有營業。 　③老店家感嘆生意不如以往，也有人已經退休只是做健康。 　④消費者多是本地人，但抱怨不好停車。
核心議題	1・鄉鎮的機能是否來自淺山與平原的交易功能？ 2・信仰中心是否還發揮整合功能？ 3・科學園區／新商圈帶來的衝擊？
第1議題	1・店家開設幾代了？第一代是否為本地人？當初創業的契機？ 2・資材、設備、原物料的來源？ 3・消費者類型與對象？有沒有固定的客人？頻率為何？
第2議題	1・有沒有行業神？工作用具是否需要供奉？ 2・平常拜哪些神明？土地公、信仰中心的祭拜頻率？ 3・有沒有參加過廟宇的慶典？未來還打算參加嗎？
第3議題	1.新商圈對生意有沒有影響？有沒有想過怎麼應對或調整？ 2・自己會不會去新商圈消費？ 3・下一代有接班的打算嗎？在哪裡上班？

　　基本上，訪談可以分成兩種類別——明確形式的訪談和日常生活的閒聊——兩者各有其適合的場合、場域及對象。無論哪一種類型，都盡量避免非對方熟悉的專業術語，像是「結構」、「論述」乃至「報導人」、「田野調查」等，應該減少或視情況使用，否則對方可能因為這些詞彙陌生而不自在。

　　明確形式的訪談比較正式，適合明確的主題與對象，往往發生在田野初期的階段，例如要調查廟宇的祭祀儀式，先去訪談廟方主委。要進行這類型的訪談，通常需要準備具體的問題大綱，有時甚至事先提供，才能在第一時間顯示尊重。至於時間安排，最好一次安排四十至六十分鐘左右，通常前十分鐘是

社交對話，之後才進入正題，若耗時太久容易失焦或是消磨耐心，影響長遠的田野關係。

日常生活的閒聊相對不正式，通常是進入對方的情境中對話，像是一起挑菜、巡山、下廚等，或是參與地方的公共活動，如廟會、大樹下乘涼等。閒散的聊天可以避免一般人對於制式訪談的尷尬，往往在田野中後期，具備一定社會關係之後才能參與。一般來說，日常閒聊比起明確訪談更加困難，要注意的事項更多，包括談話的時間、話題的主軸、自身的態度，並且有時是在一對多的公開場合進行，現場的變因更多，更需要充分的經驗才能應對。

然而，在田野實務上，這兩種類別並不涇渭分明。有可能帶著精心規劃的訪綱前往拜訪，但理事長只想閒聊；也有可能本來只是在路邊聊天，但陸續加入的鄉親都延續同一話題；甚至同一位報導人在不同情況下，分別參與過明確訪談與日常閒聊。由於訪談的不確定程度相當高，所以不用追求一次到位，可以留待下一次或尋求其他類似人選的協助，這都有助於從多角度認識地方。此外，若是條件允許，建議帶相關物件（老相片、報導、古物等）或將報導人帶到欲探討的場域互動，往往能獲得更具體的描述，或是激發更多回憶與聯想。

值得注意的是，訪談是調查者親力親為的資訊蒐集，也就是實際與人互動所產生的資料，因此，訪談本身並不客觀中性，更可能受話題敏感度，或前述的社會角色、社會關係而影響內容，這是調查者事先要具備的意識，並以此調整作法。總之，訪談有助於更深入掌握地方，其產生的資料無論是內容之間或與既有文獻出現相同、互斥或補遺，都能更增進理解。

深化調查：整理初步資料，並維持與地方互動

前述的設定主題、建立關係到開始調查或訪談等項目，可說是一個序列，儘管實務上可能推展的順序不一，但終究相互關聯，是具有指向性的操作步驟。完成這些項目，算是打造出該調查的「原型」，對於特定主題有基礎掌握，也完成解釋現象的幾片拼圖。若想再進一步加深田野，便需要反覆、同步操作前述的事項。這就像練習雜耍拋球，只丟一顆很容易，但增加為兩顆、三顆到多顆一起拋接，便是不同的事了，很容易手忙腳亂、顧此失彼，直到進入某種韻律，才能順利展開。推動進階田野也需要某種節奏感，涉及調查者整體在地方互動的方式，具體而言，就是如何編織及安排社會關係以持續調查。

事實上，社會關係與主題調查是調查者得以持續前進的兩隻腳：只有社會關係，好像多結交一些朋友，但沒有增進對地方的理解；而只有主題調查，看似有效率，但往往只能獲得表淺資訊，反而喪失深化的可能。唯有兩隻腳協調同步，才能順利深入地方。以下用一張表格來整理前述事項，也就是先前調查的軌跡，以利之後田野的推進。❹ 以操作來說，就是在一輪調查結束後，做出階段整理來規劃後續互動，作為未來發展的基礎。

FOOTNOTE | ❹
進一步的表格請參照：進度管理可見第五章的市街調查；關係管理可見第六章的鄉村調查。

階段	調查事項	中華路老店家
第一輪調查	起心動念（初步觀察）	中藥行、布店、餅鋪、信仰中心在此分布。
	事先準備（已有資訊）	鄉鎮誌、公所導覽摺頁、文化局老行業專書，分出已調查和未調查。
	進入角色（接觸方式）	請家人、同學媽媽、公所文化科介紹調查目的，以及後續活化規劃。
	建立關係（社會關係）	原來跟中藥行和餅鋪的後代有同學關係，小時候碰過面很快熱絡。
	取得資料（第一手資料以及訪談）	取得中藥行的老藥方、餅鋪的帳本。中藥行常有人去聊天，也被歡迎常去；餅鋪節日前都會去廟方討論，可以一起去。
小結	深化調查（後續互動）	新材料補充文獻中日治到戰後的產業史遺漏；餅鋪老闆熟悉地方信仰，又很友善，期待發展為關鍵報導人。

階段	調查事項	餅鋪老闆
第二輪調查	起心動念（初步觀察）	老闆家已經製餅三代，留下許多老設備和精美的餅模，值得進一步研究。
	事先準備（已有資訊）	檢索到餅鋪相關的新聞報導和研究論文，了解他們祖先是從上游鄉鎮搬來，還開發出獨特手法。
	進入角色（接觸方式）	經同學媽媽引介，因對方小孩也是自己同學，很快獲得接納。
	建立關係（社會關係）	老闆早期嘗試推動社造，但不被當時的鄉親接受，現在重燃熱情，雙方價值接近，成為忘年之交。
	取得資料（第一手資料以及訪談）	1. 透過訪談了解老街區老店家的多數身世背景。 2. 取得老闆阿公傳下來的手抄製餅食譜。 3. 了解餅鋪和廟宇之間共生關係。
小結	深化調查（後續互動）	餅鋪老闆的老顧客多是在地人，願意幫忙再多引介其他未受訪店家。

　　換個方式說，主題調查與社會關係存在著雙生連結：主題調查像是要破解的迷宮關卡，而社會關係則是道路指向；透過社會關係才能接觸寶箱，但又因此獲得新的任務與路線（主題調查）。換言之，不同的社會關係直接影響到調查的路徑與方式，各有利弊，可能因此取得特定資料，也可能為此攪和各式糾紛。這正是因為在觀看地方的同時，調查者也被觀看著，而相關資料和知識便是在其中動態產生。最後需要提醒的是，雖然做自己才是在地方做田野最自在的姿態，但不代表可以隨意；抱持正向誠意的互動、時時反省自身、依據現實條件調整，才能營造長期調查的條件，以利後續地方工作的推動。

談到地方，很常會聽到某地「水很深」的說法，意思是複雜、不容易掌握，或是行動面臨著風險。事實上，這個意象在談地方調查時相當符合，的確很像在學習潛入一片海洋，每個海域都有獨特的生態系，在不同的深度具有不同的現象；在哪裡長期停留，就會慢慢特化（地方化）；前面的表格可以隨著調查的深入而延伸，就像潛水訓練一樣，紀錄著在各階段水深看到的現象、準備工作是否確實，以及是否需要或能夠往下一階段沉潛。

當然，隨著深度增加，環境的阻力就會增加，需要獲得新的條件才能更往下走。對應於地方調查，就是隨著地方化更捲入在地，在擁有更多權利／資格的同時，也伴隨著更多義務／要求。例如，一開始可能只是單純的處理文書、擔任志工，後來則是一起出資購買供品或照顧社群成員。如果可以處理或滿足，就能獲得更廣泛、厚實的社會關係而繼續前進；至於要發展到什麼程度，並沒有一定的答案，端視欲調查的主題以及自身的心力、時間、資源和意願而定。

［田野類型與調查思維］

田野類型

如果要用一句話來總結上述項目，那會是：田野調查是對特定範圍與主題的在地生活探討。一開始，會在「田野中生活」及「生活中田野」兩個端點間游移，就像穿著衣服改衣服一樣，調查本身就是進行調查的變數；到後來，田野與生活慢慢合致或達成平衡，趨向「田野即生活」或「生活即田野」。基本上，可以分成三種類型：短期田野、長期田野及家鄉田野。

一、**短期田野**：調查目標、範圍的明確度最高，通常歷時數天到數週，為了有效率地蒐集相關資料，得事先大量準備，通常是以專案型態進行。限制在於時間太短，無法自然累積田野關係，而需要更花心力去處理目的與信任。

二、**長期田野**：調查目標、範圍的明確度中等，通常歷時一年到數年，擁有完整的時間蒐集相關資料，有時會偏離原初設定。容易跟地方人士發展深厚甚至類似家人的社會關係，但困難之處在於告別和放下。

三、**家鄉田野**：調查目標、範圍的明確度最廣，可以同時進行好幾個短、中、長的田野，在承繼既有社會關係之餘，也可能因為推動地方工作無論好壞的效果，影響之後的調查。因此，在家鄉田野需要更高度的反思。

無論何種田野類型，都能用上述的調查環節來推進。若延續潛水的比喻，這三種類型各在不同的層次：短期田野是在踏浪，頂多是浮潛；長期田野比較像是自由潛水，可以透過訓練延長在水下的時間，但終究要浮出換氣；家鄉田野就是在海裡生活了，自己就是海洋生態系的一部分。必須提醒的是，這三種類型沒有好壞之分，也不是截然三分，端視調查的需求而定。例如，在家鄉田野，若要跨出新領域或主題比較，就必須另外推動短期田野（家族本來是經營布店，要去多了解農家）來測試，新的領域自然要處理新的社會關係。

當然，生活現場難免龐雜，細究起來都是糾纏的現象叢結，會需要對應出不同的層次與類型：最淺層是生活圈的認識，了解基本範圍與內容，包括生活的組成（飲食、產業、信仰）有哪些；中層就可以進入生活感，包括生活記憶、生活情感、生活脈絡；深層是掌握整體生活型態，包括既有模式以及行動或體系的影響。但無論哪一種類型，到頭來都需要更有意識地生活，重新感受

與思索原先理所當然的生活內容。需要補充說明的是，在此「生活」並不是指現場現象的總和，也可以是特定主題的現象。

田野類型	時間	範圍明確度	注意事項	生活層次
短期田野	數天到數週	高	社會關係經營	淺層（生活圈）飲食、產業、信仰
長期田野	一年到數年	中（可能生變）	檢視原初目標如何告別與放下	中層（生活感）記憶、情感、脈絡
家鄉田野	∞	廣（短中長同步）	行動影響自身	深層（生活型態）既有模式、行動或體系的影響

總之，生活現象有多複雜，田野調查就會有多複雜，關鍵正在於構思理解的可能，不僅僅是特定資訊的蒐集，還涉及如何解讀，能夠判別所屬的類型、層次，將這些材料妥善安放，才能進一步加以解析。這些思考方式貫穿了全書的調查方法，並因應不同主題而調整，接下來統一說明。

基礎思維：5W1H

要理解特定的主題，最常見的基本思考方式就是5W1H，俗稱「人事時地物」。從發生什麼事（WHAT）、對象是誰（WHO）、何時發生（WHEN）、何地發生（WHERE）、發生原因（WHY）、過程如何（HOW）等角度，來聚焦想要探討的對象。

一般建議從WHAT著手，先觀察發生什麼事或是什麼現象，再環繞展開此現象所牽涉的相關事物。以比喻來說，先將WHAT當作一張照片（現象切片），再進一步去指認這張「照片」涵蓋的對象（WHO）；WHO並不只是人，而是所有相關的對象，可以是人物、動植物或物品。釐清調查主題後，再處理所在地（WHERE），透過空間資訊更突顯主題的特性，完成靜態的現象

切片掃描。接下來，加入時間元素（WHEN），將這些切片各自標定在時間軸，以動態展現複雜對象之間的關係。再來，用如何（HOW）的角度切入，仔細考察每個片段的開展生成。最後，用為何（WHY）的角度從頭審視，將關心的特定現象或調查對象連結起來，並且嘗試賦予解釋。如果能說得通，就回答了原初的提問。

值得提醒的是，上述思考方式並不等分，不需要每次都處理所有提問，各提問也不必然處於同一層次或範圍，而是錯落循環的過程，可以不斷交互檢視。

進階思維：脈絡與網絡

5W1H 是田野現象最基礎的探問，會在田野調查流程中多角度、多層次施行，但生活現場並不是乾淨中性的實驗室，不僅隨時會有突發狀況，更受到主題或場域特質影響，因此，基礎思維還需要應用性調整，再深化為特定主題的方法論。從根本上來說，這正是本書各調查方法的由來，依照各主題特性來延伸基礎思維，再加入「脈絡」（context）與「網絡」（network）的概念，兩者都是調查主題項目的關係性思考，前者討論時間性的變化，後者則是空間性的關聯。

所謂**脈絡**，就是事物的共同背景，在地方所看到一草一木的生成背後都有原因，必須加以探討才能突顯調查對象的縱深，更重要的是，不至於錯誤解讀。本書對市街、鄉村或部落等聚落型態的討論，就是在脈絡概念底下開展。

延續前面老街區案例作為脈絡的討論。該鄉鎮曾經盛極一時，在日治時期，臺灣最早期的油彩畫家、音樂家就來自於此；在戰後，更出產許多文人，早期有很多漢詩詩人、外省文人留

下作品，後期還有些散文家、小說家甚至民謠歌手；但近三十年來，再也沒有著名的雅士，反而是有許多移居外地事業有成的經理人；這些個人的才情和努力固然重要，但總體人文風華必須回到脈絡來解讀。因此，該鄉鎮並不只是風水興衰影響人才輩出或流失，而是出於其作為經濟中地的功能，淺山與平原的交會區位和轉移，正是其背後不可忽略的脈絡。

　　所謂**網絡**，就是事物的連帶關係，地方任何事物的存在都不是孤立的，透過基本邏輯推演，就能捕捉調查對象之間合理的關聯。本書對飲食料理、物質產業及信仰儀式的調查，便是以網絡概念來開展主軸。

　　用老街區案例中的茶葉行來討論網絡。以東方美人茶來說，需要經過茶菁到茶葉的轉換：茶葉的採摘、加工，涉及到勞動力的組織、技術的流傳與演進、政策的演變等；若再更仔細檢視製程，會發現客家人將茶枝茶末與茶園旁的虎頭柑結合，轉變為酸柑茶。而東方美人茶的緣起故事正是這種追求「無剩餘」的客家勤儉價值展現。換言之，透過網絡的觀點，能看到研究對象相關的事物，釐清纏繞的關係，還能看到貫穿背後的深層意識。

　　上述思維方式乍看之下抽象，建議使用**心智圖**的作法加以掌握。先羅列主題相關的材料、要素或人事物，就能夠盡可能全面盤點；再把圖面顯示的所有資訊放入特定序列，可以用時間順序、因果關係或產業鏈上下游等等，從中突顯出整體調查的圖像或還需要加強的環節。藉此，就可以鍛鍊 5W1H 的基礎思考，以及脈絡、網絡之間的交錯。

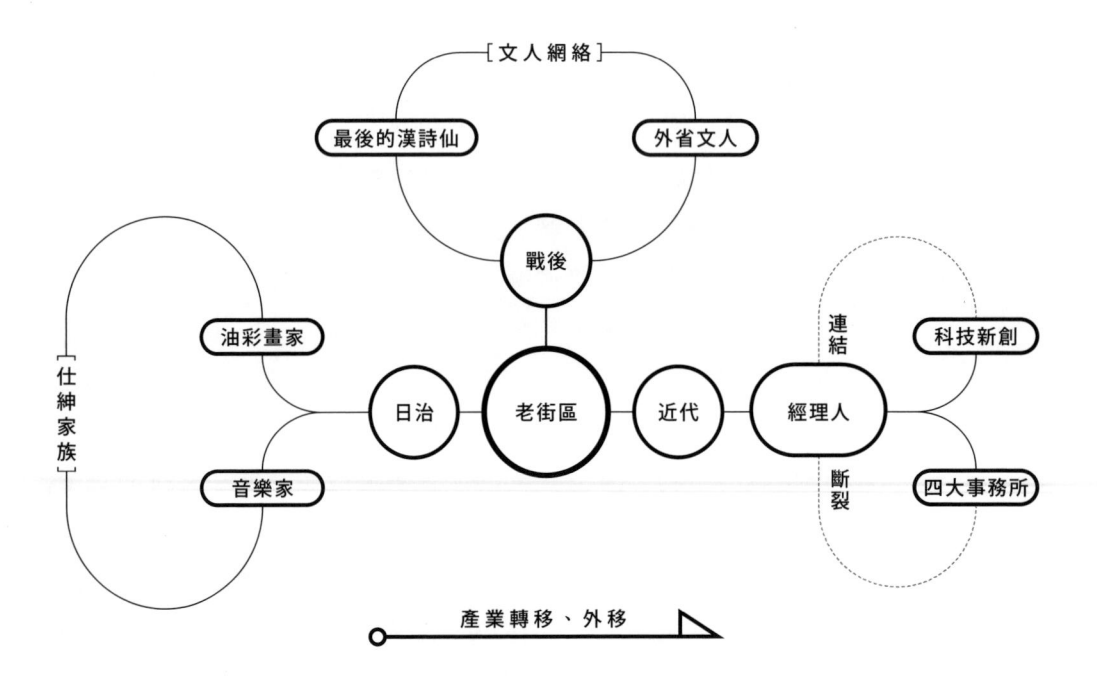

```
                    ┌─── [文人網絡] ───┐
                最後的漢詩仙         外省文人
                         \     /
                          戰後
                           |
   ┌─   油彩畫家 ──┐                    ┌── 科技新創   ─┐
   仕                                   連
   紳                                   結
   家   日治 ──── 老街區 ──── 近代 ──── 經理人
   族                                   斷
   │                                    裂
   └─   音樂家  ──┘                    └── 四大事務所 ─┘


              ○━━━ 產業轉移、外移 ━━━▶
```

042　田野特調：調查地方的手法、配搭與尾韻

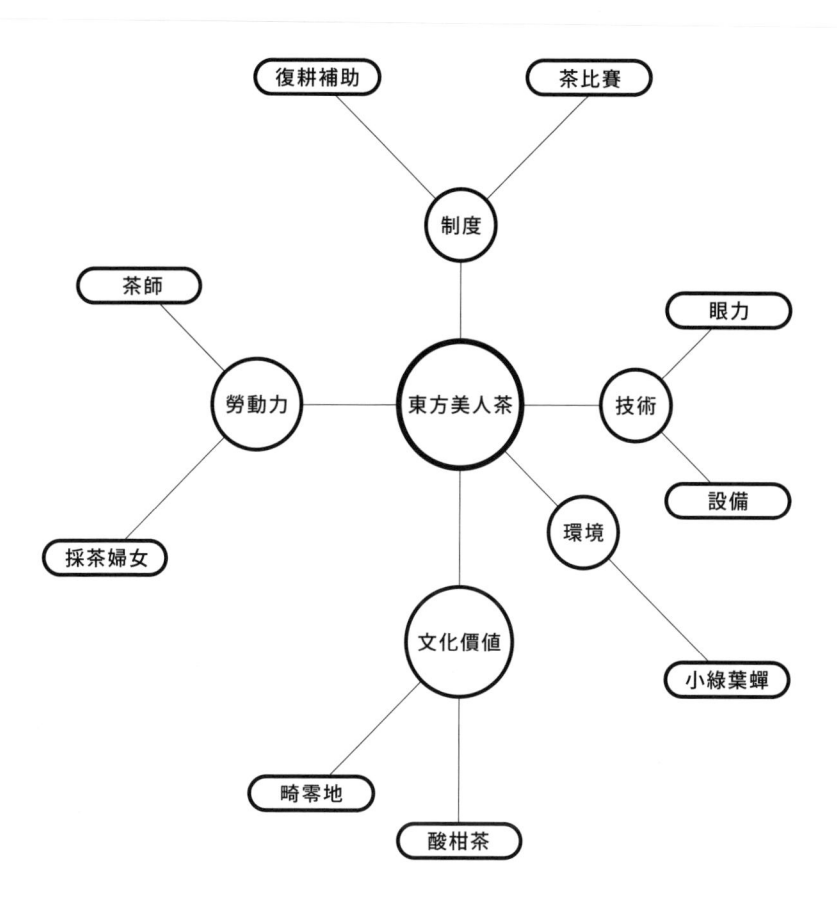

```
                    復耕補助        茶比賽
                         \          /
                          \        /
                           制度
                            |
         茶師               |              眼力
           \                |              /
            \               |             /
           勞動力 ——————  東方美人茶  —————— 技術
            /               |             \
           /                |              \
         採茶婦女            |              設備
                           環境
                            |
                            |
                          小綠葉蟬
                            |
                         文化價值
                          /    \
                         /      \
                      畸零地    酸柑茶
```

以上述鄉鎮為例，在日治與戰後的作品中，看到關於茶園、採茶及喝茶的描寫，這就意味著上述的脈絡與網絡有所重疊。比對之後發現，本地茶葉橫跨日治與戰後，但沒有出現在近代中，恰恰重合於傳統產業衰退，也就代表茶園與創作者都離開生活現場，背後正是鄉鎮面臨政治經濟的結構變遷。

具備脈絡及網絡的概念之後，就能對應時時變化的田野現場，在細節與全局之中穿梭進出，兼具螞蟻和老鷹的視角，並透過心智圖不斷延展、串連，看出田野現象更廣更深的格局。例如，市街、鄉村與部落看似各有不同的區域特質，但其實彼此之間往往由流域所串連，歷經數百年的依存牽動，在當代可能還受到其他力量的影響，像是雪隧、竹科，又會造成區域的衝擊與變化，甚至導致地方新舊重組。總之，從初階到進階，掌握田野思維後，將能發現調查主題相關現象之間的連結，並發展出可操作的調查架構。

[**結語**]

田野調查是地方工作不能迴避的項目，勢必要對地方有所了解才能推動願景。而身為地方工作者，從事田野調查不只是資訊的蒐集與堆疊，更需要發展出系統性、解析性的架構，才能持續動態理解在地，把握地方之所以為地方的特質。因此，地方工作的田野調查不只是故事的採訪與編排，更是將自己捲入在地，同時捲動在地的過程。

本章將這個過程拆解為一系列彼此呼應關聯的環節：從**起心動念**開始，先談怎麼從生活中發覺線索，形成主題之後如何確定調查的目的與範圍；接著著手**事先準備**，蒐集相關資訊，針對調查對象與場域特質做出調查的安排；同時思考**進入角色**，反思自身進入田野的生理與社會因素會對調查產生什麼效果。

前置作業完畢之後，就可以開始調查，進入田野場域，並且**建立關係**以經營報導人；在擁有一定信任之後，才能夠**取得資料**並具備深度訪談的資格。等完成這些事項，就算是「進去田野」，但之後還要維持互動並不斷擴展、**深化調查**。

　　還是得不厭其煩強調，上述的田調事項只是通則順序，實務上往往會因為調查主題、地方情勢或突發狀況而改變，而且這會在各個階段發生，不只是在田野初期。無論如何，調查方法的複雜正來自地方的複雜，有時難免讓人迷失方向，因此，本章先統整後續各章的共同方法，提出整體調查過程的概覽，讓讀者先行通盤掌握；之後實際田野操作時，可再搭配特定主題或場域的調查方法，如此就能應對不同的需求或情勢，達到見樹又見林的效果。

　　儘管乍看之下，地方工作的田野調查跟學術研究、深度報導類似，也難免面臨許多突發狀況，但關懷卻很不一樣。一般來說，學術研究只需要對象知情同意，或是經過機構審查會通過即可；深度報導有時反而要匿名，甚至臥底來揭露負面的社會議題。對比而言，地方工作者因為以地方為前提、以實用為目的，調查對象就不只是特定資訊的提供者、造成影響的行動者，更是地方的一部分。換言之，社會關係的累積只是基本功，就地方工作的角度，我們還需要連同調查對象一起構思如何共生共榮，以及作為地方共好的可能，並且以此為指針，檢視各式「特調」的過去、當下及未來。

CHAPTER 2

如果地方是一個人：地方文化的交陪與探索

陳
冠
彰
｜

什麼是「地方」？Tim Cresswell 在《地方：記憶、想像與認同》中提到：「地方也是一種觀看、認識和理解世界的方式。」不同的地方具有不同的性格，世界的豐富度取決於人對地方的情感與經驗連結的差異性。若再追問何時會用到「地方」一詞？「地方」之於「個人」意義為何？常是離開我城／鄉，在介紹自身之際，會提及來自某個「地方」，如我來自嘉義（忘記何時改口為「綠豆嘉義人」），若要再加長些，會提及那是火雞肉飯的故鄉。似乎地方的大小、定義隨時都在彈性調整。

藝術家倪祥曾說：「在你眼睛閉上時，還可以看得見的地方，才是真正的地方。」或許是人與地方的生命經驗曾於某些點纏繞在一起，即使閉上眼還是感受得到地方的歷歷在目。換個方式來想，如果「地方」是一個「人」，外觀長相是其看得見的部分，閉上眼睛還看得見的應是這個「人」的氣質與內在性格，也就是地方文化。文化研究者透過探索與描述可見的地

方文化,思考種種「看不見」。舉例來說,嘉義市中正路街道上的商店類型分布,就是一種「看得見」,透過這樣的類型分布,可思考是什麼原因讓街區店家呈現目前的分布,並進一步描述街區的內在記憶與未來發展。閱讀地方文化的能力可從描述「看得見」開始,進一步到描述「看不見」。

有些地方、村落不是短時間可以看出特性,需反覆進入並透過不同的提問與路徑,去發覺其內在故事。本章採用的方法是將「地方」視為一個人,想著如何拜訪一個人／地方、認識他、與他相處,甚至進一步與地方交朋友,同時也提出「地、時、人、事、物」這五個關鍵字,來進行地方的描述與探索。

[練習]把自己居住的城市、地方放入空格內思考:如果＿＿＿是一個人,如何描述這個人的外表、行為、個性、內在氣質。

[地方,你是?]

進入地方前,首先需確認自己感興趣的主題。並非每次進入地方都要做全面了解,與其最後寫出字典般的詞條註釋,不如挑一、兩個最感興趣又可發展的主題進行。❶

其次要確認研究的「地」(空間範圍)及「時」(時間長度),這兩個要項將決定進入地方工作的方法調配。後續便是閱讀大量特定文獻資料,找到跟研究相關的議題並持續深入。閱讀資料的過程,除了會協助研究者往特定領域尋找合適的報導人,也讓研究者對進入的地方、社區有基本的輪廓認識,最重要的是

FOOTNOTE | ❶
可參考第一章的「起心動念:確立調查主題、目的與範圍」小節。

希望透過事前的研究帶著問題進入地方，再透過來回訪談與提問，即時修正對地方的理解。

地：地圖

欲進入陌生之地可先從閱讀地圖開始，無論是身處異地或於現場讀圖。地圖涉及出發、歇息、返回、路徑規劃與移動，除了可作為動態路徑規劃，地圖上的地名資訊亦是承載事件的歷時與層疊，例如以城門作為對應的街名或是市場（如南門市場），又如日治時期因「町名改正」而留下的稱呼（如白川町）。❷

若要了解地方，首先要了解其**位置與隸屬行政區**。確認轄區是為了尋找從清領、日治到當代的分區演變，除了確定絕對位置，亦確定與周圍地區的相對關係（如嘉義市與朴子市的關係），以及內部如何分成更小的空間結構（如區、里、路等）。

確認分區範圍後，填上地質、地形、氣候、水文、山脈等**地理環境**的基本資訊。有了這些基礎認識後，再把**人**（群）**放入地方中思考**。地方的起源與變遷跟人的活動有很大關係，從村落附近的植物分布、溪流和村落的相對位置、聚落建築的結構與發展，都可以讀出不同時代人與地的互動關係，而地圖是整合這些資訊的媒介，能將區域空間視覺化。

當代的文化地景有可能在數百年前便已定型，透過地圖的閱讀可以得知範圍空間的演變。除了單張地圖的閱讀，若將相同區域的地圖，透過兩張以上不同年代或特定主題的**地圖相互套疊**，更可以看出套疊範圍內的地方演變脈絡，或是差異主題的交錯關係。

探索地方常見的地圖包括：日治之前的古地圖、日治時期地圖、航照圖、衛星圖、行政區域圖、主題地圖等。日人於1898 年至 1904 年繪製完成〈臺灣堡圖〉，因該圖是較完整的實

FOOTNOTE | ❷
鄉村地名資訊可見第六章，部落地名資訊可見第七章。

測地圖，便於跟當代地圖進行疊圖，可觀察鄉鎮、聚落、河道水文的變遷。而且地圖上保有1920年日人改革地方制度前（清朝或是更早前）便延用的舊地名，透過〈臺灣堡圖〉疊合當代圖資，可以建立從當代回溯到日治時期的空間及時間概念。

更早期的地圖如清朝〈康熙臺灣輿圖〉、〈臺灣汛塘望寮圖〉、〈臺灣里堡圖〉或荷治時期地圖，因繪製方法的關係，不盡然可與當代的地圖進行疊圖，但亦可以從地圖上的城門、老街、古廟、古井等進行位置推估，而聚落的相對位置及地名，亦是認識此區域的重要參照資料。日治之後則可利用地理資訊科學研究專題中心（GIS專題中心）的「臺灣百年歷史地圖」進行地圖疊合，掌握地方百年來的變遷資訊。

地：地名

地表上的地名是人群在特定空間地點生活時，和自然景觀互動或參與歷史事件後所留下來的稱謂。欲從地名了解一地的全貌，可從時間脈絡來認識各時代被留名的人地關係，《臺灣地名辭書》以及「鄉縣市志」是認識地名演變的好用書籍。

市街發展跟族群移動及開墾有著密切的關係。《臺灣地名辭書》以縣市為單位，再以時間為經緯建立地方的時間脈絡，依序以不同時期的行政區劃分並輔以地名演變，說明市街的形成及發展。因此，地名辭書輔以歷代地圖閱讀時，可快速建立地方的時間與空間架構。「鄉縣市志」透過不同年代的地名更迭，呈現了名勝古蹟、文化景觀、區域風景與地景開發、聚落（人、地互動）與市街（國家治理）的形成。透過這些條目，可以大致掌握地方的歷史發展與社會各面向。

繪製研究議題專屬的地方地圖亦是整合地圖、地名及研究資訊的方法。例如，嘉義民雄七星藥局吳嘉文藥師，依照小時

候在民雄街上遊走的記憶,所繪製的〈1970年代民雄街道圖〉,帶領讀者進入1970年代的民雄街區,並透過生活記憶及訪談耆老的口述,標注現今鮮少稱之或是不為人所記憶的地名,如市仔口、番社、乞丐營仔等。對照當今民雄地圖,除了可以讀出市街空間演變,嘉文藥師繪製的地圖亦是一張進入1970年代的記憶鑰匙,這張地圖使那年代的記憶得以安放甚至再敘。

繪製記憶街道圖後,嘉文藥師也繪製了〈1970年代民雄職業別明細圖〉。透過比對1970年代黃頁電話簿、民雄市場攤販的登記資料,再回到現場進行訪談、確認店家的資訊及空間位置,最後由其兒子吳至鎧藥師將這張地圖的草稿,貼在網路社群請眾人確認。這張地圖借用了群眾記憶進行敘事的拼圖。〈街道圖〉的俯瞰視角展示了記憶碎片如何透過繪圖再重新編輯起來;〈職業別明細圖〉則展示了如何透過檔案資料、現場訪談、社群媒體來進行地圖的編輯。

當代對於繪製「地圖」的方法及媒介不斷擴大,像是「聲音地圖」、「味覺地圖」、「記憶地圖」、「文學地圖」、「生態地圖」、「創生地圖」等。在地方文化的探索過程中,應該思考的是如何從地圖閱讀,進而找出、繪製出跟地方相關的主題地圖。

[工具]《臺灣地名辭書》、《伊能嘉矩・臺灣地名辭書》、各地的「鄉縣市志」、「臺灣聲音環境資料庫計畫」、中央研究院GIS中心的「臺灣百年歷史地圖」與「地圖數位典藏」。

> [練習]以〈臺灣堡圖〉當底圖，套疊「臺灣百年歷史地圖」中的自家位置，以此描述自家附近的空間歷史演變，找到欲探索的主題，並嘗試繪製自己的地圖。

除了從「地理／地圖／地名」建構地方的形象，接下來要談論的「時間」，將平面圖像進展為動態影像，透過時間看出地方的動態演變過程，讓地方的演變得以立體顯影。曾有研究者提及，每個文化都有一套自己的時間，要了解一個地方，得先了解當地居民怎麼利用時間？生活步調為何？日常作息為何？人／家族／村落如何描述時間？以下依照時間的運動狀態將地方的時間，分成「線性時段」與「循環時序」。

時：線性時段

線性時段由不同的時間點組成，如戰爭、地震發生的時間點，可以在官方出版的鄉、縣志或是地方歷史的書籍中查到。這些由政府、地方單位出版書寫的時間點，可視為時間軸的底圖，可以在上頭疊加地方的時間段。依尺度來講有村落、族群、家族、個人的時間敘事。例如，1792 年 Z 地發生大地震，X 家族的家產損失大半；1838 年又遇到大地震，祖厝整個毀損，家族四散到 Z 地各處。由於 X 家族過往是木雕家族，因此在 2020 年訪問到 X2 家族的第三代時，就可以從線性的大事紀，看到地方演變的因果關係。也由個人、家庭、家族不同角度出發的時間點，反映出地震跟家族技術四散的原因。

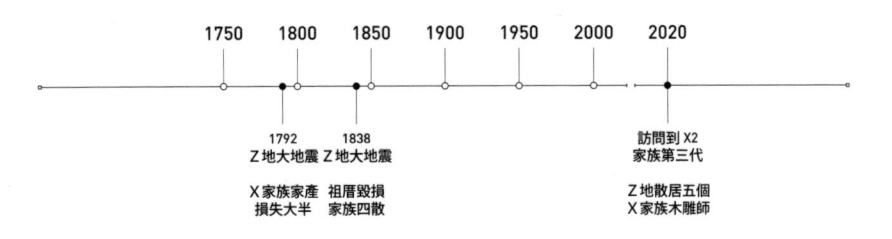

```
    1750    1800    1850    1900    1950    2000   2020
      |      |       |       |       |       |      |
             ●       ○                              ●

            1792    1838                          訪問到 X2
           Z地大地震  Z地大地震                        家族第三代

            X家族家產  祖厝毀損                      Z地散居五個
            損失大半   家族四散                      X家族木雕師
```

線性時間軸可協助研究者
釐清事件發生的前後因果

上述的整理只是以一組事件為例，繪製時間軸或大事紀往往不會只有一條橫軸，而是多條進行相互參照，甚至可在同一時間點拉出縱軸進行比對。現今有線上軟體能輔助時間軸的製作（如 Time.Graphics），在軸線上可嵌入文字、時間、照片、地圖、甚至影片等，將歷時事件進行視覺建構。

時：循環時序

循環時序是指每個**地方獨特的生活節奏**。這個節奏可能是透過自然環境、地方人群、特殊事件長期發展而成，而這樣的循環時序有別於線性時段，也就是某些事件、行動在週期性時段過後便會重複循環發生。因此在「循環時序」上，可區分成日、週、月、季、年。例如，臺南市官田區果農阿江的每日循環時間為何？作為農人的阿江每週、每月、每季或每年的循環為何？透過日循環可看出這位果農的生活規律；週循環可看出市場休市的時間或城鎮廟口夜市的時間；月循環可看到果農的祭祀行為；季循環與年循環可觀察到果農因季節改變會有不同農產品的種植與採收，以及由此衍生的年度節慶與祭典。隨著觀察時間的尺度改變，對地方的律動也會有不同的發現與理解。

果農的日、週循環時間

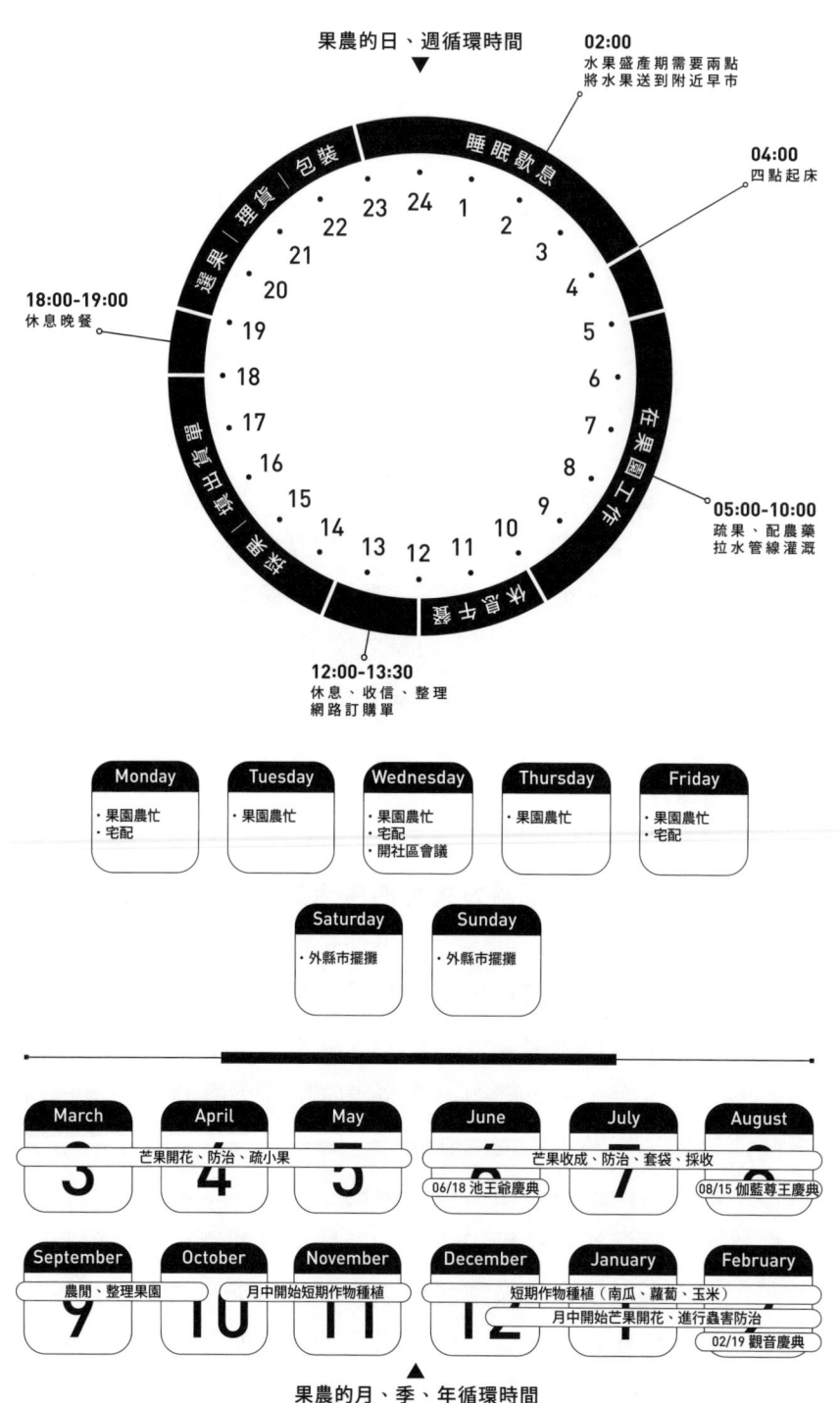

02:00 水果盛產期需要兩點將水果送到附近早市

04:00 四點起床

05:00-10:00 疏果、配農藥 拉水管線灌溉

12:00-13:30 休息、收信、整理網路訂購單

18:00-19:00 休息晚餐

環狀時鐘區段：
- 睡眠歇息
- 在果園工作
- 午餐時間
- 網路出貨
- 選果｜理貨｜包裝

Monday
- 果園農忙
- 宅配

Tuesday
- 果園農忙

Wednesday
- 果園農忙
- 宅配
- 開社區會議

Thursday
- 果園農忙

Friday
- 果園農忙
- 宅配

Saturday
- 外縣市擺攤

Sunday
- 外縣市擺攤

果農的月、季、年循環時間

March (3)　芒果開花、防治、疏小果
April (4)　芒果開花、防治、疏小果
May (5)　芒果開花、防治、疏小果
June (6)　芒果收成、防治、套袋、採收　06/18 池王爺慶典
July (7)　芒果收成、防治、套袋、採收
August (8)　芒果收成、防治、套袋、採收　08/15 伽藍尊王慶典
September (9)　農閒、整理果園
October (10)　
November (11)　月中開始短期作物種植
December (12)　短期作物種植（南瓜、蘿蔔、玉米）
January (1)　月中開始芒果開花、進行蟲害防治
February (2)　02/19 觀音慶典

田野特調：調查地方的手法、配搭與尾韻

地方的生活節奏與動態演變都有各自的時間紋理。若地方是個人，可透過對於人／家族／村落的「線性時段」了解過去發生的事件，以時間為錨點排出前後順序，並以此梳理相互的因果關係；「循環時序」的繪製則可協助研究者了解此地的生活節奏。

> [練習]從感興趣的主題中找到一個人、家族或事件，試著畫出不同尺度的「時段」與「時序」。

[走踏地方]

走一條街

　　在讀完資料、正式拜訪當地受訪者前，可先前往研究區域走踏建立空間感。**隨機漫遊**是一種方法，另一種則是在區域內找一條**直線街道從頭走到尾**。雖說是走一條街，事實上即使是當地人，也不盡然有在街道巷弄內緩慢步行的經驗。街道不僅是一條線，它更像地方的關係網絡，串連了空間與空間、人與空間、人與地方的互動關係。

　　可先選擇穿越市中心、橫跨幾個重要市場的老街道。走一條老街的好處是，可以看到不同年代的建築群、地方特色老店、信仰中心等，走一條街仿若一頁頁地翻讀城市歷史。除了老街，在區域中最長、最新、最小的各種不同直線，都可作為切入認識地方的對象。

　　開始走一條街時，研究者要不斷留意自己的**各種感官體驗**。如改變觀看視角，抬頭看看天際線或低頭看看地面的變化，辨

識出街區的各種聲音、氣味、光影的變化；跟街區中的居民聊天，品嚐幾間店的地方食物，尋找街區上重要的信仰中心，也思考有哪些產業不斷重複出現，觀察建築和聚落型態為何。

行走的過程以及事後應不斷叩問：對什麼印象深刻？對什麼感興趣、想要進一步瞭解？對什麼感到陌生、突兀、好奇？走一條街除了可以透過身體移動去消化前置的閱讀知識，上述的各種提問與感受，亦可當成進入地方的方向及問題意識的調整，協助研究者找到地方的屬性。

透過 Google 街景（Google Street View）所提供的影像，亦可進行遠端的網路田野，這也為疫情之下的情境給出可行的選項。另外，還可透過早年攝影師拍攝的街區照片、動態影像，或畫家的街區寫生，進一步視覺化已不存於現實的記憶街區，如嘉義市攝影家方慶綿於 1929 年拍攝的〈新高寫真館前的廟會遊行〉以及陳澄波於 1934 年繪製的〈嘉義街景〉。這兩件作品中所紀錄的二通（今嘉義市中正路），除了有當時二通的街景建築，更留存了街景的日常氛圍，可協助研究者貼近那個年代的當下。

> [練習] 以步行方式在研究區域內走一條街，並輔以攝影、繪圖、聊天等方式進行。過程中可以參照此街區的歷史影像、畫作。走完後繪製街區圖，將上述的感受、觀察及疑問標定在地圖上，思考有哪些想要持續研究的議題。

人：家族、人群

進入地方前可以先閱讀其人口組成及數量，瞭解地方的發展與演變。臺灣在清代以前缺乏精確資料，直到 1905 年與 1915

年日本進行了兩次「臨時臺灣戶口調查」後，才有比較明確的人口資料。1920 年後，每五年進行一次的「國勢調查」也呈現當時臺灣姓名、種族、職業、語言、婚姻狀況。早年研究者多可透過戶政單位進行戶籍資料的查閱以建立研究檔案，但後因個資法之故而無法取得資料，此時若能藉由關鍵家族的成員取得祖譜資料，亦可對人的關係有更清楚的瞭解。

對於地方的認識，除了已被寫下的文字檔案，有更多的記憶是存於地方人士之中，因此**深度的人物採訪**不但可以獲取未被發掘的故事，更有機會透過訪談建立跟地方的關係，獲得更立體、多角度的敘事。

受訪者的選擇依研究主題由「最關鍵者」開始，可能是擔任地方要職者，或是單位的事務執行者、檔案管理者，如里長、地方發展協會負責人、商圈代表、廟宇主委、地方文史工作者、老店家負責人等。❸ 這些人往往是某些組織或單位的中心人物，對於地方事件的脈絡發展有一定熟悉度，而且也很容易透過他們去認識新的受訪者。最關鍵者也可能是家族，因為某些家族扮演地方文化形成的動力，產業、開發、聚落形成往往跟這些家族有深刻的關聯。家族歷史有時跟地方大歷史鑲嵌在一起，透過家族敘事可以添補大歷史上遺漏、隱晦的部分，以理解地方家族與更大社群的互動關係。❹

拜訪這些關鍵人物應**短時間內回訪**，以加深受訪者的印象。亦可針對同一事件，在不同時間訪談同一位受訪者，填補之前未提及的細節。再來是可以針對事件使用團體訪談，當事件的主角聚集在一起，大家比較容易卸下心防，說出自身感受，甚至可以彼此補充說明。

FOOTNOTE | ❸
「最關鍵者」與「關鍵報導人」不同，前者是特定議題的重要請益對象，後者是整體調查的重要協力對象，詳情可見第一章。

FOOTNOTE | ❹
訪談原則可見第一章，不同場域、主題的訪談方式可見各章。

> [練習]從想要進行地方探索的主題中列出欲拜訪的人員名單，並從中挑出幾位試著進行半小時至一小時的談話。針對談話所衍生的問題或內容，請受訪者介紹相關領域人士，並從研究主題中，繪製出事件關係人的人際網絡圖。

事：脈絡、網絡

進入人際／文化網絡的方法之一是**參與地方的公眾事務**。當我們以參與者身分進入事件籌備、運作之中，我們也進入地方人士的對話與日常之中，由此觀察並理解地方上人、事的意義與兩者的互動狀態。地方集體事件可從機構（如寺、廟、教會）、社團（如地方發展協會、鄰里互助會、運動性社團）、活動（如廟會科儀、聖誕報佳音、繞境、年度祭典、鄰里出遊等），尋找參與的機會。

研究者可思考事件的「脈絡」。事件緣由往往記載著人、地互動關係，因此先詢問事件、活動誕生的起因：「是因為歷史事件或是紀念自然災難？」再來詢問事件進行的流程為何？非活動期間的日常為何？何時開始籌備、進行？活動如何結束？地方事件進行當下，地方人士往往有其分配到的工作及角色，雖可藉此看出事件中的人際網絡，但難有多餘的時間進行訪談。因此建議研究者在事件籌備期間便參與其中觀察，一方面可看出地方人士如何組織與動員，另一方面也可以在籌備期間跟活動的工作人員建立關係，以取得活動的相關訊息。

事件「網絡」往往跟人在事件中扮演的身分交纏在一起，因此當有機會進到事件相關團體內觀察時，可以從外部開始進行描述：「此事件是辦在怎麼樣的空間場所？」「活動的場域如何形成？」「參與者多是從哪些地方來？什麼族群？」「年

齡分布的狀況為何？」「如何分配工作？」「此事件是否由固定的人或特定的家族主導？」這些問題不一定可以馬上回答什麼是地方性，但是可以幫助研究者初步熟識環境與人的關係。

比較熟悉環境之後，便需要把關注焦點集中在關鍵人物上，過程中要記得扣回核心問題：「這個事件或這個家族跟地方的關係為何？」「別的場域是否有相似的活動進行？」「這活動是否僅存於特殊時空下的特定場域？」

參與觀察事件的另一個重點是，在事件結束後，當地居民如何回到日常，以及如何規劃下一次事件。事件後的地方反應，決定了下次事件的調整與內容。可思考的問題如：「地方對於這次活動的反應為何？」「主事者對這次活動有什麼想法？」「下一次活動的舉行會有什麼調整與變動？」事件的參與重點是要理解事件在地方的「脈絡」發展，以及人如何透過事件以「網絡」組織起來。

[工具] 新聞資料庫（如聯合知識庫、全國報紙影像系統）、傳記、回憶錄、日記、報導、小說、活動場域沿革等。

[練習] 完整觀察並參與研究地的祭典或公共事件（從籌備期參與至事件結束、居民回歸日常），並在活動結束後以文字、圖像、圖表等描述參與事件的脈絡及網絡。

物：媒介、記憶

「物」的探索是要**找出物與地方的關係連結**，或透過物件閱讀到地方的文化特色與脈絡。根據研究主題找出地方具代表性的物件，以是否具有族群傳說、記憶、風俗、生活文化特色作指標。如物件是否跟當地重要人士、重大歷史事件有關？此物是否象徵地方族群文化？或者是否見證工藝技術流派的開創或傳承？物件類別包括：藝術作品（書、畫、雕塑等）、生活器物（各年代、行業日常使用的器具）、圖書文獻及影音資料（古籍善本、公文檔案、影音檔案），或個人性的紀念物。

有了感興趣或想要深入探究的物件後，確認其類別，將物件放回地方生活脈絡中，從中去尋找適合說明、訪談的人。首先詢問物件的出處或來由：是從家族長輩繼承而來，還是透過購買、發掘或委託哪位匠師製作？其次是物件的資訊描述：當地怎麼稱呼這個物件？其各部位名稱為何？其他區域是否也有相似的物件？製作過程為何？是否有特殊的工藝技術？製作的材料如何取得？有時物件所彰顯的工藝技術或特殊材料，紀錄著人群與地方長久互動下所發展出來的地方知識。

針對物件的過往背景進行階段性研究後，試著把這個物件所代表的職業、文化、技術放到當下的社會脈絡中比對：這物件跟當下地方的關係為何？在社會、國家的結構之下如何看待這個物件？是否有被演繹後再傳承？這工藝技術是否已經被快速、大量生產的現代技術所取代？最後，應回頭思考這個物件的文化脈絡在當代地方社會的意義，以及人們談論它的方式。作為承載記憶媒介之物的種類有很多，下面我想以一個童年常吃的紅色果實，敘說我的記憶之物。

小時候阿公曾在嘉義市區摘一種紅色小果實給我食用，果實吃起來如濃郁的蜜糖又如冬瓜糖之味，夏日午後靠近那片紅

色果實之林可以聞到強烈的發酵味,那是我兒時的記憶。二十多年後,我想要進一步了瞭解這種果實,但首先遇到的問題是,如何找尋不知名的樹種。我試著前往圖書館翻閱植物學圖鑑,但一無所獲。我也試著在搜尋引擎上鍵入小時候阿公對於果實的稱呼「lê-lí」或累麗、壘麗、蕾麗、紅色果實、小漿果等,但都沒有找到正確的關鍵字。那幾日我對於不知道果實之名感到異常焦慮,仿若喪失語言,無法說出童年記憶。直到某天我輸入「紅色果實、漿果、嘉義、小白花」之類的排列組合字串,透過圖片搜尋終得「南美假櫻桃」之名,嘉義人多稱其為「麗李」。

麗李的漿果(陳冠彰攝)

我開始從我的家庭去探詢「麗李」的相關故事,我的母親跟舅舅討論時提到:「小時候常會去垂楊國小校門口採麗李,但是手可以勾得到的果實大都被採光了,只有較高的地方以及靠近河溝上方沒有被摘除,所以常有小朋友為了摘那些麗李,跌落到學校門口的河溝裡。河溝的水不深,但由於水溝的水有泥沙,因此每次跌落後一定要把衣服脫起來,洗一洗回去才不會被罵。」

另一則訪談則是問到一位從嘉義搬家到臺中的退休老師，她提到小時候跟同學都會去摘麗李當成零食來吃，長大後一直對這個味道念念不忘，退休前因為孩子工作的關係，舉家搬去臺中，她特別提到希望她的孫子也可以記得這個味道，因此帶了一棵麗李的苗種在自家庭院。

後續研究得知「麗李」是由日治時期的植物學家從南洋引入臺灣，「麗李」一詞亦有可能是從菲律賓語翻成日語，而阿公口中唸出的「麗李」或許是從日文轉來。麗李被不同的語言描述後，為科學、客觀的植物百科條目填補了地方人群的生活經驗，成為記憶敘事的載體。

[工具]文化部「國家文化記憶庫」、國家圖書館「臺灣記憶 Taiwan Memory」、中央研究院「臺灣史研究所檔案館」、臺灣舊照片資料庫。

[練習]選一件在地方中想要研究的物件，將物件放回地方的生活脈絡中，從中尋找適合說明、訪談的人，並針對物件進行綜合描述，最後思考此物件在當代地方脈絡下的意義與未來發展。

［地方的交陪與敘事］

　　為什麼做完地方文化調查之後，需要編輯與尋找適當的媒介發表？因為「地、時、人、事、物」的調查，僅是取得地方的基本資料，要形成看待地方文化的觀點，需要對這些原始資料進行分析與詮釋，並思考這些調查的結論想要傳達給誰？如何適當地傳達？

　　進入地方的調查行動，是接觸不同人群的方法，針對這些資料重新編輯、展示或出版，則是讓地方的文化碎片，重新組裝形成一套思想文化的敘事。編輯作為一種行動（包括但不限於文字），可以把研究者編入地方的網絡中，透過聚集不同社群在共同平臺共事對話，攪動地方內的群體。

　　以出版文章為例（行動樣態可代換），發表刊登前先請受訪者過目閱讀文章，一來可以讓對方瞭解自己的訪談會被整理成什麼樣的文章，也讓對方在出版前有機會參與。有時受訪者還可以幫忙看稿再次確認細節，很多時候受訪者看到初稿後都會補充文字或照片，那些被遺忘、不輕易給出的資料會得到展示出來的機會。

　　最後的成品務必給受訪者一份，不僅讓他們清楚看見過程中的努力，也讓受訪者跟研究者的關係提升到另一個階段。地方研究的最後成果，可以在「實體空間」以活動（工作坊、展覽、座談）和紙本（地方報、刊物、雜誌、繪本、地方風味菜單、旅行的摺頁地圖）的形式呈現，或是在「網路空間」以部落格、社群媒體、網路雜誌、新聞的形式發表。

　　誠如首段所言，地方的大小、定義隨時都在彈性調整，如何描述一地自然也沒有標準的方法。除了透過圖、文說明再現地方，策畫一場展覽、譜寫一段旋律甚至是街巷餐盤之味，都是在閉上眼睛後，還能感受到甚至看到地方的方法。

［結語］

本文開頭提及地方文化的探索與描述，是幫研究者從「看得見」思考種種「看不見」。我自己早年在嘉義二通（中正路）上散步時，一直對於店裡面擺滿了金針、愛玉、筍乾的山產乾貨店充滿好奇，若以「地、時、人、事、物」重新組織當時的好奇，或許會得到更多細節的描述。

從 1898 年的〈臺灣堡圖〉對照 1907 年〈市區改正圖〉得知，二通沿途會經過石路仔、店仔尾，《地名辭書》中亦提及中正路末端接近火車站附近名為「牛墟尾」。透過地圖上之地名初步了解中正路應為西門連接到城外「牛墟」（定期舉行的露天市場）的一條路徑。根據幾位經營者提及山產繁盛的時間大約在 1970 至 1980 年代，當時臺 18 線（阿里山公路）系統尚未完全成形，山上的農產品可透過阿里山鐵路運至嘉義車站，再由當時的工人搬運至中正路上的山產店，或直接交易後轉上縱貫鐵路往別的縣市移動。若將物件聚焦筍子加工品，更可看出當時有許多是外銷日本。後因中國農產品隨年代從「間接進口」到「直接進口」臺灣，讓臺灣銷往日本的農產品逐漸被取代，因而中正路從原有數十幾間山產店逐漸萎縮。

重新觀看二通上的山產行，透過幾個關鍵字做循環式閱讀，似乎可找到組織山產店敘事的幾個點，如清代城外聯通道路、牛墟尾、阿里山森林鐵路、縱貫鐵路車站、臺 18 線的開通、農產品外銷、中國農產品進口、連鎖賣場興起。而這些點將隨著研究者於文獻與現場的交錯詢問，逐漸清晰成地方敘事的影像。

二通如果是個人，他／她該是一位山林的子民，對山產如數家珍，熟悉山路與鐵道的交錯，看過不同的人群、國家來往。若想進一步地訪談認識，或許他／她會約我在街區的某間魯熟肉攤位，點上幾樣招牌菜，分析著食物原料的分布，還會邀我有機會走入那座臺灣與世界相連的山林。

地方文化	地（地圖、地名）	地方研究者應就「地、時、人、事、物」這五個關鍵字，做循環式閱讀，以建構更鮮活的地方認識。
	時（時段、時序）	
	人（家族、人群）	
	事（脈絡、網絡）	
	物（媒介、記憶）	

[關於地方的再思考]

[練習1] 什麼原因讓地方呈現目前的樣子？利用「地、時、人、事、物」所形成的關鍵詞，繪製地方文化的關係結構。

[練習2] 對於地方的「地、時、人、事、物」做過研究與瞭解後，回到文章一開始的提問，你探索的「地方」如果是一個人，她／他的性別為何？穿什麼樣的服飾？手中提著什麼樣的東西？用什麼樣的語言跟你打招呼？

CHAPTER 3

一群人走更遠：團體田野操作心法

王麗蘭
｜

「同學們，當聽到『田野』這兩個字的時候，你們腦袋中浮現的畫面是什麼？」

有一次在出發到馬來西亞進行田野調查前，我們團隊循例辦了幾場田野調查前導課程。在按下事前準備好的簡報、準備開始講解之前，我突然意識到我們應該先確認這件事：「你們腦袋中的『田野』畫面是怎麼樣的？」

一位同學率先舉手說：「我想像的畫面是，有一個人蹲在稻田旁邊，戴著帽子、手拿筆記本，正在紀錄一些事情。」倒也滿具體的。另一位同學說：「有一大片草原，一群人在上面走來走去。」還有一位同學說：「有幾個人一直在拍照、作筆記，還有在一棵樹下跟老人聊天。」我莞爾一笑，為什麼一定要在樹下呢？

有這些畫面，我一點也不意外，因為中文「田野調查」中的「田野」，已經不可避免地造成人們想像的侷限性。當然，

大家知道那是英文「fieldwork」或「field research」的中文翻譯，卻也忽略「田野」真正帶來的意象。但我想精確的翻譯及定義還是很重要，尤其對象是非相關科系的學生，不能假定他們「應該是知道的」。這是團體田野調查的第一步，套句現代流行的話來說：你的田野不是他的田野。

必須意識到「田野」來自「field」的翻譯，而英文的「field」代表了人文社科領域所說的「場域」、「實地」、「在地」，相對於「只在辦公室中面對電腦或網路的數據或櫃子裡的書」。當然，如果用「實地考察」或許可以減少許多誤會和錯誤的想像，但顯然「田野調查」已是約定俗成的用法。因此，我們需要從名稱就開始取得共識，勿將大家的想像視為理所當然。

有了這次經驗，在後來每一次的田野課之前，先確保大家腦袋中的「畫面」，成了我們團體田野的先修課。

那麼，此前和此刻你腦袋中的「田野」，又浮現什麼畫面呢？

[關於團體田野操作：你所要知道的事]

「如果你要走得快，就一個人上路。如果你要走得遠，就找同伴一起走。」（If you want to go fast, go alone. If you want to go far, go together.）這段話是很流行的非洲諺語，勉勵大家團隊合作精神是事情能夠成功的重要因素。

從事地方工作也是如此。一個人當然可以完成田野工作，行動無牽無掛，不必顧慮太多，想要執行的計畫彷彿成敗都取決於自己的努力和投入程度。但一個人單打獨鬥顯得勢單力薄，遇到挫折時或許會想：「如果有人跟我一起努力該多好！」有著志同道合的夥伴一起努力，大家可以彼此幫忙、互相「cover」。

現在的學校和組織有不少需要以團體行動來完成田野，而許多地方工作也非常仰賴團體田野或共作。因此，在這普遍盛行個人主義的時代，很值得推廣團體合作的可貴。

然而，夢幻團隊不是與生俱來的。如果是以團隊的方式進行田野調查，那麼團隊能否合作便是田野工作成敗的關鍵。作為團隊的負責人，必須認知到最主要的任務就是讓團隊能夠經歷磨合、合作並經營下去。只要團隊成員彼此的共識與團隊合作精神能成功培養出來，那麼田野調查工作可說事半功倍。這個道理大家都知道，關鍵就在合作精神並不會無中生有，而是需要透過一些設計和安排。而所謂田野工作的成敗，可能是成果也可以是團隊成員的收穫，如更認識地方、更了解田野調查如何進行等，所以在此成敗的定義是不一而足的。

因此，本章的重點內容是：提供一些經驗和建議，讓田野團隊可以走得又快又遠！核心觀念是：如何在田野調查的架構下，**培養**合作精神、**訓練**協商合作的能力，以及**提升**團隊意識。而「培養」、「訓練」及「提升」團隊合作能力，只是團體田野工作的必然過程，目的是為了讓團體田野工作得以順利完成，使團隊成員皆有不同深度的學習與感受，達到原定的目標和工作成果。

> 所謂的「田野調查」，不是把人丟到田野中，「自然」就會「做」田野的。做田野有其方法、「眉角」；需要教，也要學。

凝聚團隊共識，確立目標：我們的任務是什麼？

無論是短期臨時組隊的地方文化調研團隊（例如大學 USR 計畫）或中長期的團隊（例如深耕地方的文史調查團隊），在成員們加入服務團隊時，就必須讓所有人充分了解：這是什麼團隊？這是一個怎麼樣的團體？有著什麼目的？儘管每個人加入團隊的目的各異，但具有共識是非常重要的。這種對團隊的認識，除了可用抽象的願景來呈現，也必須用比較接地氣的方式具體說明，例如：我們有什麼任務？在現場要完成什麼工作？透過說明任務和工作的內容，通常能比較快速讓團隊成員自我定位並產生共識。工作和任務越具體越好，例如：寫出一篇三千字的田野調查報告、選出十張精選照片等等。如果有相關的出版計畫或投稿計畫，也應該這時候就告知所有工作夥伴，讓大家提早做準備。

［你可以這樣做］

1. 做採訪練習時，請成員練習大聲介紹自己，要把團隊目的說出來，也可以說說自己的學習目標；再次提醒自己以及團隊，盡可能讓所有成員都往同一方向前進。

2. 在破冰活動中，讓每個人想像當某天計畫結束，在他即將離開地方時，當地人送他一個盒子，裡面裝了一樣禮物。請將禮物畫出來。這個禮物通常可以代表田野之於當事人的意義為何。

確認田野中的身分：以什麼身分做採訪？團隊如何分工？

除了了解團隊性質，成員們也必須認知到自己正以什麼角色進行工作。例如，我們是參與田野調查工作的返鄉青年、我是文化部文化資產調查研究計畫的研究助理等。這不僅是對自己角色的清楚認知，對當地人來說也是重要的互相尊重之舉。

接下來，團隊中的分組是必須的，也是最簡單的操作。例如，將十個成員分成三組：傳統產業、宗教慶典、飲食文化。在出發之前，就請大家針對田野地的特定主題，先做一些閱讀或準備功課。

值得注意的是，分組和分工在田野的過程中需要不斷調整和協商，像是遇到彼此踩點的問題時，就必須進一步討論和協調。另外，在每一次的行動中，成員的角色和分工必須清楚明確。例如，我是主訪、你是紀錄、他是側拍，彼此互相確認也非常關鍵。在分組的安排上，也要注意不同的個性，外向與內向的人可以放在一起，彼此互相補位。

> [你可以這樣做]
>
> 1. 讓團隊成員玩玩角色扮演活動，當一個返鄉青年闖入地方里民活動中心，遇到各式各樣的在地人，有的冷漠、有的緊張、有的忙碌，讓團隊成員先提前感受進入地方時的落差。
> 2. 讓每個成員大聲自我介紹，模擬面對報導人或採訪對象時的說詞。報導人可以使用不同的語言或談論別的事情，以模擬現場一些失控的採訪狀況，先做好心理準備與建設。重要的是建立好團隊的默契與討論對策。

確立邊界：田野在哪裡？還是處處是田野？

雖然田野調查工作有「田野地」，但每次的調查都有其焦點，亦即主題或問題意識。不同的團隊目的自然會帶出不同的田野風景或收穫。因此，設定任務和目的後，還需要針對具體的地理空間做劃定。

「人間處處是田野。」這句話固然沒錯，但團體田野務必事前確認具體的地理範圍大致到哪裡，同時解答與目標相關的問題，像是為什麼要做這個地方、這個地方有什麼特色等等。

團隊成員在工作的過程中，必須不斷確認彼此心中所認定的地方範圍為何。每個人對地方的認知、認定與認識都不同，這是進行團體田野時必須不斷確認的細節。也要注意團隊成員和該區域各自的連結，例如某個成員的祖父母輩可能就來自那個地方，或者語言上有相同或差異之處，都可能導致不同的地

方感知。除了傳統的地理空間分析，還會涉及文化地理學所關注的人文地理特性或文化景觀，這些都是跟「地點」、「地方」有關的定義。

然而，很多時候地理空間的疆界會被人或物的流動打破，特別是在當代，社區或地方的邊界逐漸模糊，許多人和物件都具備跨域性質。例如，從事飲食文化調查，就必定會遇到各地飲食文化交互影響與變異流通的現象，這些變化是在田野中需要注意的細節，地方特色往往就蘊藏在這些流變中。

[你可以這樣做]

1. 每天把自己當成一個容易迷路的旅客，藉由詢問當地人某個地方怎麼去、怎麼走，或許能從當地人的指引中，觀察出在地人的觀點和視角。

2. 透過詢問當地人：「這裡最有特色的是什麼？」或「外地人來一定要吃什麼？」來了解當地人內心對地方與在地特色的想法。

掌握時間：我有多少時間？他有多少時間？

我個人認為，完美的團體田野調查應分成三個階段：採訪與資料採集、紀錄記載，以及分享發表。每個階段應該平均分布在工作時間裡，甚至細分到每日行程當中，例如上午採訪，下午寫作或拍攝，晚上發表與討論。每日堅持如此，方能掌握各個團隊成員的進度，確保資訊的共享與交流，避免團隊中某些人跟不上進度，或無法進入地方脈絡和工作節奏中。

「時間」絕對是任何田野調查工作最關鍵的因素。有多少時間就能得到多少成果，這是一翻兩瞪眼的事實。每個計畫實行時間、計畫內容的規劃和預期成果有絕對的關係。必須先確定好任務和目標，接著才能規劃在田野需要多少時間。例如，若目標是調查整個小鎮的傳統產業，那麼就必須先大致了解現存的傳統產業還有多少，再依據團隊成員人數來制定所需的時間。假設是進行信仰儀式調查，就必須知道整個活動時程，以安排在慶典前、中、後的時點進駐當地，重點是讓團隊成員能夠在時間內完成特定階段的工作。

　　掌握時間的重要性還包括訪談的進行。訪談一開始就要問對方：「你有多少時間？」深度訪談是取得資料的主要方式之一，一場舒適的訪談大約進行一個小時。但是，我發現團體田野通常容易超過時間，因為比起個人訪問，需要更多彼此認識與熟識的時間，理想的訪問時間差不多一個半小時左右。因此，在任何拜訪、訪問、觀摩活動前，除了確認會面時間，也應進一步掌握彼此有多少時間來進行這件事。

　　我們最常犯的錯誤是：第一，以為對方一定有時間（錯誤認知：反正人總是在那邊閒著）；第二，以為約一次訪問就可以得到所有的資料；第三，以為約好了，對方就一定會準備好接受訪問。上述各種「以為」都可能造成反作用力，隨後容易產生挫折感。怎麼避免上述的問題呢？或許是多給彼此一些彈性，多做一些準備，多給對方一些時間。同時，確認、確認、再三確認。

> [你可以這樣做]
>
> 1. 就像有了曖昧對象一樣，可以製造驚喜、創造偶遇的機會，不一定要在約好的時間才出現。可以「路過」、「借廁所」、「剛好有空來晃一下」，可能會有一些驚喜，爭取多一些相處機會。
> 2. 挑選不一樣的時節、時段去田野地，往往會看到不同的風景。例如訪問路邊攤，通常是在老闆空閒的時候，但也可以在老闆開檔前守株待兔，或在老闆收攤時，這些都是不一樣的「時間」。

團體力量大！真的嗎？：為何需要團體田野？單飛行嗎？

田野調查的工作本來就可以獨自完成，但若是想走得又快又遠，那麼利用團隊的力量顯然是最好的方式之一。原本一個人可能需要花一個月的時間，如果有五人團隊，或許一星期就可以完成。除了可以提升工作效率，更大的價值在於：每一個人在田野中的觀點、焦點、關懷、感受、看法都不同，透過分進合擊的方式，田野的成果亦會呈現這些不同的元素，完成一部相對多元觀點或視角的田野報告。因此，「討論」是團體田野的重頭戲。

在個人主義的時代，每一個人都可以在團隊中發揮自己的特色和價值。這也是在團隊中可以凝聚出的團隊精神，即每個人的獨一無二會創造出這個團隊的獨一無二，而當下這個團隊與地方所產生的連結也是獨特的。有點類似日語「一期一會」的意思。由於我們清楚知道「自己是誰」、「在這裡做什麼」，

因此也將會知道「地方為何之所以是地方」，因為這裡就是當下與我們連結、互動、交會的「地方」。

> [你可以這樣做]
>
> 1. 請團隊成員想像，假設你此刻不在這裡，你會在哪裡、做什麼？想像十年後，你回望自己這段時間泡在這個地方，你會想跟現在的自己說什麼？
> 2. 請團隊成員分享一個自己童年的記憶，或者用故事元素接龍的方式，試著輪流述說自己的故事。這活動目的是讓團隊成員彼此熟識，尋找彼此的共同點。

[團體田野操作，如何可能？]

團體田野如何操作、如何成功完成，關鍵在於「團體」和「田野」這兩項技能缺一不可。換句話說，是團隊合作的技能搭配田野調查的技能，兩者相輔相成，並在田野工作中同步成長。就團體田野工作來說，成員最可能面對的挫折，未必是田野調查技能上的挫折，而是團隊合作的困難直接影響田野調查技能。即「無法跟夥伴合作」所帶來的阻礙，會直接影響田野調查的進展與成果，因此不可輕忽！

必須在工作過程中，細膩地安排一些橋段或空間，讓團隊成員可以彼此學習合作，並意識到團體合作的優點。尤其在這個崇尚個人主義的世代，團隊合作已經不是順其自然的事，而

是成了必須刻意設計、經營和教學的內容。得跟團隊成員強調：不是顧好自己就足夠，而是「我」好，「你」也要好，「我們」才會好！

前置作業：田野調查看似隨性隨意，但充分準備不可少

沒有人天生就會做訪問、參與觀察、列訪問大綱或拍訪問照片，所以田野調查團隊的負責人必須提供這些工作的培育、訓練及練習的機會。而且特別要注意，這些培訓著重在體驗和實作，而不只是單純的課堂講授。以下四項前置作業，可以在田野現場或尚未正式開始工作前執行。當然，如果可以提前做是最好，像是出發前一週、前三天等，既作為專業能力的培養，也幫助團隊成員做心理建設、彼此熟悉、熟悉地方。

◎不可或缺的破冰活動：每個年齡層的團隊都需要破冰儀式

只要是一個新團隊，無論什麼年齡層，破冰都是不可省略的重要程序，是人與人開啟合作、建立共識的儀式。團體田野工作團隊的破冰遊戲有很多種，可以設想一些跟認識地點、與地方產生連結的活動。我覺得「浪遊慢走活動」非常適合田野調查團隊。

浪遊慢走活動，顧名思義就是讓大家到田野中「浪遊慢走」。無論時間多麼緊迫，我都覺得先讓團隊成員透過慢慢走來認識地方，是重要的接地氣方式，絕對不能省略。

將成員分組之後，可以設定兩個小時，一組最多四個人，各組有些小任務（盡量和計畫目標不一樣，越隨性越好），例如：找出這地方的一間老店、一棵特別的樹、具有代表性的飲料或美食、一個特別的建築物⋯⋯。放任各組出去闖蕩冒險，約定好一個時間回來後，可以用畫地圖的方式，把上述的點標記下來，再

讓各組輪流出來分享。用這樣的方式初步接觸一個地方，無論對田調成員或是在地人來說，都是比較溫和的認識彼此的方式。

[你可以這樣做]

1．地圖可以畫在當地找得到的任何材料上，如香蕉葉就是一種很好的材料。也可以發揮創意，用當地盛產的材料來製作，像是竹子、竹片等。
2．鼓勵團隊成員尋找自己在陌生地方的秘密基地，找個機會深入了解，可能又會促成一場深度探索的契機。

◎ **文章的寫作練習與口頭發表：直球對決式的成果發表**

　　書面、寫作的方式，是田野調查最常見的呈現形式。因此，寫作能力也需要在此階段培養和練習，而且這是可以用團隊的力量一起來完成的事情。田野報告的寫作不單需要好文筆而已，好文筆的背後是感受力、同理心、觀察力等能力，既支持我們深入主題和細節，同時兼具可看性和內容深度。這是需要練習的。

　　可以利用慢走活動，鼓勵成員將初次進入田野的觀察、感受和心得寫下來。寫出來之後，再請大家公開發表、大聲唸出自己的文章。這個橋段的設計可以適當地發揮作用，像是培養口語表達能力，同時還能彼此觀摩、互相學習，共同創造田野調查工作的氣氛和環境。

> [你可以這樣做]
>
> 口頭發表之後,請大家選出最喜歡的文章,不僅會培養團隊中互相欣賞的態度,也是讓團員培養信心最快的方式。

◎一起產出訪問大綱:集思廣益的共同創作

要把訪談做好,充分準備訪談大綱是必要的。雖然團體訪談會有人當主要提問者,但是為了讓成員們都充分了解訪談主題和內容,就必須請團隊成員彼此討論,產出訪談大綱。

傳統的訪談大綱是5W1H、條列式。但若要訪談初學者快速掌握訪問技巧,我大力推薦使用心智圖來列訪綱。不僅可以讓初學者快速掌握主題和內容,也比較容易開展次主題和提問的問題。而這個討論的過程,也是學習表達自己的想法、聆聽對方的想法,進而促進互相了解的重要時刻。

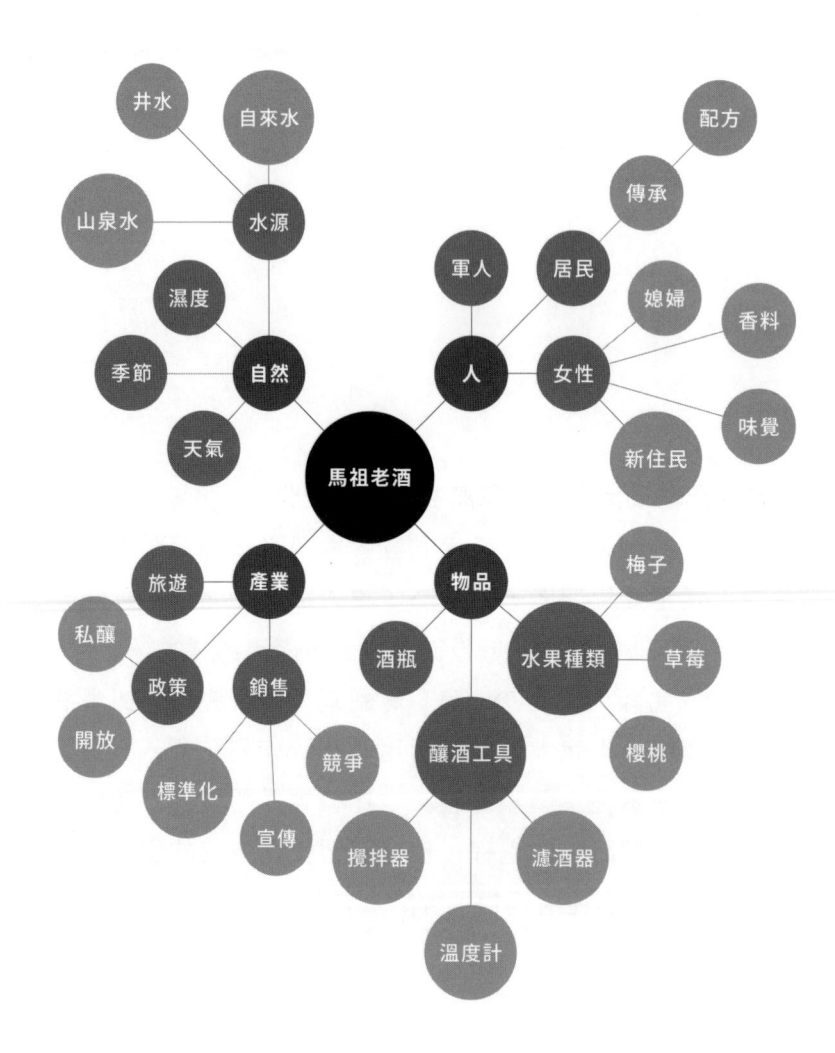

以馬祖老酒為例的訪綱心智圖，
這是清華大學馬來西亞國際志工團於 2022 年疫情期間，在馬祖進行的田野調查工作。

◎磨練攝影技巧：一直拍就對了

　　田野調查工作中的關鍵之一就是拍照。田野調查對照片的要求，往往更高、更細緻、更明確，以滿足事後佐證、存檔、複查等功能。因此，基本攝影技巧的學習和練習是絕對有幫助的。

　　關於攝影的技巧，田野調查的照片習慣採用比較安全或保守的拍攝法，例如，在構圖上採用三分法則構圖，即把圖框劃為九個小格的線條，主要物品要放在線條上。此外，要注意光線、對焦和水平線。至於人物攝影，在拍照的時候，心裡要有一句話，用來說明這張照片要傳達的意義。例如，「一個白髮蒼蒼的阿伯正在製作手工豆腐」、「三位戴著斗笠的婦女在烈日下認真採茶葉」。

將風景中的主要物件放在線條上，而焦點通常在縱橫線的交界處。

人物攝影時心裡要有一句話，像是「小孩玩水玩得像跳舞一樣」。

當一整天田野調查及拍照工作結束後，鼓勵成員挑出三到五張的精選照片，讓大家彼此觀摩、修正並提供修改意見。透過這個方式，大家可以實際操作、實踐、練習、檢討拍攝這件事。唯有透過互相學習和觀摩，攝影技巧才有可能提升，照片才有機會越拍越好。

　　曾經有人問專業攝影師怎麼樣才能把照片拍好，攝影師說了一句名言：「一直拍就對了。」

［你可以這樣做］

1. 請團隊成員幫彼此拍形象照片，並為照片下標題，如「陰鬱的青年」、「有朝氣的文史工作者」、「認真的筆耕者」等等。
2. 田野調查工作期間，每天晚上在互相觀摩照片之後，選出當日的 Photo of the day，後續可寫短文章配圖，公開貼在粉專上，讓大家欣賞，也可以分享到社區的粉專上。

田野調查進行中：我們打的是 RPG 團體戰

　　團隊合作最美妙的地方，在於大家依照不同的專長，堅守不同的工作崗位，但在過程中互相配合，進而把工作完成。團體田野操作的關鍵不僅在「分工」，也在於「合作」。因此，在田野調查中必須明確分工，每個人都清楚了解自己和隊友的工作內容，並準備隨時互相補位。

　　談到「互相補位」，可先用電玩的角色扮演遊戲（RPG, Role-

Playing Game）做粗淺的解釋。在遊玩的過程中，每個人皆需進入遊戲的世界，接受設計好的世界觀與運作規則，以此為前提來展開冒險旅程，享受夥伴一起解決任務與對抗敵人的共同感。這樣的歷程，大致上是所謂在實體田野調查中，我們所期待的團體田野的境界。

那麼我們在田野調查中的共同目標是什麼呢？RPG 遊戲的核心是建立在一個好故事的前提上。同樣地，我們在田野的目的，可以說是要共同發現這個地方的世界觀，一起尋找裡頭的好故事。

◎訪談時的分工與互相補位：三人小組最理想

團體在做訪談之前，務必先把訪談大綱準備好，就算是非正式的訪談，也要讓團隊成員了解此次訪談的重點。有了共識之後，就可以進行分工。通常安排一位主要提問者、一位紀錄、一位攝影（觀察），所以最理想的團隊是三人小組。

主要提問者通常最能夠掌控訪談的節奏、氣氛及資料的完整性，因此精神壓力也最大。這時候，負責紀錄的人要有默契，隨時擔任補位或補充的角色。而攝影或觀察的夥伴則應眼觀四面、耳聽八方，同時也要注意聽訪談內容。只要內容中有提及重點，就應盡量捕捉到相關畫面。以訪問百年中藥行為例，受訪者談到某種中藥材賣得最好，攝影應先紀錄下來，在訪談結束後再補拍。

[你可以這樣做]

找一個合適的地方或比較熟悉的人物進行採訪實習，並讓三人小組試著練習，事後再來討論和做調整。

◎**參與事件與活動：紀錄親身體驗的過程和感受**

　　參與觀察是人類學式田野調查最主要的方法之一，「親身參與」是重要且關鍵的。簡單來說，這是一個「先融合進去，再跳脫出來」的過程。在田野現場的各種事件、活動、儀式、會議、聚會等，研究者都應該投身參與。根據研究倫理，需取得許可的活動務必要先獲得當事人的允許。

　　在融合進入之後，要有一個重要的程序是跳脫出來。若是個人參與，就是把自己的心情、感受、所經歷的過程紀錄下來。若是團體一起參與，則因每個人的角色、位置、性別有所不同，所經歷到的不一定全然相同。因此，團隊成員在採訪結束或活動結束後，應該找個地方聚在一起，討論並紀錄相關的觀察或心得感想，彼此提醒或互相提供資料，這是團體田野操作上的優勢。

[你可以這樣做]

參與了大型活動之後，團隊負責人可將團隊成員聚集起來，一同回想、討論、分享所見所聞，幫助大家抽離並跳脫出來。

◎**觀察法：借你們的眼睛看一下，豬肉怎麼分？**

　　在田野現場到底要觀察什麼？因為研究主題各不同，範圍太廣泛，很難一概而論。原則上，把握5W1H來觀察現場。團體田野和個人田野差別不大，只是多了幾雙眼睛、從不同的角度觀察。以人類學家做原住民族田野調查時最經典的「豬肉怎麼分？」為例，來說明在田野現場應該觀察什麼。

在許多原住民族的部落社會裡，每當舉行重要儀式時，都會宰殺豬隻並進行「分豬肉」的過程。透過觀察豬肉怎麼分，可以窺見當地人的社會階層、人際關係、權力關係、性別分工等等。因此，一個小小的分豬肉現場，便是可以仔細觀察的典型場域。

從 5W1H 出發，要敏銳地觀察「誰在分？分給誰？不能分給誰？」(Who)、「哪個部位的肉分給了什麼人？」(What)、「什麼時候分？什麼時候不能分？」(When)、「在哪裡分？」(Where)、「為什麼分豬肉？意義是什麼？」(Why)、「透過什麼儀式來分？」(How) 等等。一個地方的文化，通常就在這些微妙之處被展現出來。如果輕易錯過，那就很可惜了。觀察的紀錄同樣可用心智圖描繪，將儀式或活動背後的社會關係勾勒出來。

[你可以這樣做]

請團隊成員回想重要節慶如農曆新年、清明節等，家族成員如何分工，如何共同完成祭祖儀式。

◎ 禮儀、禮貌與暗號：那些說不出來的話

一個團體進入田野地勢必引人矚目，想要當隱形人幾乎是不可能的事。既然如此，不如大方地跟當地人打招呼、點頭微笑，走在路上時可以有意無意地交代或表達自己在當地的目的或任務。這麼做只是待人接物的基本禮儀，但往往會有意外的收穫，關鍵報導人可能就在你身邊！

戰爭電影裡出現攻堅畫面時，總是看到武裝分子用手勢來提供各種暗號，這個技巧在團體田野操作中也能派上用場。

有時因為認真聽訪問而臉上沒有笑容，或天氣太熱導致臉很臭等，本人可能不自覺，但對當地人來說觀感不太好。而其他成員也不好半途打擾，這時可用事先溝通好的手勢或暗號來提示隊友。例如，在下巴用大拇指和食指比個「七」的手勢，提醒成員要記得微笑等。我總是耳提面命提醒團隊成員，只要踏出住的地方，從私領域進入公領域，就是田野調查的開始！工作模式，ON！

[你可以這樣做]

請大家討論出幾個只有團隊成員知道的手勢和暗號，以備不時之需。

田野調查之後：整理、整理、再整理

訪談結束、參與觀察的活動告一段落之後，通常身心都會呈現放鬆狀態。但絕對要提醒團隊成員，此刻田野工作還沒結束。其中最重要的工作就是整理先前收集到的資料。

◎小組討論與補拍照片

團體田野工作的好處是有夥伴一起經歷、一同感受，因此千萬不要白費了這個機會。每一場田野工作之後，趕緊把隊友集合起來，花一點時間做小組討論，幫助彼此回想過程或補足資料。過程中，如果可以把細節寫下來或畫出來，有助於事後的資料整理。

負責拍照的夥伴也應在這時補拍一些畫面，或者為受訪者

留下清楚的正面半身照,以利資料的建檔。有時一些照片需要透過小幅度的擺拍,即請受訪者模擬一些(平常也會做的)動作,目的是做紀錄之用,也應把握這個時間點完成。再三檢查照片是否確實拍到,是重要的基本動作。

◎田野筆記謄打與各組報告

結束一天的田野調查工作後,最好預留一、兩個小時,讓團隊成員直接進行田野日誌的謄打。團體田野因為是集體行動,只要時間訂下來,讓大家共同、固定完成某項活動,達到團體行動的效能,會比獨自一人做田野來得有規律和效率。

完成田野日誌的謄打、再進行統整之後,還可安排大約一個小時的簡報時間。這樣的口語簡報有助於成員之間資訊的交流與共享。特別是在田野初期,有了這樣的簡報和分享時間,可以讓團隊成員短時間內掌握到大局面,也對彼此工作的範圍和內容有所了解。

◎挑選每日精選照片:照片的整理與歸納

隨著手機的普遍以及拍照功能的日新月異,大部分人會使用手機來拍照。照片的數量也較以前來得更多。在田野工作中,除了訪談逐字稿,照片的整理可說是繁瑣卻重要的工作。團體田野由於涉及的人比較多,所以照片會更多且雜。養成每天晚上整理照片的習慣,絕對是必要的團隊共識。

照片整理術包括:第一步是先刪除失敗、過多重複的照片;第二步是將照片轉存到電腦或硬碟;第三步是按照主題歸類、命名、標記拍照日期等。最後再把所有轉存的照片做一個備份檔案,以防萬一。如此每天轉存照片可以避免田野中可能發生的各種意外,包括遺失手機或相機、誤刪照片等。更因為每天都有紀錄而知道哪些要重拍或補拍。

最後，心有餘力的話，可以請每個成員挑選出每日五張自己最滿意的精選照片，投影出來互相欣賞、檢討和修正。只要每天利用一點時間做這件事，就能讓成員彼此學習，營造良好的田野調查工作氛圍。

◎製作待補資料清單：趁一切還來得及的時候

由於每天有紀律地整理田野資料、紀錄田野心得、整理田野照片，便可以順手將待補資料和照片整理出來。未來在田野調查過程中，隨時將這些待補資料放在心中，有機會即可把握時間完成。要知道一旦離開田野，想再回來補救，很多時候是錯失機會了。

某個程度來說，田野調查工作也在實踐一種「活在當下」的生活態度。當下可以收集到的資料、所想到的問題、所好奇的要點，在田野中繼續追問和補充，更是證明了我們正在「做」田野！

[結語]

團體一起行動進行田野，顯得特別新奇與受人矚目。近年來我習慣在現地現做，我稱之為「田野調查一條龍」的工作法。

從第一階段的採訪，到第二階段的紀錄，再到第三階段的發表，若可以在當地直接做，這對團隊乃至於地方，都會有很好的互動效果。有一場成果發表會，就像再長的馬拉松賽跑也有個終點一樣，眾人的目標與方向一致，能夠帶動整體工作效率與效果。再怎麼無力或想要躺平的隊友，當知道目標與目的地的時候，幾乎都能夠自我激勵，一鼓作氣。

大家都知道田野沒有做完的一天，但我認為這不適合用於團體田野，而是無論如何，都要集結出暫時的田野調查成果或目前的歸納要點。寫過論文或結案報告的人一定都知道，只要訂下截止日，沒有交不出來的稿！團體田野調查使用的就是這個技巧，讓大家分進合擊，最後取得田野調查（暫時）的成果！

由於團體田野操作採共作的模式，所以必須看到共作的成果，即彼此努力的結晶。這一點是跟個人田野調查最大的差別。團體田野調查需要一場成果發表會！要把「田野調查一條龍」做滿做足，不論做得好不好，都先求有再求好。目標是讓團隊成員帶著暫時性的成果，心滿意足地回家，並期待下一次的旅程。

CHAPTER 4

觀其形而會其意：地景判讀調查方法

佘岡祐
｜

打開電視轉到電影臺，畫面裡一隻白頭海鷗飛過廣袤的大草原，遠方有起伏的山脈，許多美洲野牛四散各處吃草。帶著寬邊帽，腳蹬馬靴，腰間繫了把左輪手槍的主角走進一個小鎮，兩排木造建築中可以見到銀行、雜貨店和酒吧，裸露的路面有馬車經過即塵土飛揚。從這些畫面，我們大致可以猜出這是一部美國西部題材的電影。轉到另一臺，青翠的丘陵中有個揹著書包的小孩在農路上狂奔，一旁的稻田裡農人正拿著鐮刀收割稻米，踩著踏板驅動摔桶進行脫粒。小孩一路跑過一座埤塘，與幾位在垂釣的村民打過招呼後繼續向前跑，衝進村子口的雜貨店，與一群村民圍著電視看布袋戲。自簡短的畫面中，我們可猜想此部電影發生在 1970 年代的臺灣農村。在觀看電影時，片頭常會出現先展示環境場景，鏡頭再回到演員身上正式演出的橋段。對觀眾而言，這有助於立刻抓住電影的場景和性質，較易帶入後續的劇情當中。不過為什麼環繞場景的幾個鏡頭就有這樣的

效果？那是因為我們對於這些鏡頭中出現的地景背後所帶有的文化意涵已有既定的認知，使我們能夠快速掌握鏡頭背後導演所要傳達的訊息。

任何地方都有其紋理，產業、人際網絡、建築景觀、歷史文化、族群、自然環境等各層面，是組成「地方性」的重要基礎。對於地方工作者或研究者來說，理解地方紋理有助於建立人脈連結，擬定與執行適切的策略方案，降低進入地方的門檻與避免可能的風險。但要如何掌握地方紋理？前面提及的電影場景帶給我們一些啟示，可以透過閱讀地景中隱藏的資訊去描繪出地方紋理，這就是「地景判讀」。接下來將介紹地景判讀的操作技巧，讓我們一起認識這項實用又有意思的工具。

[暖身運動]

在開始介紹地景判讀之前，我們先來說文解字，理解何謂地景（landscape）？地景最直觀的解釋，係指地表上一切視覺可見的有形景物，可大致分為「自然地景」與「文化地景」兩大類，前者為自然作用所產生，後者為人類生活與影響自然所產生。不過，在此並不細究學理上地景的意涵，而是談地景在地方紋理判讀的運用。

> 美國地理學家卡爾・紹爾 (Carl Ortwin Sauer) 認為：「自然地理是人類活動的舞臺，同時人類的能動性會影響和形成不同的地景，因此地景是由文化與型態所組成的特定區域。」法國地理學家維達爾・白蘭士 (Paul Vidal de la Blache) 則指出：「自然環境為人類營居 (settlement) 提供了限制和機會，而人類對這些限制和機會，則根據傳統生活方式的差異，而各有不同的反應和調適。」在人文地理學中，地景是個重要的研究領域，有相當多理論和詮釋。

對初學者而言，地景判讀可能有點抽象，因此本文會先做個情境設定。想像自己是一位電影藝術總監，協助導演完成一部以屏東東港為場景的電影，劇情圍繞著以遠洋漁業和蓮霧種植為業的一家三代，對於家業和王船祭儀傳承的認知差異、衝突及和解。你需要負責電影的攝影棚場景搭設，有些鏡頭還需要進行實景拍攝，也因此你和劇組人員預計一同前往現場取材。受制於拍攝日程，你得在最短的時間內掌握目標區域的「人、事、時、地、物」，另外還需要掌握「視覺、聽覺、觸覺、嗅覺、味覺」五感特徵，以便搭建出準確的場景，並讓演出時的燈光、服裝、道具、特效符合目標區域的樣貌，讓劇情可以合理推進並給觀眾良好的觀影體驗，此時應該要如何著手？首先，我們得先理解電影鏡頭會出現的元素類型，可以簡單地分拆成地景、人／物與事件三大面向：

一、**地景**：電影的場景設計，搭配合適的燈光和特效，構成觀眾對於此電影的第一印象；我們對於地方的第一印象，也是出自於所見地景中的自然或人為物件。如同電影場景一

樣，地景也是由多層可解析出的元素所組成的，像是地形地貌、地質、聚落建築、果園稻田、森林竹林、水圳埤塘、道路橋樑、餐廳商店等。這些構成地景的元素，將會是後續進行地景判讀的重要目標。

二、**人／物**：設計電影場景時，當中會出現什麼樣的「人」與「物」是考量的重點。除非劇情所需，否則漁村場景裡不會出現獵人，森林場景中不會出現大型漁船。地方也是如此，人與自然的互動共同形塑出地景，就意味著特定地景背後會有對應的人與物伴隨出現。譬如，地景中有漁港，就很有可能出現漁民、海巡人員、製冰廠員工等「人」，以及舢舨、漁網、船外機等「物」；同樣地，地景中有糖廠，蔗農、糖鐵司機、機械操作員等「人」，以及五分車、甘蔗收穫機、甘蔗刀等「物」的出現就顯得理所當然。因此，在進行地景觀察與判讀時，在地景當中的「人」與「物」同樣也是觀察重點。從「人」的角度切入，認識不同個人、家族或團體的背景、特質及網絡關係，有利於地方工作與研究；「物」則可以提供另一個視角，從物品的外觀、功能設計、使用方式、演變過程等細節，可以挖掘出與移民史、產業史、傳統工藝等領域有關的各類資訊，有時更會有意外的發現。

三、**事件**：有了場景和人／物等靜態元素，還需要各類動態事件將之串聯，產生的互動才有辦法推進電影劇情。地方也是一樣，地景、人／物等靜態元素的意義得在動態事件中才得以彰顯；而會出現什麼類型的事件，又與地景和人／物有關。譬如，要將意義賦予中藥行這處「地景」、中藥師這個「人」，以及秤、煎藥罐、藥材這些「物」，那麼「中藥師秤量藥材、煎藥」的事件就相當重要，它連結了地景與人／物，展現中藥行作為中藥方劑供應場所的意涵。

事件可以是「人」或「非人」為主體，更多時候是兩者配合所產生，像是居民閒話家常、山羌在森林中嚎叫、農民在豪雨中搶收、村莊繞境活動等都是事件。解析事件有兩種涵義，首先事件本身就是地方紋理的重要元素，也是形成「地方感」的重要基礎；再者地景的形塑是透過一個個事件而來，如同電影劇情推進會連帶造成場景的變化。故要正確理解地景背後的資訊，解析事件勢必不可或缺。

如能掌握以上三大面向的詳盡資訊，想必對於電影製作會有相當大的幫助。地景判讀的基本概念與之相同，透過現場踏查、文獻資料回顧及有限的訪談，對目標區域的地景、人／物和事件三個主要層面進行解析，就可以有效地釐清一個地方的紋理，對於後續的深度訪談或各類行動設計都會很有幫助。

需注意的是，在地景判讀前得先確定目標區域的人口規模。如果是在大於中介城鎮❶規模的都市區域，都市化、工商業化和全球化可能會讓原始的自然環境與聚落格局喪失，像是國中小、便利商店、公車站等地景元素，在都市跟中介城鎮以下鄉鎮的詮釋意義會有相當的差異，在操作上需要先行確認，本章主要以中介城鎮以下規模區域作為範例。地景判讀主要分為「行前準備」、「實地踏查」和「事後作業」三個階段，接下來將依序介紹各階段的操作細節。

FOOTNOTE | ❶
中介城鎮係指地方次生活圈的核心城鎮，可供給周邊區域商業服務，1920年後的日治時期各郡治即為代表，可以由是否具有高中以上學校、地區醫院以上醫院、連結其他中大型城市的轉運站等標準來判斷。

> 若要在都市使用地景判讀，請注意以下三點：
> 1. 由於都市人口與建築密度高，可將目標區域拆成幾個較小的區域以方便探討。
> 2. 都市地景變遷深受都市計畫影響，建議文獻須納入土地使用分區圖資、都市計畫通盤檢討報告等資料。
> 3. 若目標為舊城區（如臺北大稻埕、臺南五條港、高雄哈瑪星等），因尚能找出原始聚落格局與脈絡，本文所述方法略為調整即可直接套用。

［地景判讀首部曲：行前準備］

確認田野調查目的

由於地方知識涉及的領域非常廣泛，在現地踏查時能切入觀察的層面也相當多，很容易變得霧裡看花。因此，在開始操作地景判讀之前，先要確認自身進入田野進行調查的目的為何，後續的資料蒐集和現場踏查時方能抓到大略方向。

在假設情境中，現場取材的目的是為了電影場景設計，最終希望能準確還原現場樣貌，並讓當中人／物出現在合理的時空。因此，調查的重點要放在地景與建築的外觀細節，以及有哪些可運用的人／物或事件。若田野調查的目的是為了認識在地農業，那在資料蒐集時須特別關注作物種類、農業技術、水利設施、加工運輸等相關文獻，實地踏查時則重點關注農業上下游產業鏈的現場狀況。而想要認識在地宗教祭儀，就需要找尋宗教科儀、祭祀建築、在地民族誌等資料，實地踏查時則重點關注當地居民與祭祀空間之間的關係，以及在地社群人際互

動和宗教活動的現況。

確認自身狀態與能力

　　以踏查東港東隆宮為例，介紹在地景判讀中三項影響調查成效的基本能力：

一、**環境覺知能力**：即理解周遭環境狀態和發現其中細節的能力。當你走入東隆宮並停留一小段時間，出來後其他劇組人員詢問觀察結果，你是否能大致掌握並描述廟宇內部狀況？譬如廟宇的內部格局、主旁祀神所在的位置、信徒的祭祀行為、彩繪的主題和選色風格、線香的氣味、籤筒搖晃的聲響等。由於地景判讀主要倚靠五感接收來的環境資訊進行分析，若沒有獲取到資訊自然無從分析，所以環境覺知能力相當關鍵。

二、**相關領域知識**：在地景判讀的過程中，若擁有跨領域的知識與整合能力，有助於行前的文獻蒐集和計畫擬定，也得以主動發掘地景中所隱藏的資訊，掌握不同地景元素之間的關聯性，以及提供更多可以解析的角度，而不單只是被動感知環境資訊。在踏入東隆宮前，人文地理的訓練會讓你知道主要廟宇周邊通常為老聚落的核心，並散布著為服務信仰而生的老店鋪，如糕餅店、木雕工藝店、製香鋪等；建築學的訓練有助於你看懂大木作的結構設計與工法；民俗學的訓練則會讓你特別注意籤種、祭器等物件。此時在電影場景設計上，出現抽藥籤、購買雙糕潤等鏡頭就很契合現場狀況。

　　視調查的主題不同，會使用到的相關領域知識也有所不同，較常見的有人類學、民族學、社會學、政治學、建

築學、景觀學、生態學、地理學、交通運輸、農林漁牧、都市計畫等。備有越多類型的知識，能夠發掘出更多可供解析的層面，地景判讀的效果也會隨之提升。

三、**資料蒐集與彙整技巧**：知曉相關文獻資料要去何處蒐集，實地踏查時獲得的資料該如何紀錄與整理，也有助於地景判讀的進行。❷ 若事前已從東隆宮的網站、出版品或相關論文蒐集資訊並整理，在現場踏查時就會特別注意匾額、木船技術保存、用刑具責罰以求改運的「大改」、各類圍繞溫王爺而生的團會等，比起泛用的相關領域知識會更加專一，可以獲得的資訊又更上一層。

FOOTNOTE | ❷
詳細操作可參考第一章的「事先準備」小節以及第二章。

[地景判讀的應用工具]

　　操作地景判讀時，有些應用工具能大幅提升效率，提供更多的資訊和分析方法，可以選擇性利用。常見的應用工具包括：

◎ ArcGIS、QGIS 等地理資訊系統（GIS）軟體，是進行套疊分析、環域分析和繪製地圖的利器。

◎ 心智圖，無論是用手繪或使用 Xmind、Gitmind 等專用軟體，都可以幫助整理地景判讀中的各類主題與涵蓋元素，並找出不同元素之間的互動關係。

◎ Evernote、OneNote、HackMD 等筆記或共筆軟體，有助於彙整相片、文字等不同類型的資料，若習慣用 Word 等文書軟體打字或手寫筆記也是可以的。

地景判讀是一項易學難精的工具，擁有越多經驗、基礎知識越豐富、掌握越多應用工具，可以在執行地景判讀時取得更多收穫，其效益是逐步疊加上去的。操作者可先檢核自身的三項基本能力，若自覺能力不足，可以針對特定能力或應用工具加強訓練，或是透過多次的地景判讀來逐步累積經驗。但如果還沒有相關訓練也無妨，可以多去走走，從中找出端倪。❸

FOOTNOTE | ❸
初步走訪的方式可參考第一章的「起心動念」小節以及第二章。

文獻資料蒐集彙整

確認過調查目的與自身能力後，正準備著手安排現場踏查的你突然接到製片的訊息，表示投資方希望能先了解電影製作狀況，因此需要你在這幾日提出一個可行的場景設計草案。此時場勘顯然緩不濟急，因此最為直接的選擇是搜尋文獻資料後，先完成初步報告。文獻資料的蒐集與彙整，是地景判讀的第一步，可以幫助操作者建立對目標區域的初步認識，有助於實地踏查時更有效地獲取與判讀現場資訊。文獻資料的蒐集彙整，視深入程度可分為「快速搜尋」和「深度探索」兩類。前者透過查找最易入手和閱讀的資料，如維基百科、觀光導覽摺頁、部落格等，快速建立對目標區域最粗略的認識；後者利用書籍、論文、地圖、研究報告、網路資料庫等資料來源，深入剖析特定主題的相關細節。❹

FOOTNOTE | ❹
詳細操作可參考第一章的「事先準備」小節以及第二章。

在找尋並閱讀文獻的同時，建議用筆記或文書軟體將查詢到的資料和需要深入了解的面向，條列出不同主題並把對應的資料放入，再依照5W1H對資料中的各類元素進行簡單的解析。以東港漁業為例，可將參考資料簡單解析成下圖：

```
                          ┌──────────┐
                          │ 東港漁業 │
                          └────┬─────┘
          ┌────────────────────┼────────────────────┐
       ┌──┴──┐              ┌──┴──┐              ┌──┴──┐
       │ 地景 │              │人／物│              │ 事件 │
       └──┬──┘              └──┬──┘              └──┬──┘
      ┌───┴───┐          ┌─────┴─────┐         ┌────┴────┐
   ┌──┴─┐  ┌──┴─┐    ┌───┴────┐  ┌───┴──┐  ┌───┴───┐ ┌────┴─────┐
   │漁港│  │潟湖│    │漁民(團體)│ │ 漁具 │  │鮪魚拍賣│ │漁船出港作業│
   └──┬─┘  └──┬─┘    └────┬───┘  └──────┘  └───┬───┘ └──────────┘
```

[作業船種]　[港口設施]　[蚵棚]　　[櫻花蝦產銷班]　[外籍漁工]

- 舢舨　　　・製冰廠
- 鮪延繩釣　・冷凍貨櫃
- 拖網漁船　　裝載區
　　　　　　・安檢所
　　　　　　・加油站

鮪魚拍賣
- 地景 ── 拍賣市場
- 人／物 ┬ 拍賣員
　　　　└ 黑鮪魚
- 事件 ┬ 喊價
　　　　└ 漁獲處理

[東港漁業解析簡圖]

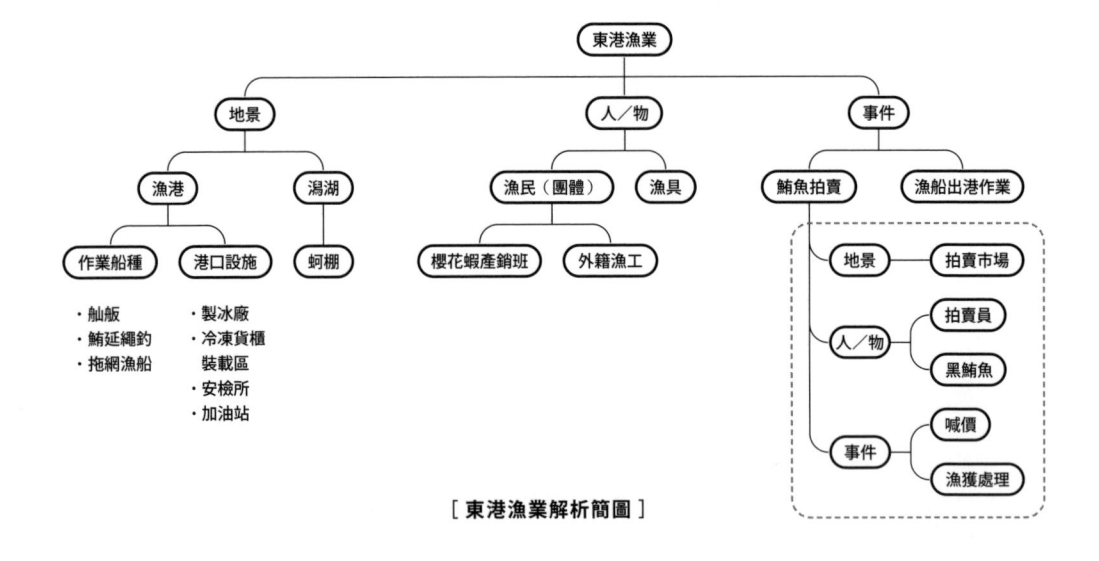

[文獻資料元素與解析方向表]

資料元素屬性	解析方向與注意事項
人	係指資料中出現的各類人與團體，可以多注意人際關係、族群特質、家庭與教育背景等細節。
事	即資料中出現的各類事件，可以多注意事件的成因、過程和效應。
時	人的生卒年、事件發生的區間和先後順序、關鍵性的技術突破或基礎建設、是否定期或不定期重複發生等都是可注意的細節。
地	各類事件發生的地點與場所，以及目標區域的聚落狀態、土地利用情形、各類地面人造物體與自然地理特徵等皆屬於此類。
物	各類技術物、工藝品、生產工具、非人生物等皆屬於此類。

另外，過程中需注意資料的品質和正確性，最易入手和閱讀的資料有很高的機會出現錯誤，如遇到有矛盾的部分應特別紀錄並加以查證。也建議標注資料的來源，以便結束實地踏查後做資料彙整時回顧。

行前準備

當完成製片交付的任務，同時整理好東港地區的基本資料後，接下來就要正式進行實地踏查的行前準備。以下是相關注意事項：

一、**踏查時間**：實地踏查只能呈現目標地區在踏查當下的樣態，實際上地景會隨著年、季、月、週以至日為單位發生變化。除了有特定時間才會發生的事件，不同地區的日常作息也會有所差距。以假設情境為例，依照拖網、鮪延繩釣、遠洋漁業的作業習性，漁市交易時間也有所不同；週末時前來東港或要轉搭渡輪往小琉球的觀光客眾多，若想避開人潮就要選週間進行調查；六月到十月是櫻花蝦禁捕期，該時段來此無法看到相關作業；東港迎王為三年一科，得在香科年才能較為完整看到祭儀流程。除了人為事件，作物開花結果、冬季河川伏流、候鳥遷徙等自然現象，也會出現在不同日期與時段。此類時間資訊有時不易從文獻得知，但若文獻有特別提及具時間性且符合調查目標的事件，最好親自去調查。一般而言，越早抵達、停留時間越久甚至過夜，可以獲取更多資訊，但不必強求。

二、**資料準備**：在假設情境中，圍繞劇情的三大關鍵詞為「遠洋漁業」、「蓮霧種植」和「王船祭儀」，因此主要信仰中心東隆宮、請水與燒王船的鎮海公園、七角頭的角頭廟、

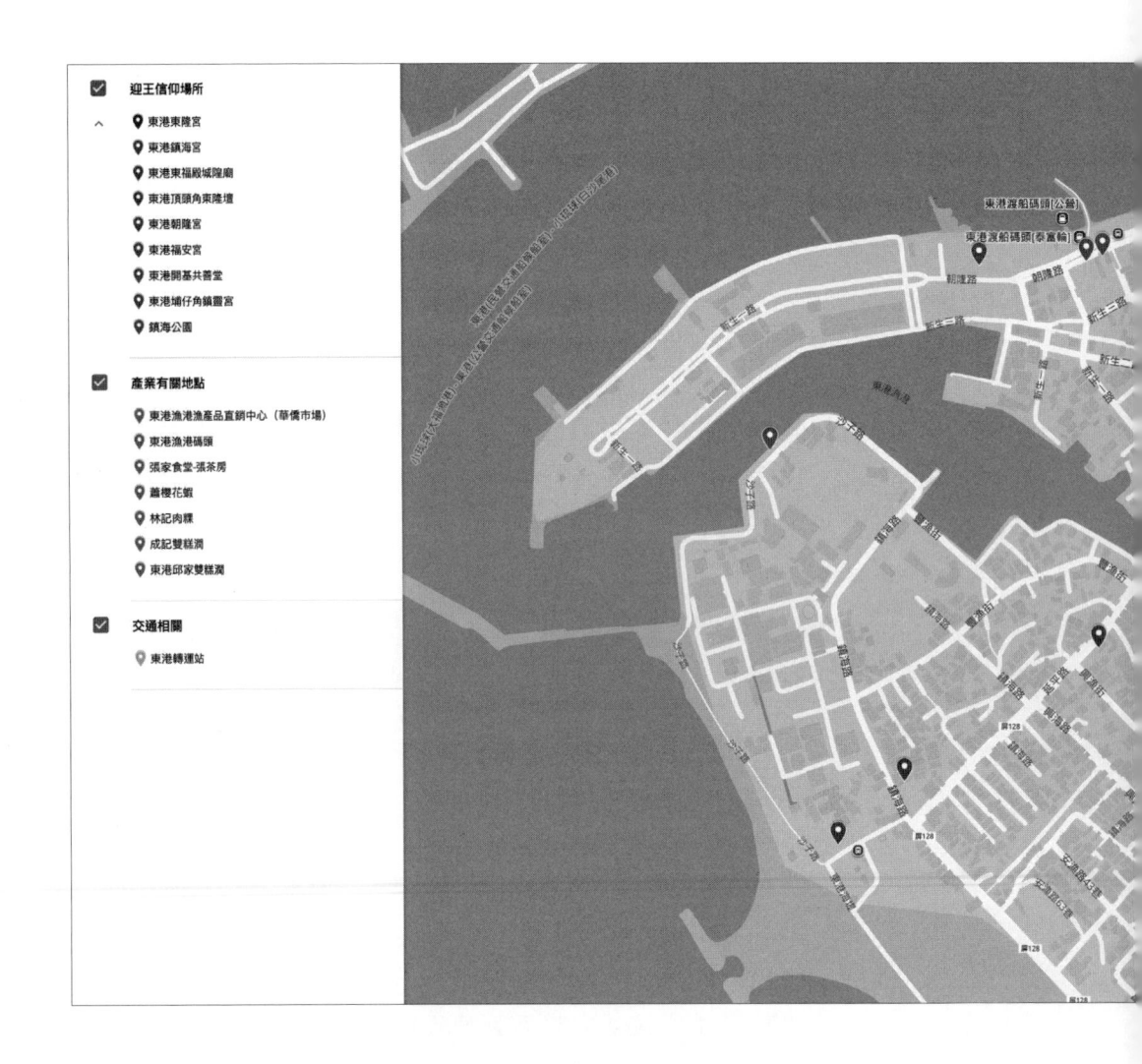

☑ 迎王信仰場所
　📍 東港東隆宮
　📍 東港鎮海宮
　📍 東港東福殿城隍廟
　📍 東港頂頭角東隆壇
　📍 東港朝隆宮
　📍 東港福安宮
　📍 東港開基共善堂
　📍 東港埔仔角鎮靈宮
　📍 鎮海公園

☑ 產業有關地點
　📍 東港漁港漁產品直銷中心（華僑市場）
　📍 東港漁港碼頭
　📍 張家食堂-張茶房
　📍 蕭櫻花蝦
　📍 林記肉粿
　📍 成記雙糕潤
　📍 東港邱家雙糕潤

☑ 交通相關
　📍 東港轉運站

東港漁港、華僑市場、海鮮餐廳、蓮霧園成了必須走訪的地點。文獻資料先前已完成彙整，另外需準備地圖，以備屆時可按圖索驥避免遺漏和方便紀錄。地圖可以使用紙本空白地圖，也可利用 Google Map 的「我的地圖」功能或其他電子地圖，先行在上方標定可事先得知的踏查地點，如重點街區、設施、建築等。建議不用刻意規劃路線，有時會因而有意外發現，只需確保有踏查到重點目標即可。

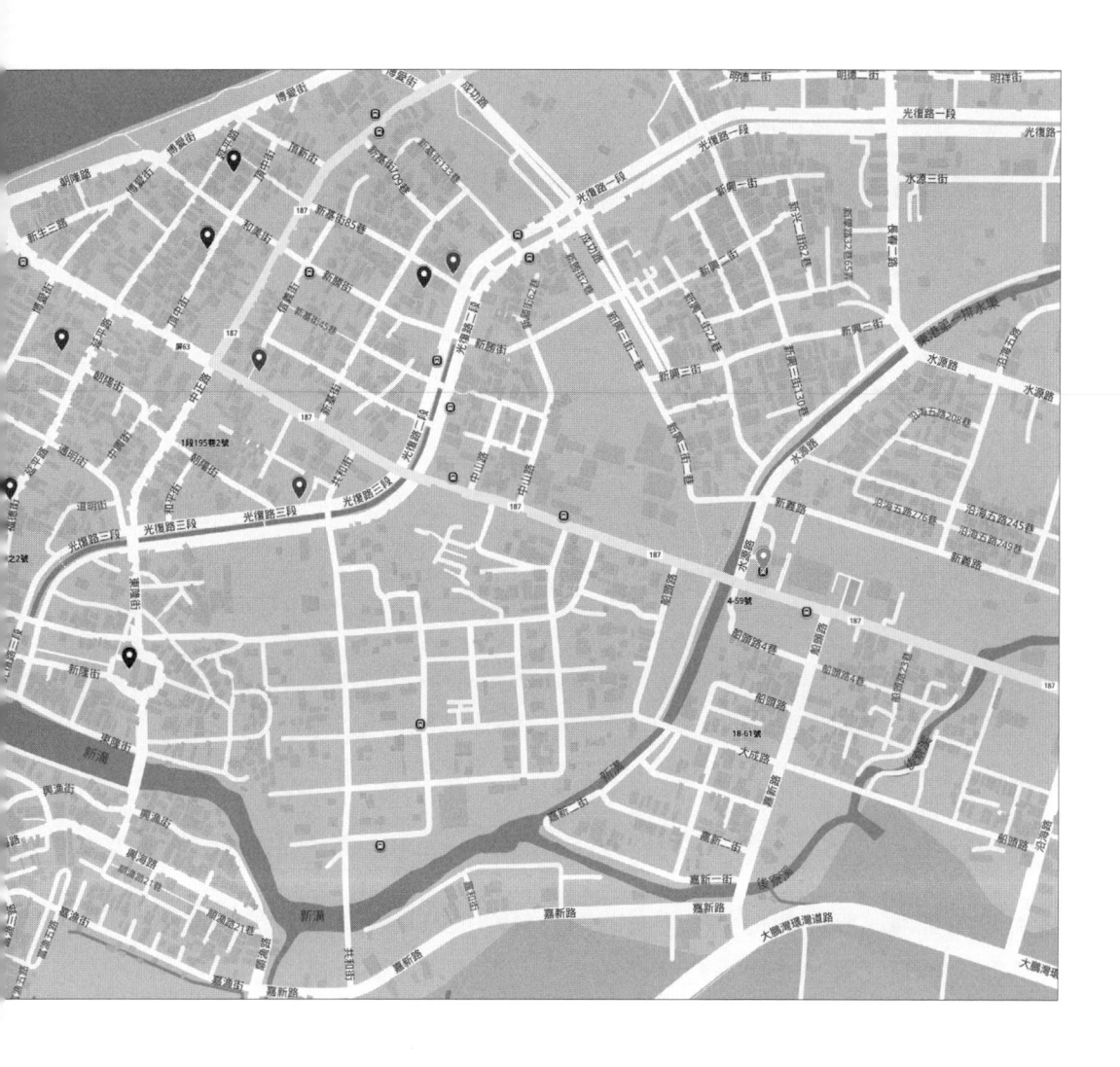

三、**成員**：踏查若是以小組進行，建議人數不要超過五人，三人為宜。人數過多會降低觀察效率，而在鄉村地區還可能帶給居民壓迫感。假如人數較多，可再分拆走不同路線，並依照工作項目或觀察重點進行小組內簡單的分工。[5]

　　四、**交通方式**：可視自身狀況決定，自駕的話時間和踏查地點較易控制，搭乘大眾運輸則可從觀察沿途地景與路線經過地名，並在車上與當地居民交談互動來獲知更多資訊。[6]

FOOTNOTE | [5]
可參考第三章。

FOOTNOTE | [6]
可參考第六章。

如是利用大眾運輸，調查區域有交通管制或天氣變化較大，要特別注意最晚需離開的時間，並以此規劃踏查行程。

五、紀錄工具： 實地踏查時以文字與影像紀錄為主，偶爾會用上語音紀錄，操作者可以視自己手邊有的工具自行運用。攝影工具可選擇（類）單眼相機、智慧型手機，文字紀錄工具從筆記本、文件夾板搭配紙筆到平板電腦都可以。

六、其他注意事項： 尊重和禮貌是打通在地居民的不二法門，對自然環境的干擾也該盡可能減低。保持開放的心態和五感敏銳度，這些都有助於實地踏查更加順利。

［地景判讀二部曲：實地踏查］

討論過後，你和其他劇組人員決定先選個冬季平日，在東港市區進行較大範圍的踏查。於是你和幾位夥伴一同前往東港，正式進入地景判讀最重要的步驟——實地踏查。實地踏查由「感知」、「判讀」與「紀錄」三個部分所組成，跟我們在日常生活中接收外界資訊，判斷後做出回應的模式如出一轍。不過，在有限的實地踏查時間內，如何有效率且仔細地蒐集與掌握地景資訊，做到「覺知周遭事物的細節」、「做出正確的解讀」和「有效地紀錄資訊」是相當值得仔細討論的。

感知

利用身體感官建立對地景的認識，是實地踏查的第一步，可分成「粗繪」和「細描」兩個層次。由於地景主要是建立在視覺之上，因此會特別著重於視覺觀察，但其他的感官體驗也需要兼顧，方能描繪出目標區域的立體樣貌。

一、粗繪：進入目標地區後，首先要做的是先弄清楚「地方有些什麼」，也就是「出現什麼地景或事件」（WHAT）以及「這些地景或事件出現在哪裡」（WHERE）。利用五感，特別是視覺建構對周邊環境的基本認知。在假設情境中，在華僑市場周邊踏查時，可能會發現附近的街道上有數間釣具行和五金行，轉角處有兩、三間小吃店；走進漁貨拍賣場，可以聽到交易員的喊價聲，聞到柴油味和魚腥味。粗繪的目標即是掌握類似上述這種最為直觀、但透露重要資訊的感官體驗和描述，作為後續較深入觀察與分析的基礎。以下列舉一些在粗繪上可以下手的面向：

◎ 有什麼樣的店家？不同種類的店家數量？有哪些比較特殊的店家？店家的分布狀況如何？

◎ 有哪些公共設施？公共設施的分布狀況？設施規模大小？

◎ 有哪些產業地景（農地、林地、養殖場、工廠、港口、魚塭……）？產業地景的概況如何（如種植哪些作物、廢耕地的比例大概多少）？

◎ 有哪些自然地景（森林、高灘地、湖泊、溪流……）？分布與樣態為何？

◎ 聽到什麼樣的聲音（街坊鄰居談話、叫賣聲、村里廣播、音樂戲曲……）？聲音的來源為何？

◎ 聞到什麼樣的氣味（果香、花香、農藥味、糕餅香味……）？氣味的來源為何？

◎ 嚐到什麼樣的食物（農產、特色小吃……）？食物的味道如何？

◎ 觸碰或感覺到什麼物體？接觸的感受為何（表面質感、重量、形狀……）？

二、細描：建立對地景和當中元素的直觀感受後，接著我們要更細部去描繪這些直觀感受的細節，以及發生在地景中的事件與影響。當中包括5W1H的多數面向，如「在地景或事件中是否還有需要仔細觀察才能發現的細節」（WHAT），「這些細節發生在地景中的哪些位置」（WHERE），「地景或事件中出現什麼樣的人／非人」（WHO），「人／非人行動者怎麼與地景互動」（HOW），「何時會出現這樣的地景或事件」（WHEN）。以假設情境來說，我們在踏查前已經知道現在是櫻花蝦的捕撈季，可能會在拍賣市場見到正在卸貨並核算漁獲數量的漁民。從漁民和交易員的對話中，可以聽到跟市場價格、漁獲品質和海上作業有關的資訊、俚語及專業術語。港邊可見到漁民忙著將不同的蝦種分離和整理漁具，在附近的五金行還可以見到其他地區較少見到的零件。本層次的目標即是從被動地接收資訊轉為主動地發掘細節，描繪如同上述在地景中出現的人、非人、事件，並融入時間與空間概念，以呈現出更為詳盡的地方紋理。以下列舉一些在細描上可以下手的面向：

◎什麼樣的人／非人（如有生命的動物、無生命的器具）會出現在事件或地景中？各有什麼樣的行為？扮演什麼樣的角色？

◎觀察到地景或事件的時間為何？此事件是否會在特定時間（每週、每月、每年……）或時段重複出現？

判讀

　　為更精準地重現場景，你和劇組人員嘗試要獲取更多所見地景的細部資訊，此時事前準備的參考資料就派上用場了。將參考資料或自身的背景與現場獲取的資訊進行比對，以迅速理解地景元素背後的意涵，並從中發掘可供進一步感知地景資訊的方向，反覆此過程即能逐步建立地方紋理，這就是判讀的目的。

　　以假設情境而言，進入聚落後可以發現廟宇的數量密度相當高，家戶掛著燈籠和八仙彩，符合王爺信仰圈的特質。此時再仔細觀察，在燈籠和八仙彩上的字樣就會看到大廟的名稱與主祀神祇，甚至是建醮週期等資訊。在大鵬灣一帶看到許多竹架，附近有廢棄的蚵殼、堆積待使用的竹材，推測可能有在養蚵，竹架則是蚵棚。此時查閱參考資料顯示此區域確實有在養蚵，並有養殖週期各階段的介紹。這時就可進一步觀察此時間的潮汐狀態，有漁民乘舢舨前去的話是進行什麼樣的工作，再回來跟參考資料進一步做對照。若個人有足夠的相關領域知識，甚至可以不需要借助參考資料就能看出端倪，進而加快操作進度和深入程度。透過「自地景獲取資訊→確認資訊內容與意涵→發現新觀察方向→再次自地景獲取資訊」的循環操作，可以在實地踏查現場快速閱讀出地景和其中元素的意涵，建構對地方較為深入的認識。對於初學者而言，在判讀地景元素時有兩個可以特別關注的面向：

◎同樣的地景或事件，與其他類似地區有什麼異同？是否擁有只屬於此地區的特徵或意義？

◎不同地景或事件之間是否有互動關係（例如河川與農地）？這些互動關係的型態和細節為何？

> 這裡提供一些有趣的例子，當我們要判斷一個農漁村聚落是否為周遭區域的核心聚落，郵局是個很有用的指標。因為郵務服務絕大多數是在地人使用，且覆蓋率不需如警務、教育等公共服務廣泛，因此擁有郵局足以代表此聚落的重要性，從營業時間、櫃員數量更能判讀出聚落大致規模。另外，鄉間會見到的流動市集，從攤位數量、開市頻率也是用來判斷聚落規模和重要性的方式，當中銷售的物品或服務也能側面反映出地方的生活樣貌。

當然，要能夠在現場憑藉自身知識進行判讀會有點挑戰，需要多花些時間練習。而且現場一定會有超出預期或自身知識領域的事物出現，此時直接用智慧型手機上網搜尋，或者現場詢問居民都是可行的作法。現場獲取的資訊或判讀的結果是否正確不在此階段的考量範圍，待後續作業時再行處理。

紀錄

在實地踏查中，你和劇組人員發現大量可以用於場景設計的素材，因此想要有效地紀錄，以方便後續利用。無論實地踏查的調查重點為何，有效且準確地紀錄，對於後續的解析和應用會有莫大幫助。紀錄的方式相當多樣，影像、文字、聲音或實體物件都是，而不同的紀錄形式有不同的注意事項。

一、影像紀錄：這是實地踏查最基本的紀錄方式，方法相當簡單，利用相機進行大量拍攝即可，但有兩點需要特別注意：

◎需拍攝兩類相片：第一類是遠景，主要用於紀錄目標地區的地景整體樣貌、組成元素及相對位置；第二類是近景，主要用於紀錄如個別店家、設施等物件或事件的細節，在構圖上盡量將欲呈現的重點放在相片中央。

◎如果是在私人場域、會拍攝到特定人或是有金錢價值的稀少物件，最好先徵求對方同意。前兩者是基於尊重被攝者隱私，後者則是所有人可能擔心訊息流出會遭到盜竊，因此需要特別注意。

二、**文字紀錄**：此為紀錄實地踏查大量資訊最直接的方式，越為詳盡、分類越清楚，後續資料運用上會越方便。下方為紀錄表的範例，可視自身需求進行調整，以「方便使用」和「資訊清楚易讀」為原則。

相片 (可事後補充)	地點／座標		文件、物件編號／ 影像、錄音檔名	
	時間			
	地景元素		人／事／物之五感描述	
	紀錄緣由／初步判讀結果		紀錄人	

三、**文本與其他型態資料蒐集**：實地踏查的過程中，可能會找到供人索取、帶走的文件資料，像是社區地圖、社區報、導覽摺頁等；另外也可能會有些非文字性的素材，例如用錄音筆紀錄目標場域聲音，用鉛筆素描在地景觀，尋找有意思且可合法、合理帶走的物件等。若情況許可，鼓勵盡可能蒐集不同型態的資料物件，可以在後續解析時提供更多資訊。

[地景判讀三部曲：事後作業]

　　帶著滿滿蒐集到的素材回到辦公室，為了避免遺忘在實地踏查時所湧現的好點子，你和同行劇組人員立刻開始整理資料，彙整可供場景設計的內容並繪製設計草稿，最終得到相當滿意的成品。實地踏查後，資料彙整和細部分析等事後作業是不可或缺的，關乎蒐集來的資訊能否為未來的工作所用。雖然不強制要於調查結束後立即進行，但建議須在隔日內完成，以免隨著時間遺忘更多的資訊。

資料彙整

一、**相片與文字紀錄整理**：將調查表缺漏項目補齊，若有新的想法或發現也可補充進去，並確認表中對應相片、錄音、物件等資料編號無誤。重新檢視實地踏查初步的資料主題分類，必要時進行調整。

二、**資料交叉比對**：若實地踏查是以小組進行，那麼小組成員需就各自的紀錄資料進行分享與交叉比對，確認事實陳述的正確性，並標記眾人皆有觀察到的地景或事件特徵，以及透過成員專業所產生的個別見解。如果在觀察紀錄上有分歧，最好條列紀錄下來，資料分析時重點探討。

資料分析

　　資料彙整完畢後，最後即是資料分析。逐項檢視彙整田野資料，同步進行更深入的文獻資料蒐集，兩者結合後分析並賦予田野資料對應的詮釋。若於實地踏查時已有初步結果，此時也會進行確認與修正。如會使用心智圖、KJ法等工具，[7]可用

FOOTNOTE | [7]
KJ法是一種專案管理的工具，方法為將蒐集到的各種想法、事件、物品等元素個別寫在便條紙上，接著把這些便條紙上看起來相關的內容進行分組。從分組就可以看出能夠探討的主題，也可以根據不同分組的便條紙數量看出不同主題的權重，通常會配合心智圖、魚骨圖等其他工具一起使用。

來梳理各項資料間的關係與權重，讓分析更詳盡。若是小組作業，過程中可以隨時進行討論辯證。

擬定下階段工作

資料分析結束後，即完成一輪的地景判讀。而資料分析的成果就是扎實的基礎資料，可以作為下一次地景判讀、田野調查訪綱撰寫、各類研究計畫或地方行動的參考，以及跟報導人對談時的談資。誠如本章一開始所述，地景判讀只能展現和印證實地踏查當下的目標區域狀態，而地方紋理是複雜且動態變化的，需要多次地景判讀才能堆砌出較接近真實的樣貌。最後，許多資訊並非單倚靠觀察和文獻就可以得知，地景判讀的詮釋也不盡然正確，建議搭配其他章節的田野訪談和調查方法，方能更全面理解地方。

[結語]

要深入認識一個地方的紋理，並非簡單的事情。其中得利用各種不同專業知識，在地方長期與深入觀察，甚至需要一點碰到解開問題的關鍵事件或重要人／物的運氣。地景判讀作為認識地方紋理的重要工具，要能掌握且靈活運用，倚靠的是對地方持續探索的熱情。無論是對成果的追求、過程中令人感動或興奮的事物，還是享受探索未知領域的樂趣，都能成為持續探索的動力。最後，附上地景判讀操作流程圖，期盼閱讀完本文的你能有所收穫。

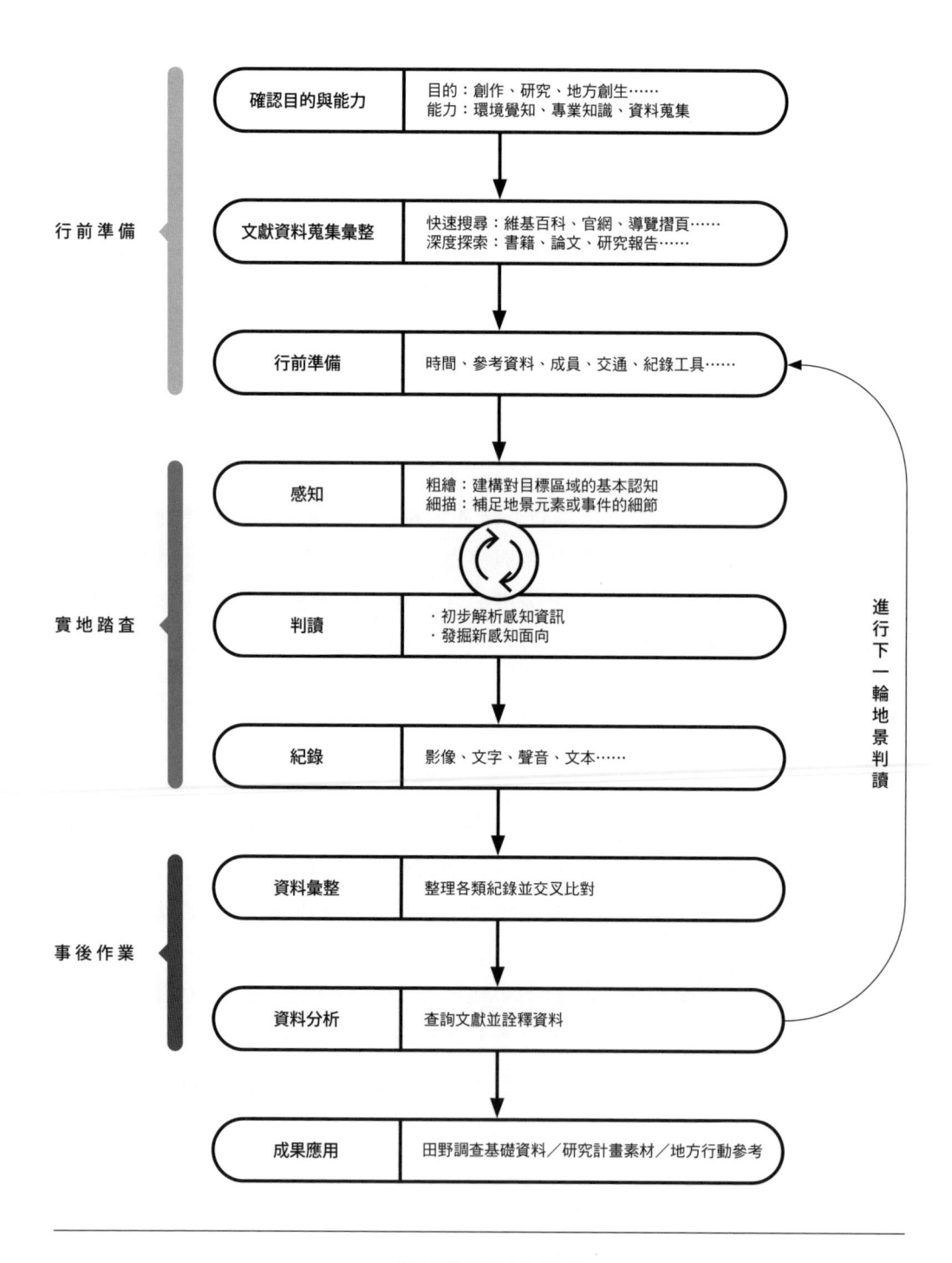

地景判讀操作流程圖

行前準備

- **確認目的與能力**
  - 目的：創作、研究、地方創生……
  - 能力：環境覺知、專業知識、資料蒐集

- **文獻資料蒐集彙整**
  - 快速搜尋：維基百科、官網、導覽摺頁……
  - 深度探索：書籍、論文、研究報告……

- **行前準備**
  - 時間、參考資料、成員、交通、紀錄工具……

實地踏查

- **感知**
  - 粗繪：建構對目標區域的基本認知
  - 細描：補足地景元素或事件的細節

- **判讀**
  - ・初步解析感知資訊
  - ・發掘新感知面向

- **紀錄**
  - 影像、文字、聲音、文本……

事後作業

- **資料彙整**
  - 整理各類紀錄並交叉比對

- **資料分析**
  - 查詢文獻並詮釋資料

- **成果應用**
  - 田野調查基礎資料／研究計畫素材／地方行動參考

（進行下一輪地景判讀）

[地景判讀操作流程圖]

CHAPTER 5

尋找更迭中的傳承：市街田野調查方法

王昱登　邱星崴

|

市街是臺灣普遍的風景，只要是略有人口之處，就會形成交易的所在，有些簡單到僅一條街的幾間店，有些龐大到整個市區，乃至作為所屬區域的政治經濟中心。然而，相較於其他聚落（鄉村、部落）容易因產業類別或自然條件而出現差異，市街乍看之下相當類似：可能是幾條有特定傳統產業的街道，從菜市場、服飾街、小吃街、金飾街、青草街，到圍繞著信仰中心的攤販群；形式多為兩層式騎樓，有些是木造紅磚、有些是華麗的仿西式建築立面，還有些搭上鐵皮；其中夾雜著手搖飲料店、小吃攤販、夾娃娃機店、東南亞商店、便利商店；若是人潮匯集則轉為大型連鎖商場，常見的有全聯、燦坤、屈臣氏，甚至百貨公司、Shopping Mall。住商混合區還會分布著未安裝電梯的老公寓以及設有警衛保全的新大樓，附近劃設一些提供小孩遊玩、長輩運動的口袋公園等等。❶

FOOTNOTE | ❶ 進一步分析與操作可參考第四章。

就景色來說，如果使用房地產網站或是 Google 街景圖隨機觀看，很難直接判定此為何處何方。然而，這並不代表每個市街沒有自身的文化特色，起碼以飲食而言，炒鱔魚（嘉義市）、焢肉飯（彰化市）、紅糟肉圓（新竹市）、水晶餃（苗栗市）等，都是當地才隨處可見且在水準之上的美食，其食材組合與味覺呈現，正顯示了此區域客觀上的資源分布，及主觀上的滋味偏好。❷ 因此，各市街不是沒有獨到之處，而是必須循序漸進來挖掘；接下來，先探討市街的特質，再開展調查方法論。

FOOTNOTE │ ❷
進一步分析與操作可參考第八章。

[市街的特質]

臺灣的都市化程度高達 79.8%，意味著多數人擁有市街的生活經驗，而就算是鄉村或部落居民，也難免來此採買、就醫或工作。這是因為市街的基礎在於作為區域內的經濟交易節點，擁有發達的商業機能，提供豐富的產品、技術及服務；又由於時代持續變遷，新的潮流帶動新的需求與供給，有些行業轉瞬即逝（如蛋塔店），有些逐漸淡出（如租書店、DVD 店），有些更替轉移（如誠品書店），還有一些持續擴張（如全聯、旋轉壽司店），而只要區位節點仍在，就能持續吸引不同的人群與產業（像是夾娃娃機店、東南亞商店），以上種種顯示：**市街正是由商業活動來主導起伏興衰**。雖然市街相對普遍，但因其複雜多樣且變動不居，導致不易辨識其文化特色，得仰賴地方工作者抽絲剝繭，重新解析理所當然的生活內容，而這也會是市街調查最大的挑戰與趣味所在。

市街因其高度商業化的特質，與鄉村、部落等典型聚落不同，我們無法藉由參與生活來建立彼此的連結（一起務農、勞動），無論是協助小吃店老闆煮麵或收錢，還是幫忙公園裡的家長看管小孩，貿然行動下場大概只會被嫌棄或猜忌。這些行動在市街可能引起的反應正是其特質所在──多數是陌生人的多變環

境，這對剛起步的地方工作者來說確實不容易開局。然而，田野調查又仰賴著一定的社會關係；也就是說，地方工作者必須努力轉換其社會身分，得從「某種刻板印象的他者」，轉為受訪者熟悉的生活背景人物，或是可能有助於對方廣義利益的協力者。❸

事實上，以上關鍵轉換很接近「業務」（房仲、保險或其他）的核心能力——著重於友好連結的建立，避免將雙方的關係工具化、商品化，追求長期經營而非一次性交易；而這些基本素養正是地方工作者在市街推展調查所必備，否則難以拜訪店家或街頭訪問。因此，初期進行市街調查時，不妨將自己設想為**業務**，試圖投其所好、創造雙贏，讓對方願意提供資料或受訪。接下來，就以業務的意象出發，明列市街田野調查的步驟。

FOOTNOTE | ❸
社會關係的討論可參考第一章。

FOOTNOTE | ❹
業務的工作內容，感謝曾為科、林毅誠提供相關經驗參考。

［市街調查方法論］❹

第一步：既有資料彙整

相較於鄉村與部落，市街更處於商業繁榮的地帶、接近治理重心的位置，因此擁有豐富的各式文本資料可供參考，這一方面增加調查的優勢，另一方面也變相提高難度。

市街資料的調查優勢在於：歷代政府的統計檔案、新聞報紙、古地圖、老照片等都相對容易取得，這些都是當代無法透過口述重新補充的珍貴內容，我們需要藉此重建歷史脈絡，提供現地踏查以及實際訪談的重要參考或佐證。

相對地，市街資料的調查難度則在於：此區域往往歷經多次調查，不同時期、不同單位（政府部門、學術研究、學生作業、文史工作者……）不只三番兩次進進出出，重複詢問各主題受訪者許多問題，令他們相當疲乏，間接導致地方工作者常獲得制式的答案

或不耐煩的反應，更甚者是被拒絕（去找什麼單位看什麼資料就好）或是被反問（問這麼多到底要幹麻）。

因此，在市街調查中，好好彙整資料就是關鍵的第一步，找出有意義的調查路徑（前人較少觸及的主題或角度），以此克服市街資料的負面狀態，並善加發揮資料豐富的優勢。

第二步：現地情報蒐集

如同業務要盡量能「搞清楚狀況」，從事市街調查時，需要釐清想要了解的主題現況以及關鍵要素，才能制定後續的調查策略。而在市街，只要約略探訪走動，不難察覺一項弔詭的事實：市街的「不變就是變」，店面與商圈的更迭與轉移是常態。這看似相當棘手，所以反而要以「變動中的不變」來著手，亦即持續變動的規律或模式為何。

可以先觀察這些變動發生在哪些區域或行業。舉例來說，如果發生老布店、老診所轉為連鎖服飾店、夾娃娃機店的現象，背後可能是由於經濟條件、性別分工改變（傳統母親才會自行製作衣服），或是青年人口移出（市街沒落缺乏消費者與勞動力）、交通方式革新等因素；如果發生泡沫紅茶店變成手搖飲料店，也許跟人群互動方式改變有關（網路的虛擬交友）。標記好變遷的波動之後，再套入前述的歷史脈絡去比對，就能善加利用市街資料的優勢，推測出某種規律與範圍，依此建立調查架構。

接下來再實地探勘，依照研究主題探索更細部、更動態的資訊，也就是蒐集情報。可以是同一地點多目標或是同一目標多地點的組合，拉出更立體的縱深，以面對市街高度易變特質可能帶來的調查變數，像是老屋瞬間被拆除或是老店突然歇業，盡速找到對應的物件或人物來處理。總之，面對易變的環境，需要做更多的準備，基本功越扎實，就越能夠應對突發狀況。

第三步：尋找切點互動

在現地蒐集情報之後，會發現市街雖像海面一直波動，又隱約有潮汐規律；但在海面下還有著礁石，是相對穩定的立足之處，適合作為認識市街的切點。基本上，可分為歷經變遷的「老點」及人群駐足的「熱點」，以下分別說明：

老點：是歷時數代考驗的空間，仍然是人流、物流的節點。例如，老行業、老街、老屋或文化資產等等，是市街荏苒的最佳見證者，單是口述歷史就能顯現地方變遷的主軸，甚至在吉光片羽中顯露市街老靈魂的深處祕密。這也是老點受到地方政府鍾愛的原因，常見公部門優先選擇老行業為對象，呈現其開業歷史、店主更迭及傳統技藝。這些資料將能協助我們在變動的時空中，挖掘複雜現況的骨幹與節點。[5]

FOOTNOTE | [5]
公部門所調查的資料，一般可以到公所、文化局、圖書館或所屬網頁參閱瀏覽。

熱點：指能夠加熱社會關係的地點。判定標準在於：人群能否駐足一定時間，而孕育出交流空間。就採買來說，雜貨店、菜市場是熱點，但超商、超市、量販店就不是；以住家環境來說，騎樓底下、老公寓等待垃圾車的巷口或集合住宅的廣場是熱點，但設有保全警衛的大樓或豪宅就不是。此外，還可以試著觀察政治人物拜票的地點（夜市、公園、宗教場所等），他們也仰賴一定的社會關係，其出沒範圍就不脫熱點所在。

總之，無論是老點或熱點，都是能夠在持續變動的市街中提供訊息的地點；在這裡才有辦法進行社會關係的熟成，讓地方工作者在一個變動又陌生的環境裡逐步站穩腳跟。

第四步：拉近距離交流

臺灣雖說以人情味聞名，但在市街田野中，感受到難以跨越的距離是相當正常的事，這來自於高度商業化的場域特質，在其中生活的人群都在特定空間從事特定的事情，地方工作者如果沒有具備一定的合理性，就難以加入。而應對此情況，建議用動機或情境來建構正當的理由，開啟交流的機會。

動機出發：拜訪毫無關係淵源的陌生對象時適用。由於市街的社會連帶是發揮各自專業的異質性組合，尤其在上述的老點，以專業或價值為理由造訪並不是問題，重點是讓對方覺得被尊重。

情境出發：接觸缺乏相關資訊的點頭之交時適用。以合理的身分增加出現次數與互動頻率，尤其在上述的熱點，像是多說兩句話的熟客、求知慾旺盛的講座聽眾，或是在校門口接送小孩的家長，以建立雙方的熟識感。

如果順利開啟互動，也許很快就能獲得特定主題的大致輪廓，但接下來可能因為基本腳本用罄而無法推進，一直當購買物品或服務的消費者，或是找話題聊天的熟面孔，並不是長久之計。這時就要主動改寫框架，才有機會滲透制式互動的前臺，流向更深層交流的後臺。可以拿出地方工作的成果（刊物、文創等）或邀約（展覽、市集、音樂會、讀書會等），延展彼此相處的界面，爭取對方更多的認同，甚至未來協力的可能。

為了方便判斷，將互動合理性、對象性質、切點及場域整理為下表，但這並不是固定答案。情勢多變是常態：如果老店老闆對於陌生拜訪不買帳，就要轉為情境出發，成為熟客之後

再嘗試其他機會；又或者，學校家長並不想進行基本社交，那麼反而要轉為動機出發，不去談小孩班級事務，改聊聊彼此的工作。

互動合理性	對象性質	切點	場域
動機出發	素昧平生	老點	老店、老街、老屋或文化資產
情境出發	點頭之交	熱點	夜市、公園、宗教場所

市街調查要像業務一樣，有靈活的手腕能切換不同作法，好在市街找到安身融入的位置，以建立社會關係的基礎，並扭轉「問題很多的客人」、「裝熟的怪怪傢伙」等刻板印象。

第五步：有效互動安排

出於場域特質使然，相較於一次長而深的訪談，在市街安排多次短時間的談話更加恰當，更能配合生活節奏。換言之，要用少量多次的方式來確保每回資料蒐集有效，若是占用對方太多寶貴的時間，或令對方中斷手邊工作太久，反而有害日後互動。

而在操作過幾次調查之後，地方工作者可能會感受到：市街的田野資料特別需要經歷社會關係的生熟轉換才能取得。但麻煩的是，不可能同時跟每個受訪者都維持同樣的社交狀態，因此，「頻率」就是在高度專業化的市街，進行訪談的關鍵字。可以發揮前幾個步驟的精神，依照社會關係的情況、受訪者的屬性、資料的重要性或豐富度等參數斟酌，規劃不同的週期（不定期、每週、每月等）的互動頻率。請參考下列表格。❻

FOOTNOTE | ❻
感謝本書作者佘岡祐提供修訂參考。

田野對象	資料內容	資料類型	資料狀態	接觸方式	拜訪頻率
里長阿財伯	地方發展史 各家庭現況	口述為主 文本少量	數量:高 品質:中~高	至里長辦公室泡茶聊天	每週一次
小吃店老闆娘 鳳嬌姐	小道消息	口述為主 文本缺乏	數量:中 品質:低~中	至小吃店用餐時順道聊天	不定期
金紙店老闆娘 阿秀姨	各家庭情況 小道消息	口述為主 文本少量	數量:少 品質:中~高	路過打招呼或逢年過節前去購買順便聊天	雙週一次
退休的黃老師	地方產業史 地方發展史	口述為輔 文本豐富	數量:高 品質:高	事前電話約定時間,攜帶訪綱拜訪	每月一次

第六步:編織關係延續

在進行市街調查時,不可能用骨牌接龍的方式進行,否則卡在一個環節就全盤盡失;反之,多是以滾雪球的方式推動,以調查主題為核心,並且將第五個步驟(有效互動)的操作當作線頭,之後再循序漸次開展。此動態的過程就是社會關係的編織,操作上會將對象列表清楚顯示,請見以下範例:

類別	對象	年代	簡單描述	相關資料	配合度(1-3)	人際連結(1-3)
小吃	牛肉麵店	1970-	來自眷村的路邊攤,目前店面已經營業十年	獨立刊物	2	2
傳統技藝	西服店	1974-2009	純手工的訂製西服,目前主要經營熟客業務	文化局專書	1	2
生活零售	金紙行	1920-	過去曾經設立自有的金紙工廠,因應現代產銷制度而有所調整	文化局專書	3	3
藝文生活	咖啡廳	2018-	綜合性的藝文空間,除販售咖啡,也舉辦講座等活動	獨立刊物	3	1
協會幹部	市場理事長	2000-	在地大家族,人際網絡強	論文訪談稿	3	3

表格欄位中特別列舉配合度及人際連結,前者是對方友善的程度,後者則是轉介其他受訪者的可能性,將兩者相乘,數字越高,就越是該盡早拜訪的對象,再搭配前幾個項目的指引,就能編織環繞調查主題的大網,從逐漸熟成的社會關係中提取資料。

接下來，用一個假想的案例，展示操作上述六個步驟的可能情況：

> 你隸屬於一個以文創為專長的青年團隊，這幾年你觀察到新竹市的人口結構年輕、城市歷史悠久，擁有發展文創的條件。你決定趁著假日到訪新竹，看有沒有機會挖掘在地文化資源，創造與地方共好的契機。
>
> 你檢索相關資料，發現關於新竹或竹塹的資料汗牛充棟，而且多數文獻都提到城隍廟，不僅是國定古蹟，至今仍每年舉行重大儀式，是新竹人的核心信仰，於是決定先以此為主題去統整，相關資料顯示：城隍廟跟官方的治理有關，是長期整合地方社會的過程，由明末清初的墾戶貢獻土地，清代的官員與仕紳家族協力，才造就今日的規模，而最終升格為都城隍竟然有多種說法，這是日後可以再行探究的好線索；其中之一指向臺灣政治經濟重心轉移（從新竹到臺北），涉及到淡水的開港通商。
>
> 文獻的豐富程度超出你的預期，難以想像現場會是如何，比預期還花時間消化，好不容易到了週末，實際走訪新竹，下了交流道之後，車流量相當驚人，進入老市區道路變小，交通不斷打結，附近停車費用高達每小時 60 元，顯然此地仍舊繁榮。的確，仔細一看，周圍商家的類別琳瑯滿目，從金融機構、鐘錶行、文具店、眼鏡行到中西醫診所等等不一而足，基本上涵蓋生活所需，有些店家布滿歲月痕跡，也有些招牌非常新穎。跟日治、戰後的街道照片相比，城隍廟商圈的變動甚大，店家之間的差異也不小。

再走到城隍廟周圍的攤販，就比較符合一貫的記載，充滿了許多在地的小吃。你事先查閱新聞資料庫及期刊論文，已經得知：貢丸是因為新竹店家率先把製程機械化，進而形成規模化；米粉則依靠冬季九降風吹拂乾燥，成為產業在此群聚的基礎。你走進小吃攤販區，的確有許多米粉和貢丸，點開網路美食評論發現各有支持者，你就隨意挑一間順眼的店家坐下點餐。恰好是非用餐時段，老闆願意多聊幾句，你才知道新竹的飲食特色：原來在地任何麵店都能加點貢丸，米粉好壞在於產地直送現做的溼潤口感。結帳後，你遞出名片並簡單自我介紹，老闆說他的小孩也是做設計的，要你下次再來，順便認識一下，他會多請你吃滷味。

　　結束愉快又結識新報導人的一餐，你繼續往裡面走，抵達華麗與威嚴兼具的城隍廟，看到許多信徒虔誠祈求，其中不少是年輕人。你注意到城隍廟對聯的字體相當好看，但有些典故並不了解，你在想有沒有可能以此作為基礎來發展文創。於是，你打算去問廟方人員，但對方表示主委剛好不在，你決定下次帶著相關產品過來，先去小吃攤坐坐，再進來專訪主委。

　　順利的話，你認為下次就有機會透過小吃老闆再認識周圍其他攤販，透過主委多認識其他廟方人員及重要信徒。

在案例中，調查者看似即將順利進入第六個步驟「編織關係」，並且埋下日後邀約參與或取得資格的伏筆；事實上，這正是地方工作者需要發揮的轉折之處。因為市街由各式專業活動組成，長期維持純調查的狀態終究是一種打擾，而地方工作者也往往還有其他的實作事項，很適合藉由活動或合作來搭建彼此的新脈絡，深化與報導人之間的關係，自然有利於後續的調查。當然，計畫通常跟不上變化，更不用說調查與行動同時進行，為此，以下另外準備了管理工具。

FOOTNOTE | [7]
此作法的發想感謝鍾衛與巫彥德協助討論。

[市街調查管理][7]

　　在市街進行調查，一開始由於尚未熟悉所在區域和人群，容易被個別對象拒訪，也找不到切入的角度；而市街多變的情況，很需要不拘泥順序、彈性應變；等到工作逐漸上軌道，確立自身位置與專業之後，又會面對團隊擴張、多頭並進的局面。這都是由於市街特質的緣故，難免讓人手忙腳亂也理不清頭緒。

　　龐雜的對象會產出龐雜的資料，在業界常使用專案管理的方式來因應，其中最通俗的是甘特圖。這是一種用時間進度來考核完成度的基本作法，以下藉著業務的意象引入使用，整理出「市街調查專案管理表格」。

市街調查進度甘特圖

　　第一個管理工具是市街田野調查進度的甘特圖，常見情況如次頁：

	執行期間											
	第1月	第2月	第3月	第4月	第5月	第6月	第7月	第8月	第9月	第10月	第11月	第12月
1──既有資料彙整												
1.1─政府出版品												
1.2─期刊論文專書												
1.3─新聞專題報導												
1.4─歷代地圖套疊												
1.5─找出調查路徑												
2──現地情報蒐集												
2.1─區域觀察												
2.2─趨勢標注												
2.3─資料比對												
2.4─實地探勘												
3──尋找切點互動												
3.1─尋訪老點												
3.2─確立熱點												
4──拉近距離交流												
4.1─選擇對象												
4.2─動機出發												
4.3─情境出發												
4.4─框架改寫												
5──有效互動安排												
5.1─整理清單												
5.2─規劃頻率												
5.3─滾動檢討												
6──編織關係延續												
6.1─製作關係表												
6.2─拜訪受訪者												
7──後續互動深入												
7.1─邀請參與												
7.2─取得資格												
7.3─活動推動												

值得提醒的是：實務上，現實會不斷變動，六個步驟往往不是照順序推動，而是依照形勢調整。例如，遇到很熱情的主委，可能一下就跳到第六個步驟「編織關係」，之後才回來整理資料。因此，此表格只是提供參考，大家可以依照實際的情況調整項目或填入進度。

市街甘特圖落差點解析表

上圖顯示田野調查的全局發展以及推進程度，但因市街不斷變動，落差與出入是自然常態，所以除了檢討進度，還需要深入討論原因，這背後往往是調查區域更深層的社會事實。為此，發展出第二個管理工具「落差點解析表」，請見次頁範例。

落差點編號	落差時間	落差原因
1.1—政府出版品	兩週	請議員協助調閱資料，才順利取得。
1.2—期刊論文專書	一週	特別去國家圖書館才找齊資料。
1.3—新聞專題報導	無	資料庫直接檢索。
1.4—歷代地圖套疊	無	資料庫直接檢索。
1.5—找出調查路徑	三週	路徑產出因前面資料蒐集落後而延遲。
2.1—區域觀察	無	以城隍廟周邊為範圍。
2.2—趨勢標注	三週	周圍店家種類眾多，歸納趨勢比預期複雜。
2.3—資料比對	兩週	資料量太龐大。
2.4—實地探勘	一週	周圍太多巷弄、市場攤位複雜。
3.1—尋訪老點	六週	城隍廟周邊的老店家眾多，盤點耗時。
3.2—確立熱點	無	無落差，城隍廟以及廟前廣場的目標明確。
4.1—選擇對象	一個月	店家、攤販、廟方等對象太多太雜，需要抽出很多零碎時間確認作息。
4.2—動機出發	三週	情勢一直變化，對象不斷增生，時間又彼此衝突，順序不好安排。
4.3—情境出發	一個月	有些人拒訪，有些人過度熱情，花費時間處理距離。
4.4—框架改寫	兩週	拿出之前的文創品，通常很快能獲得回饋，對方比較具體知道狀況，但也有人想凹合作。
5.1—整理清單	無	關鍵報導人願意提供比對協助，因此快速完成。
5.2—規劃頻率	無	同上。
5.3—滾動檢討	兩個月	前述變化太大大，也發現文獻預設有誤，花費時間求證調整。
6.1—製作關係表	一個月	某些行業恩怨太多，關係表不好繪製。
6.2—拜訪受訪者	六週	有些人移居外地或國外，聯繫不易。
7.1—邀請參與	一個月	多花一個月時間才將活動簡化給長輩參加。
7.2—取得資格	三個月	每週去買菜、致贈小東西，才被接受。
7.3—活動推動	四個月	各方利益不同，尋求共識耗時。

透過這張推想的甘特圖落差點解析表，可以判讀出：城隍廟聚落組成以及產業類別複雜；這也反映在社會關係上，導致花費大量時間取得信任，而且不同群體的想法落差很大，要推動共同文創品並不容易。這背後可能是因為各時期的商業體系——清代對渡的郊商、日治時代的鐵道全島貿易、戰後的工業發展，以及近代的科學園區——在狹小的市區內濃縮層疊的結果。

在解析出進階資料後，就能進一步將調查對象與資料做分類，在下一階段更扎實地推動地方工作。這也就意味著，需要構思更多的甘特圖，並多次多樣操作這兩項工具，來管理市街調查並推進地方工作。

[結語]

市街通常歷史悠久、資料豐富，核心要素在於發達的商業活動，以此造就持續變動、異質性高、社會關係陌生等區域特質，又由於空間往往具備當代機能，導致景色看似高度雷同又新舊混雜，並不容易辨別文化特色。因應這些情況，本章以「業務」的意象貼近市街田野調查的特質，根據主題來蒐集資料並開發客群；最後，再使用調查進度甘特圖及落差點解析表來整理複雜市街的衍生資料。

在調查過程中，地方工作者的確像是多功能的業務，不斷地穿梭、引介各式資源與人脈，也成為這座城市機能的一部分。而本章使用業務的形象，只是強化思考感知以及人際互動的比喻，但掌握這些方法之後，能夠好好在市街生活反而更加重要。上班再忙總會下班，在工作之餘，如同其他市民一樣逛街、交友、休閒，才能培養在地生活感，滋養出專屬於此市街的問題意識。也就是說，當個好市民、好好生活是最終認識市街的不

二方法。

　最後必須提醒的是，市街是分析的作法，也是區域的概念，不一定是指繁華的都市，也可以是鄉鎮的火車站商圈，或是鄉下的某一條老街，只要具備商業活動所引發的特質，都適用本章的調查方法論，善加運用便能捕捉到大小商業活動下的社會文化與地方紋理。

FIELDWORK LESSON

[市街補充介紹]

市街乍看之下高度雷同又複雜多變，的確難以在第一時間把握，但其實可以從其區域特質出發，找到著手之處。不妨從最基本的地景開始，[8] 將市街的景觀大致分為硬體類與人文類：前者包括文化資產、老街老屋、觀光景點等，呈現出歷史過程與區域變化；後者則有傳統老店、產業商圈、青年創業、議題團體等，突顯社會互動及形塑街區樣貌的行動者們。以下分別說明，以進行初步辨識：

硬體景觀

一、**文化資產**：因其繁榮的過往與悠久的歷史，市街可能擁有特定的文化資產，昭示著自身風華，並受政府法規保護；而這些硬體建築及設施設備是承載歷史文化的經典結晶，扮演著聯繫當代和過往的關鍵角色。因此，將文化資產作為城區探索的起點之一，來搜集資料與規劃主題，就能有效挖掘出此區域的前世今生。

二、**老街老屋**：雖然老街與老屋（私有）未必具有文化資產身分，但可能浸潤過共通的時光背景，因此，一樣可以藉由實際的場景來爬梳背後的歷史流變，尤其是使用地圖、老照片來判讀年代變遷，以此對比發展脈絡。

FOOTNOTE | [8]
地景的探索方式請見第四章。

三、觀光景點：相比於鄉村、部落，市街因其位於人流、物流的節點，以及商業化的機能，各種角度的觀看一直存在，在當代更傾向於設立觀光景點來延續或吸引人潮，無論是改建後的老車站古蹟、設立公共藝術的大型廣場、塗滿整條街的彩繪或重新活化的產業設施，都值得去探討其意象、論述、效果或對話對象。

人文景觀

一、**傳統老店**：市街中尚可見到古老的行業，通常與所在區域發展有關，例如竹東街道上的木柄店、北港老街上的香油行、臺南老市區的帆布行等，一般常以「老店」稱之。雖然在當代社會中難免式微，不時傳出歇業或搬遷的消息，然而，傳統老店家的優勢在於其既廣大又深厚的人際網絡，若是有緣能搭上線，將能增進後續調查的助益。

二、**產業商圈**：有些市街發展為特定產業集中的區域，可能早自清代或日治開始（青草街、金飾街等），也有晚至近代才形成（電子街、相機街或各種形象商圈）；甚至有些會成立組織，發展特定議題或訴求。我們可以像考古一樣，一代代挖掘其起源與演變，或是找機會拜訪單位幹部。但無論如何，這些商圈都是產業的匯聚之處，一方面影響著市街的景觀與生活方式，另一方面也因產業鏈受到外部區域的連帶影響。

三、**青年創業**：近年來，在青年創業風潮下，市街不時冒出大小店家，有些是一般性的服飾店、飲料店、髮藝店，或是懷抱特定理想開設的餐飲店、咖啡店、選物店、獨立書店、青年旅社、創生聚點，也有一些採取複合式經營。不可諱言，由於這些業者與地方工作者在生活模式與價值觀念上相合，容易成為初入調查的友好助力。因此，如果調查卡關，不妨來青年開設的空間取暖，也許另有機緣搭橋牽線；更不用說，若是青年接手老店創新，那更是可遇不可求的機緣，建議好好把握。

四、**議題團體**：在人類歷史上，議題團體的雛型誕生於城市的自治，而城市的靈魂在街道之中。臺灣也不例外，各式議題團體的大本營就座落於此，市民出於興趣愛好集結，組成各種團體，甚或扮演改變市街樣貌的關鍵角色。例如，臺南的老屋新力、高雄的柴山保育、臺中的綠空鐵道等，都是促進地方改變的良好案例，這些團體通常對於特定議題或區域著墨甚深，也樂於提供調查者協助，是適合拜訪諮詢的對象。

　　其實市街的探索沒有想像中困難，就像是寫一則動人故事，免不了細繪場景、架設舞臺（硬體景觀），並且描寫各種人物的悲歡離合（人文景觀），前者提供參照的座標架構，後者展現扣人心弦的情節，兩者搭配就能譜出動人篇章。

CHAPTER 6

挖掘村田氏的秘密：鄉村田野調查方法

佘岡祐
—

對於多數人來說，鄉村是既熟悉又陌生的場域。若問起對鄉村的第一印象，每個人可能會在腦海中浮現不同、甚至衝突的畫面：一方面是稻浪翻飛的水田、波光粼粼的魚塭、結實纍纍的果園或吐露綠意的茶園；另一方面則是夾在稻田間的新建案、傍著老三合院的鐵皮工廠、藏在山丘樹林中的豪華別墅。雖然因為生產要素差異，我們會看到都市近郊的鄉村遍布鐵工廠，或是觀光區各色民宿商店林立的景觀；但鄉村的基礎設施、社會網絡等底層結構，仍多是圍繞著第一級產業而生。❶ 由於第一級產業與自然條件高度相關，造就鄉村地區多樣化的景觀；即便同為稻作區，也會因為裡作不同而導致景觀有所分別。❷ 而族群和移墾史差異，賦予鄉村各自的文化特色，並反映在聚落格局、店家種類與祭祀空間之上。這些地方特質如同指紋一般，擁有許多資訊但多數時候是隱而未顯的，可能會出現在路邊小吃、五金行販賣的獨特工具、農業生產設施，或是祭祀科

FOOTNOTE │ ❶
第一級產業，是指直接取用自然資源生產原料的產業，包含農、林、漁、牧業。礦業視定義差異，可視為第一級或第二級產業。

FOOTNOTE │ ❷
裡作，意指穿插在主要作物（在臺灣一般指水稻）季節之間的農作。

儀的具體步驟中。而要如何掌握這些細膩的特質，正是鄉村田野調查的重要工作。

[鄉村調查方法論]

由於現代臺灣社會的高度都市化，多數人對於鄉村多少會有些距離感；而鄉村社會的運作，高度倚靠人與人之間的網絡連結，可能來自血緣（都是黃、林、王家人）、地緣（都住在崁頂、大埔）、產業（都會嫁接高接梨、虱目魚養殖、醃酸菜）、教育（就讀同一所國小、國中）、信仰（同一廟宇的信眾），人們透過網絡共享記憶、知識、習俗、道德觀及地方認同，發展出較強烈的「我群」意識。如何融入在地並取得有價值的資訊，是鄉村調查最主要的挑戰。究竟鄉村調查要如何操作？可以依循五個主要步驟進行。

第一步：確定調查目的與自身人設

鄉村社會最大的特色，即是由人際網絡組成的熟人社會。當在地居民遇到不熟悉的調查者時，會先探詢你的身分與前來的目的，以此推斷背後的動機並選擇用何種模式應對。因此在進行調查前，先配合調查目的和操作期程，給自己一個「人設」，對於調查方法的擬定會大有助益。❸ 調查者的人設，一般會考量以下三個面向。

FOOTNOTE | ❸
關於人設的操作細節，可參考第一章的相關介紹。

一、**身分**：調查者是以什麼身分進入調查區域，是最直接影響人設的因素。報導人好比一座礦山，調查者與報導人之間的利害關係，會直接決定報導人核發給調查者的礦區許可面積，也就是調查者能夠獲取的資訊上限已被確立。至於能夠在礦區中挖掘到多少礦物（資訊），取決於開採技術（訪

談技巧）及開採時間（停留時間）。在鄉村，居民會為調查者的身分貼上各類標籤，像是「能陪伴孫子的課輔志工」、「來做研究的學生」、「拿了很多標案的顧問公司」等。而且這些標籤會隨著生命經驗和視角不同而有所差異，以返鄉青農為例，「很認真打拚」、「在都市混不下去」、「產品那麼貴誰會買」、「年輕人創新很好」等標籤，可能會出現在同一人身上。這些標籤會直接影響調查者與在地居民間的關係，在調查過程中產生正面或負面效果。

二、**血緣、地緣關係及知識背景**：身處在熟人社會，在地居民會透過與調查者的談話，找到之間的共通性，進而判斷調查者的社會位置，以及對於地方知識的掌握程度，並以此為根據來選擇跟調查者的互動模式。若調查者是當地人，「你是順天的孫仔」、「阿枝嬸是我的厝邊」等對話就常會出現，此時輩分和親緣關係會顯露出來。若調查者具有地緣關係，譬如在臺南玉井進行調查時提到「我阿爸是南化人」，報導人可能會產生「就在隔壁而已」、「你厝內敢有種檨仔？」等對話，並認為調查者對於場域有一定的認識。另一類型是擁有類似的地方知識，譬如在高雄大樹進行調查時提及「我細漢時會去阿公的旺來園鬥跤手」，報導人會認定調查者對於鳳梨產業有基本的認識。多數時候，這些血緣、地緣或地方知識與調查區域間的連結越多，開啟對話和調查會越容易，也較易獲得報導人信任。但有時候，家族的人際網絡、名聲，或是不同地區間的競爭衝突，反而會產生負面影響。

三、**性別、年齡**：若調查者的年齡與報導人的子女或孫子女相仿，可能會產生共感而增進關係。如果子女或孫子女與調查者有就學或工作上的相似之處，像是就讀同一所大學、在同一產業領域工作等，那更有機會促成連結。而性別，

則會視報導人的性別與觀念，在不同情境產生相異的影響。

　　調查者的人設如同名片，會給予報導人第一印象，而且影響深遠。有些從大學時期做到成家立業的團隊，在地居民提及時仍會說「那些來做社區的大學生」，可見其印象被錨定後會存在許久。因此，確定自身人設，善用人設帶給自身的優勢，並隨著不同性質的報導人調整調查策略，對於順利進行鄉村調查非常有幫助。

　　接下來的內容會將我們的人設設定為縣市議員候選人幕僚，這位候選人是初次參選，我們必須在剩下半年的競選期內幫助他當選。選擇候選人幕僚為人設，是因為此身分同時具有「需長期經營地方關係」和「會涉入地方核心利益」的兩大特點，堪稱最為困難的角色之一，以此為例可全面性介紹鄉村調查方法。至於是否需要執行到同樣深入，讀者可視自身目標和操作期程來做調整。

第二步：釐清邊界與主題

　　開始調查行動前，首先要做的是「認識當前狀態」，釐清我們想認識的邊界範疇與箇中要素；接著結合自身調查目的，以確立調查主題。以候選人幕僚來說，關注的地理範疇自然是選區；而調查目的是政見擬定，因此配合選區內聚落分布、人口組成、交通線、產業結構等要素，我們設定「確定選區前三大生活痛點」為調查主題。由於調查的時間和資源有限，釐清調查目的有助於發掘關鍵議題，避免在過程中迷失方向，對於鄉村調查新手而言非常重要。

　　此外，調查區域也會與周邊其他區域產生互動關係。舉例來說，若我們在屏東萬巒的某社區進行調查，會發現居民的就

醫、就學、採買會前往萬巒市區、潮州、屏東市甚至舊高雄市區；臺南後壁的蘭花業者多會將蘭花送往嘉義番路隙頂、梅山太平等地的催花場，利用中海拔低溫節約冷卻能源花費，所以蘭花產業在平原與山區受地理因素交互影響。因此，必要時需進行區域外的資料蒐集、現地踏查及訪談，方能較全面地詮釋區域內所獲資訊背後的意涵。

第三步：情報蒐集

確認區域、主題及人設後，鄉村調查的框架已經浮現，但細部結構仍需要填補。所謂「知己知彼，百戰百勝」，若候選人幕僚對地方的認識越深，就越有機會提出命中選民需求的政策。同樣地，調查者在正式進場、訪談報導人之前，對地方的認識越充足，就越能夠在調查過程中找出重要資訊，並且跟報導人建立良好關係。要達成上述目標，就得倚靠情報蒐集了。

情報蒐集一般會分成三條軸線：文獻資料查找、現地踏查及調查對象擬定。首先，是文獻資料查找，從前人留下的各類文獻、檔案中去認識地方，是最為直觀和低成本的方式。❹ 不過鄉村地區的文獻資料一般較為稀少且分散，經常發生資料品質參差不齊或正確性存疑的狀況。因此，調查者在查找時需要多方尋覓不同資料來源，同時須特別留意資料的正確性、時效性及限制。❺ 建議配合現地踏查，將文獻與實際環境進行連結，方能建構出對鄉村地區的立體圖像，發掘更多細節的同時也減少被資料誤導的可能。❻

文獻查找和現地踏查不僅可以勾勒出鄉村地區的具體圖像，也是初步擬定調查對象的重要方式。唯有找到報導人進行深度訪談，才能理解鄉村社會的實際運作和人際網絡的真實樣貌。而調查對象可分為特定與不特定兩類：前者多為特定領域的代表

FOOTNOTE | ❹
文獻資料查找具體方法可參考第二章。

FOOTNOTE | ❺
即便是網誌、Vlog、Google Map 等網路資料來源，仍能汲取出有價值的資訊。像是 Google Map 上的店家營運與尖峰時間，對於設定訪談時間就很有幫助。

FOOTNOTE | ❻
現地踏查的操作方式可參考第三章，並視情況可搭配第二、四章進行操作。

性人物，可從公開管道事先獲知相關資訊；後者則是一般大眾，無法事前知曉其具體形象與樣貌。以候選人幕僚的觀點，前者可以快速獲得地方議題的概況和建議，並穩固人脈節點；後者可進行輿情蒐集，聽到更多元的聲音，兩者各有其價值。❼

FOOTNOTE | ❼
報導人屬性可參考第一章。

特定調查對象一般可分為四類：

一、**地方頭人**：例如社區發展協會理事長與總幹事、里長、議員辦公室主任等，此類人對在地社會具有相當影響力，了解許多地方事務，也是人際網絡重要節點。同時因為工作性質需要服務鄉親，一般會較為熱心協助調查者。但有時這些熱心僅限於調查初期或較為表面層次，實務上得視後續調查的執行狀況而定。

二、**產業關鍵人物**：例如歸屬第一級產業的產銷班班長、合作社理事主席、農漁會幹部，第二級產業的農產加工業者、傳統工藝匠師，第三級產業的小吃店、資材行、農機行等店家經營者和傳統藝術表演者。此類人通常掌握特定在地產業的地方知識和社會網絡，可作為調查者深入理解在地產業的引導人。

三、**研究者**：包括文史工作室負責人，村史、鄉誌、論文等文獻資料的作者。此類人通常掌握許多原始資料，並對地方史和在地知識有一定了解，通常會充滿熱情並帶有一定的主見，對於經驗尚淺的調查者而言未必容易應對。隨著互動漸增，對於調查者可能會另有期待，譬如承接資料與人脈、執行個人尚未完成的工作或灌輸特定意識形態等，箇中分寸需要調查者自行拿捏。

四、**新興返鄉者**：像是返鄉青農、地方創生團隊等，此類人通常與調查者的思維較為接近，較易於溝通和成為報導人。

至於不特定對象，可能是對地方知識熟稔的耆老、交友廣泛的志工媽媽、在地大家族成員等，多出現在社會網絡的節點，也就是人們會聚集並交換情報的地點。在鄉村地區，這些節點可能是社區活動中心、廟宇周遭老樹下、公車站、街賣菜車，或是理髮廳、雜貨店、資材行等店家。在這些節點較容易接觸大量居民，並從中尋找具潛力的報導人，可於現地踏查時同步進行。由於進行情報交換通常需要滯留在節點一段時間，因此座椅是此類節點的基本配備。若有見到一處空間放了多張摺疊椅、塑膠椅、藤椅或長板凳，那就有很高機率是在地社會網絡節點。可再觀察有無棋盤、泡茶用具等物品，或是在不同時段觀察是否有人聚集，大致就能確認節點位置、屬性以及人潮出沒時段。

第四步：建構人際網絡

蒐集完情報，身為候選人幕僚的我們已經對選區的基本背景與議題有相當的了解，同時也已經擬好初步可行的政見方案，接下來就是要下場直面地方社會與選民了。由於是新人參選，所以選舉策略放在「讓最多人認識候選人和他的政見」，並且「讓選民相信候選人有能力實踐所開的支票」。除了掃街和投放廣告，透過「信任」與「人情交換」獲得人脈，發動周邊親友或地方頭人替候選人宣傳、動員並實際以選票支持，是地方選舉成敗的關鍵。鄉村調查也是如此，要在鄉村社會綿密的人際網絡中獲取第一手資料，唯有報導人對調查者有足夠信任才有可能，而信任奠基於調查者的人脈。因此，就鄉村調查而言，建構人際網絡可說是決定成敗的關鍵。接下來，將介紹於鄉村建構人際網絡的主要目標及具體操作方式。

初次進入選區的候選人幕僚，第一要務是拜碼頭，將自己

介紹給鄉親和地方頭人，讓居民留下好印象。在拜碼頭的過程中，順道打聽地方上的小道消息，特別是人際關係和在地社群關注議題的八卦，是確認對方立場和人際網絡，並拉近雙方關係的小技巧。後續在地方走動時，若有遇到未接觸過的在地居民，也會運用類似的方式來認識對方並爭取認同。類似的概念可用於鄉村調查，開始接觸在地社群的調查者通常會有三個主要目標：

一、**建立良好印象**：良好的第一印象可幫助我們取得與潛在報導人加深信任關係的門票，此時前面所創立的人設就派上用場了。初次接觸在地社群時，可先揭露個人人設中較為中性的資訊，譬如姓名、所屬單位、就讀學校、訪談目的、家鄉地點等，並在閒話家常中找尋與報導人之間的共同點，拉近雙方距離。後續覺得狀況許可，可再揭露自身的更多資訊。需要特別注意的是，若人設對地方社群來說有一定爭議性（如環社檢核執行團隊、議員助理等），在揭露自身資訊時要格外慎重，可以先選擇性隱藏部分資訊，以免讓對方產生先入為主的偏見。

二、**確認網絡關係**：在鄉村社會的人際網絡組成中，有許多因為共同血緣、地緣、信仰、職業或利害關係等而組成的群體，❽ 彼此之間可能有很強烈的競爭甚至是衝突。當然，報導人本身也會有要好的友人或與人結怨，因此需要在訪談中留意對方的人際連結，以及對不同群體的看法。這能用來判斷該報導人在未來可以協助牽線的潛力，並確認訪談內容的可信度和避免踩到人際關係上的地雷。初次跟居民談話時，談話過程中需要時刻保持敏銳的觀察，從言談中發掘對方的性格、可能的人際關係、職業等資訊，找出有潛力成為報導人的對象，拉近關係並爭取後續訪談機會。

FOOTNOTE | ❽
最為人所知的，就是在選舉動員和地方利益分配時會出現的派系。派系是用於政治與宗教上的專有名詞，但如派系般對內分享情報和資源、對外表達立場與爭取共同利益的群體其實很常見，長壽俱樂部、媽媽教室、家長會、社區大學、產銷班、轎班會、義警義消等皆屬之。

若居民提到他們認為更適當的報導人，務必追問人物背景與聯絡方式（如何時何地可以找到對方）。

三、驗證既有情報與獲取新資訊：進入鄉村網絡的重要目的，是驗證蒐集來的情報資料，並從報導人處獲取新的地方知識與情報。若是初次接觸報導人，還需要確認對方所掌握的資訊與知識是否符合需求，以及試探報導人對於調查者當前掌握情報的具體反應。要達成上述目標，關鍵在於運用蒐集的情報來設計足夠水準的問題，讓報導人的回答更精確且留下好印象。譬如訪談芒果產銷班班長，「芒果產銷上遇到什麼問題？」僅是及格的提問，「今年出口商的收購價格與數量相較往年有什麼變化？」這樣的問題就較為精確。從回應內容可能會得知產銷班班長對外銷流程相當熟稔，是合適的報導人；另一方面，產銷班班長對「出口可促成產業升級」的觀點持保留態度，顯示在分析芒果出口的報導與研究時需要更謹慎。

　　初學者要同時掌握上述三點難度相當高，若覺得力有未逮，不妨以「建立自身良好形象」為第一優先。初期在談話過程中，可以選擇積極參與或引導話題方向，也可以選擇認真聆聽並將談話內容紀錄下來做分析，每次可能都會有所發現；當紀錄累積到一定數量，就可以逐漸從中看出地方社會和在地知識的樣貌，在後續談話中即能識別、紀錄及適時追問關鍵內容，挖掘更多想要獲取的資訊。

　　身為候選人幕僚，要如何拓展人際網絡，最大化接觸的選民數量，並建立對候選人的信任以求勝選？我們可以先拜會社區頭人爭取認同，或是到市場、廟口、車站等人潮聚集處掃街拜票；也可以在村中設立競選服務處，就近與居民搏感情，並協助解決各類地方上的問題。回頭來看鄉村調查，同樣可由「拜

訪特定對象」、「蹲點網絡節點」及「參與地方日常」三種方式進入鄉村複雜的網絡，其操作難度則是依序增加：❾

> FOOTNOTE | ❾
> 可參考第一章的相關段落描述。

一、拜訪特定對象： 由於報導人的生活背景，加上地方知識在特定情境方能有效顯現等限制，約訪在鄉村調查中並不是特別有效。不過對初學者來說，從情報蒐集得到的特定調查對象名單開始接觸進行約訪，不失為一種較保險的作法。鄉村地區社群相對較為封閉，當有外人主動聯繫提出需求，常會被視為詐騙，因此在電話開頭便清楚、簡短地自我介紹與目的揭露相當重要。當面拜訪能減低對方對於身分和目的之疑慮，但行前不易掌握對方是否在現場或有無空閒時間，需考量撲空的風險。反之，若對目標區域已有一定熟稔，善用鄉村地區生活圈小的特性創造「巧遇」，其侵入性較低也較不易引起報導人的防備，是可以用來建立初步關係的策略。

　　需特別注意的是，初次拜訪報導人時要揭露自身人設或對地方的認識到何種程度，取決於對方的背景及當下對訪談內容的反應。舉例來說，有些社區會出現村里長和社區發展協會分屬兩個政治派系的情況，當訪談社區發展協會總幹事時提到有先訪談過村長，可能會引起對方極度不悅，甚至拒絕後續受訪。若在苗栗淺山地區進行調查，事先已訪談過支持石虎保育的野保團體，那麼後續訪談當地村長時，可以先試探性地詢問：「在報導上看到有石虎危害家禽的狀況，村民們怎麼看待？」從村長的回應便能判斷其對石虎保育的立場和是否有特定看法。此時即可決定後續訪談追問的內容，以及是否要揭露已先訪談野保團體的資訊，還有哪些關鍵字需要避免提及。

初期訪談不必追求所有問題都問完，建議順著報導人的談話節奏與邏輯，適時拋出問題和回應即可。若對訪談內容存疑，不用急著爭辯議題的正確性，畢竟真想改變對方也得建立穩定人際連結才可能做到。訪談結束後，可以再約下一次訪談、留下聯絡方式或請對方推薦報導人，此時即算是初步建立一個新人際關係節點，可由此連結更多潛在報導人。

二、蹲點網絡節點： 對鄉村調查者而言，要尋找不特定調查對象並進行訪談，在社會網絡節點蹲點會較有效率。開啟話題的方式樣態很多，可能是在眾人聚集雜貨店閒聊時，進店裡買瓶飲料，順勢找張椅子坐下加入談天；向正在下棋的長者探詢幾個小地名的確切位置，此時常會出現七嘴八舌的場面，就可以從回應中開啟話題。而參與在地的公開活動，譬如農會舉辦的農民市集、宗教祭儀等，也是找尋不特定調查對象的好機會。舉個例子，我有次與友人前往宜蘭三星拜訪社區組織，路過一間正在舉行慶典的廟宇，就被好客的居民拉進去吃碗湯圓，與居民相談甚歡，並從現場觀察得知當地湯圓的烹飪方式和祭儀的特別之處。

相較於城區，鄉村地區因為生活步調較慢，而且大多不常有外人拜訪。在地居民基於對調查者的好奇，在開啟話題聊天和初步建立關係上會較為容易，關鍵在於「營造合理開啟話題的情境」。由於場景會是在閒話家常中開展，因此基本上不存在既定訪綱，需要調查者依靠情報蒐集中獲得的地方資訊進行應對，當然事先準備些口袋問題會有助於討論推進。僅靠單次談話就想建立關係或是獲取所有想知道的資訊，顯然是不切實際的。需要多次的造訪社會網絡節點，讓出沒在此節點的居民熟悉你的存在，強化彼此間的信任，才有機會拉近關係和獲取更為深層的資訊。

另外，不同的社會網絡節點聚集的社群會有差異，因此在能力許可下，盡可能造訪多個節點會是較佳的方式。

對於不熟悉受訪的一般居民來說，在輕鬆的日常對話中反而能透露較多資訊，而且常會出現超出事前預期框架的內容，是相當推薦的調查方法。不過，相對於有穩定訪綱且目的專一的訪談，現場蹲點較為耗時且成果難以控制，同時很要求調查者的訪談功力和背景知識。若是經驗不足而採用聆聽、紀錄談話內容再回去分析的方式進行，時間與人力成本相當可觀，建議選用此方式前先衡量調查目的和時間。

三、**參與地方日常**：對於鄉村調查者來說，透過直接參與地方日常運作以做出貢獻，讓自身角色從「被動向居民求取資訊」轉變為「利用個人付出所累積的信任來交換資訊」，對取得信任與進階資訊相當有效。擔任課輔或長照志工、應徵當地學校的代課老師，甚至在當地物產產季時上地方性臉書社團尋找臨時工職缺等，都是參與地方日常運作的可行途徑。這些職位既存於日常生活中，居民能夠輕易理解調查者的身分角色，要獲得認可也會容易許多。另外，由於這些職位的性質，很有機會遇到特定族群，譬如課輔志工可接觸到青少年及其家長，農業臨時工可接觸到農業從業者，對於特定議題的調查者相當有利。不過，多數時候要獲取參與管道並不容易，需要熟人介紹或是強運碰到才有機會。相較前兩種方式，報導人會直接看到調查者的日常生活和工作狀況，調查者要考慮的變因增加，時間付出和個人技能要求也較高，是三種行動方式中最為困難的，建議有條件時再考慮是否選用此方式。

以上三種方法並不互斥,調查者可視自身調查目的、人設及能力,自行搭配使用。基本上,每確認一位報導人的背景與社會網絡關係,就可以知曉後續訪談時哪些時候可利用與報導人的關係拉近距離,哪些時候則應該避免提及或用委婉方式表達與報導人的關係,逐步建構自己的人際網絡。當調查者與報導人足夠熟識並累積一定信任後,兩者之間的關係就會產生變化。報導人可能就願意提供舊相片、族譜等文件,或是帶領調查者進入生產場所,此時銘刻在身體難以言傳的默會知識才會顯示出來。另外,有些田野資料則需要在特定時間地點才能獲得,譬如冬至時全庄一起在庄頭廟前搓湯圓、繞境前夕村落內鑼鼓陣集合演練等。這是平時不會有人談起,也難有文獻記載,要在事件當下才能問到或觀察到屬於地方的特色。因此,勤於在目標場域走動,不但有利於經營人際網絡,也能增加遇到這類特定事件的機會。

第五步:深化與經營地方關係

　　經過多次調查後,隨著接觸的人逐漸增加,地方人際網絡的樣貌會逐漸浮現。此時需要進行紀錄與管理,以便後續調查時設定合宜的訪談計畫、避免踩到人際關係的地雷,並知曉哪些文獻或地方知識掌握在哪些群體或個別報導人手中。❿ 下表是記載居民間人際關係的梯形表,在由熟人社會組成的鄉村,此表有助於釐清錯縱複雜的人際網絡。每次調查結束後,可將新獲得的資訊持續更新進表格,就能逐漸看出地方紋理的樣貌,有哪些值得深究的議題,以及人際關係對地方所造成的影響。

FOOTNOTE | ❿
報導人管理可參考第五章「有效互動安排」小節的表格。

[人際關係梯形表]

	農民阿好嬸	小吃店添丁伯	里長福財叔	教師李老師
阿好嬸		熟識的鄰居	好友有借貸關係	有耳聞但不認識
添丁伯	小吃店熟客		好友	點頭之交
福財叔	好友	好友常約唱卡拉OK		知曉對方態度而保持距離
李老師	不認識	點頭之交	具有敵意	

　　在地方選舉中，開發自身的「樁腳」相當重要。透過這些核心支持者打點地方關係、協助競選、回報民情或提供各類支援，方能發揮最大的宣傳效果。我們在建構自身人際網絡的同時，會遇到地方上的各類支持者，可能是常贈送各種農產品的農友、熱情提供資料和協助聯繫訪談對象的退休教師、每次都招待小菜的小吃店老闆。這些對象都有機會轉換成「樁腳」，也就是「關鍵報導人」。⓫ 在重視人際網絡的鄉村地區，關鍵報導人能幫助我們打通人際關係，提供詳盡田野資料，以及回報當前地方上的各類小道消息，可說是調查成敗的關鍵。當信任累積到一定程度，我們就能逐漸拉高關鍵報導人在田野資料來源的比重，並將之納入鄉村調查的人脈資源；不過相對地，調查者也需投注對應回饋。在倚靠情分交換維繫人際網絡的鄉村社會，即便沒有物質上的對價關係，態度和行動上一定要做足；譬如偶爾送禮，對方忙碌時主動關心或提供幫助等。良好的互動方能確保穩定的關係，以及更進一步的合作。

　　當人際關係開始穩固後，我們會漸漸接觸到鄉村社會中較為後臺的部分，例如農業生產現場、祭祀活動、社區會議等，此時若學會地方上的語言、技術及規範，便能更好地融入當地社會，獲取更多深層的地方資訊；接著再利用新獲得的資訊和地方知識獲得更多認同和問出關鍵問題，重複循環後對地方的

FOOTNOTE | ⓫
關鍵報導人的相關介紹可參考第一章。

認識會逐層堆疊，進而釐清鄉村社會的樣貌。舉個情境為例，當我們於九月走入臺南東山山村的一個集貨場，跟裡面的農友打聲招呼後，順手拿了把小刀、板凳坐下，拿起面前的龍眼乾開始去殼，一邊跟農友聊起接下來庄頭廟要請觀音佛祖來繞境的細節。以上場景中，需要與在場至少一位農友足夠熟識，知悉地方上的「放伴」傳統，懂得剝龍眼殼的技術，以及信仰圈內迎請觀音佛祖規範才有辦法做到。在這樣的場景中，農友們會很自然地透露許多細節，而這是僅透過訪談難以做到的。另外，當我們與地方關係加深時，也會開始有辦法參與對外公開或非公開的公眾活動，如繞境、神明誕辰、社造成果發表會、中秋晚會、結婚喜宴等。透過參與公眾活動，可以接觸到更多在地居民，同時與已熟識的居民拉近關係。

　　深化與經營人際關係的關鍵在於對地方的熟悉，以及對於人情義理的掌握。理解地方特有的語彙，把握現身在居民前的機會，學習在地成員共有的知識與技能，都有助於調查者融入地方。不過隨著與地方連結的加深，許多問題就會開始浮現，因此，需要隨時觀察人際互動變化與衡量自身能力，並適時調整操作策略，才能盡量避免一些節外生枝的狀況發生。

[**鄉村調查結構圖繪製**]

　　透過上述一系列的操作，候選人幕僚已經可以獲取選區內的自然、產業、人文和社會網絡資料，接著需要用一套架構，來整合這些錯綜複雜且有相互關係的各項元素，以便進行後續分析，並讓候選人及團隊成員能夠有效理解。此時，可用「齒輪」為概念，繪製鄉村調查結構圖。每個齒輪可能是一項與地方有關的主題元素，像是地方世家大族、產銷組織、信仰中心等。齒輪的中心則是該主題的核心，如李姓家族、鳳梨產銷班、

福德祠等等。再以此中心輻散與該主題相關的次級元素，像是家族衍生出各成員，產銷班衍生出班員、種植品系與生產技術，廟宇衍生出管理委員會成員、主祀神祇、宗教祭儀等。當然次級元素也有可能是個小一號的齒輪，可以再以這些元素為中心整合次一階級的元素，不同齒輪中有重疊的次級元素也是正常的。每個齒輪的中心與次級元素，可以用心智圖代表。從齒輪的大小，可以見到各個主題元素的規模與複雜程度。接著將不同的齒輪相互嵌合，並填入這些主題元素之間的互動關係和運作效果，像是產銷組織多數理事出自世家大族，並獲得其他非家族成員支持，對大盤商擁有議價能力，就是「世家大族」和「產銷組織」兩個齒輪咬合轉動時的效果。把多個齒輪組成一個齒輪組時，就可以製成諸如「高山茶產銷」、「選舉動員」、「在地大廟聯境體系」等特定鄉村主題的調查結構圖。再把各個齒輪組整合起來，就能夠知曉鄉村社會的整體運作機制。

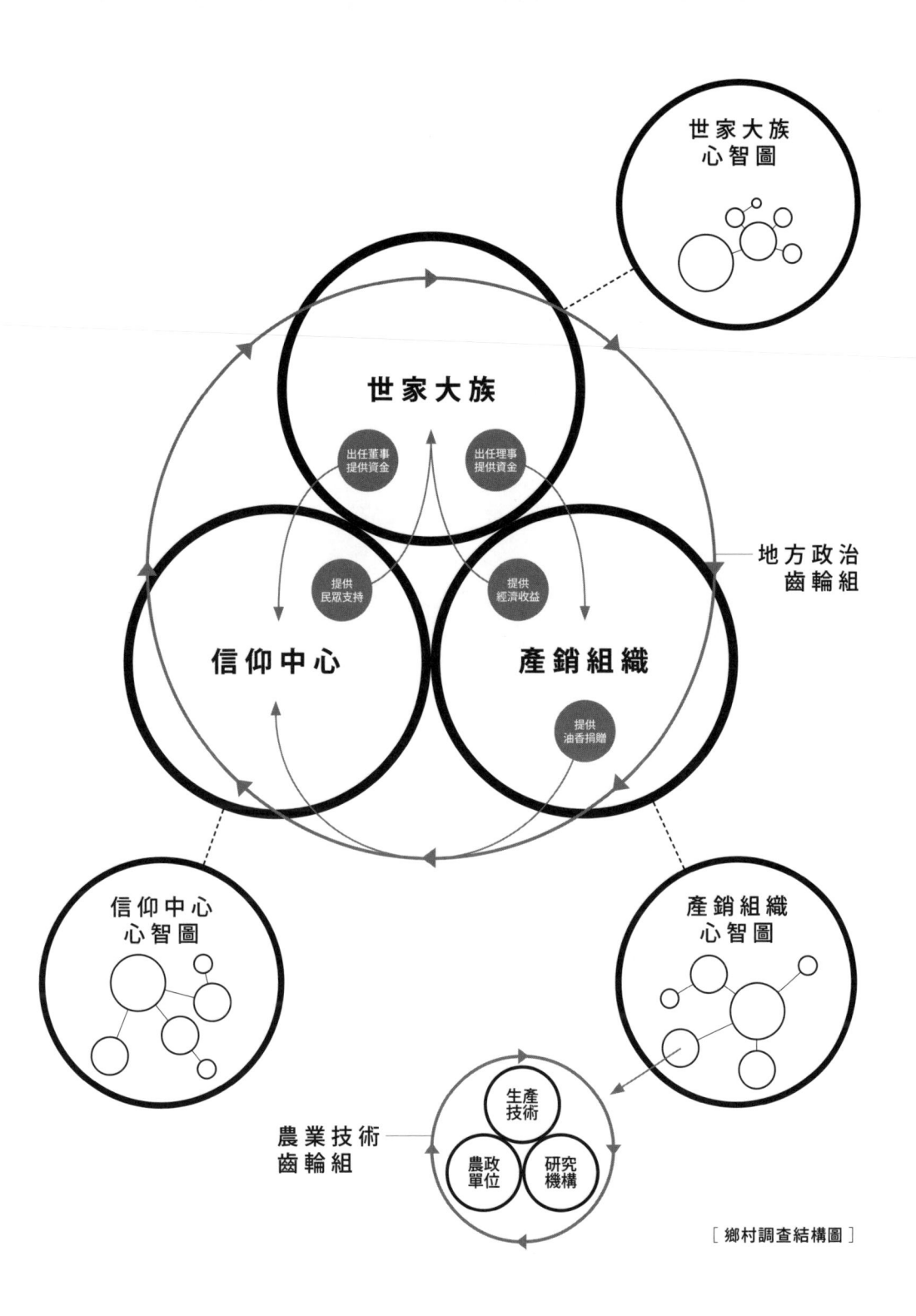

[鄉村調查結構圖]

CHAPTER | 6　　挖掘村田氏的秘密 | 149

[結語]

　　鄉村地區的樣貌，由村（生活空間）、田（生產地景）、氏（宗族及人際網絡）共同組成，異質性相當高。加上一般人對於農林漁牧生產十分陌生，要進行田野調查時總覺得棘手。因此，本章以眾人可以理解的角色「候選人幕僚」出發，從幕僚建立人脈網絡的過程與視角，去解析在鄉村地區進行田野調查的步驟。首先確認自身的目的和人設，以此為基底劃定調查邊界與主題。接著透過文獻和現場踏查進行情報蒐集，再利用情報進入場域建構人際網絡，從中獲得所需要的地方資訊。若持續深化和經營地方關係，可以獲得更為深層的資訊，也能成為後續推動鄉村地方工作的基礎。

　　鄉村調查最大的限制因子其實是調查者自身。對調查者來說，進入鄉村地區調查常會經歷到程度不一的文化衝擊，像是與自身日常生活相當不同的生活模式、跟預期不一樣的地方知識、綿密人際網絡帶來的壓力、得知一些灰色地帶的事務等等，這些都是屬於鄉村的「生活感」。鄉村調查需要長期跟在地居民互動，並且經營人際關係，因此，能否適應目標區域的生活環境相當重要。另外，隨著在鄉村地區活動時間的增長，調查者常會發現自身在鄉村社會網絡的位置有所變化。能否因應這些變化做出調整，且依然把持住核心目標，端看調查者各自的智慧了。

　　在鄉村進行田野調查，是相當具有挑戰性的事。有一定經驗的調查者，都可以說出許多令人感動、興奮或受傷的故事。享受調查的過程並保護好自身，才能產出優質的成果。最後，本章的調查方法得視實際需求與其他章節的內容混搭運用，祝福每位鄉村田野調查者都能夠滿載而歸。

FIELDWORK LESSON

[鄉村社會進階剖析]

「由移民建立，以第一級產業和與周邊聚落交換所需為生計模式的地區」，這話可概略描述臺灣鄉村的特色。臺灣的鄉村多是由不同時期、不同來歷的移民所建立，這反映在聚落樣態和地名上。自建庄至今的時代變遷遺跡，會散布在聚落規模、位置、格局及各項物件中。譬如以庄頭廟為核心向外輻散的街道，刻在廟宇牆面的建廟沿革，水圳、橋梁、道路等公共設施落成碑文，已廢棄的伐木工寮、石灰窯等設施，甚至是古墓墓碑，都可從中獲取村落建庄史、居民祖籍地、鄉野傳說及變遷過程的相關資訊。另外，多數鄉村地名與自然地景和拓墾史緊密相連，是另一條認識聚落的重要線索。像是宜蘭有許多基於拓墾單位和自衛組織而形成的地名，如壯圍、頭城、二結；四重溪、六重溪則是得自曲流；「崁」、「湖」、「崙」、「坪」、「洋」等是描述地形；「營」、「鎮」與軍事拓墾有關；「厝」則用來描述聚落起始時的房屋數量；「甲」、「張犁」等與拓墾面積有關；「頂」、「腳」、「下」等則是描述相對位置等；拔仔林、檨仔腳、羌仔崙等地名，則與當地物種有關。

第一級產業是臺灣鄉村營生的主要手段，要完成初級生產，需要將原始的自然地景轉為生產地景。花東縱谷平原的闊葉林被清除並開闢水田，西南沿海利用潟湖搭建蚵棚養蚵，貢寮漁民會在海蝕平臺上挖掘養殖池飼養九孔，阿里山的農民會沿著等高線砌石製作梯田種植茶樹。完成生產地景之後，還需要對應的基礎設施才能順利運作。稻作區普遍會有灌溉水圳、水閘、排水溝渠、肥料倉庫、穀倉、碾米廠等設施，像是桃園等取水較不易的地區，就會見到埤塘等蓄水設施。若在漁村，港口、防坡堤、製冰廠、加油站等是支撐沿岸與近海漁業的主要設施。以蔬果、特用作物為主要物產的地區，則會見到集選貨場、冷藏庫、初級加工廠、製茶廠等基礎設施。

　　單依靠第一級產業是無法維繫日常生活的，還需要與其他聚落交換商品與服務。而提供商品與服務的聚落，依照規模差異會有不同等級，此時可以參照人文地理學的「中地理論」進行解析。鄉村運作的最小運作單元，需包含能達到最基本第一級產業要求的社群，以及所需的生產、生活地景及伴生的神聖空間。舉例來說，北部淺山客家區域中的一個山窩，以夥房為核心管理周邊的稻田、茶園及果園，共同經營埤塘與祭祀伯公，可視為一個最小運作單元。在沿海漁村，擁有排筏的單戶人家或共有漁船的複數人家，因握有最基礎且可獨立運作的生產工具而可視為最小運作單元。在屏東平原，一戶具備地下水抽水機的稻農，與稻田邊的「三片壁仔」⓬土地公廟即可構成最小運作單元。而提供更高階的生產和生活服務的次級運作單元，一般需要都市化聚落⓭才能做到。舉例來說，淺

FOOTNOTE | ⓬
指僅有三面牆與屋頂的簡易廟宇。

FOOTNOTE | ⓭
指開始有初步人口聚集與商業活動，但規模尚未到小型城鎮的聚落。

山地區的交通匯集點可能會形成有雜貨店、農會辦事處、國小甚至超商的聚落，通常也會有座規模較大的庄頭廟；周邊最小運作單元的居民會至此採買，也會透過參與管理委員會、繳交丁口錢等方式參與公廟運作。漁船得依附在漁港之下才能具備完整的生產能力，因此擁有小型漁港的漁村，內有商店和國小的聚落即可視為次級運作單元。共同管理一組埤塘或水圳等水利設施，擁有中大型農機和碾米廠的平原聚落，具備完整的稻作生產能力，也是一種次級運作單元。若要具備更為完整的生產、生活與信仰機能，譬如果菜市場、醫療院所、中等教育、城際交通、區域性大廟等，就需要比都市化聚落更高一階的中小型城鎮提供。

綜合上述，如能確認一個鄉村地區的聚落樣態、地名緣由、生產地景、基礎設施及聚落服務階級，就可以掌握此鄉村社會的基本結構；若想要探究更深度的內容，則需要透過田野調查才能知悉。這裡提供一個認識鄉村地區有意思的方式──公車路線。以豐原─谷關的 207 路線為例，打開路網圖和街景實況，可以看到起點豐原站擁有前往臺中市區（屯區）、臺中大甲（海線）和臺北的城際路線，證明豐原身為臺中山線核心城市交通樞紐的地位。接著，沿著 207 路線往谷關前進，會發現有許多前往周邊行政區的公車自東勢站出發，可以反映東勢作為東勢郡郡治、臺中山線山城地區核心城鎮的重要性。再往谷關前進，會發現中橫的公車路線終點站部分在和平衛生所，多數在谷關，谷關還有可停放車輛的場站，顯示這兩處是沿線較為重要的交通節點。另外，在路網圖上能找到許多地名，如

土牛、大茅埔、南勢、天冷、裡冷、天輪新村、松鶴等。當中有些聚落是因中橫或水力電廠興建而形成，有些是泰雅族部落，有些是清代出現的客家聚落，有些地名源自當地自然環境。透過街景，可以看到道路兩側農林地以旱作為主，種植桂竹、青梅及檳榔等作物。可見作為認識鄉村地區的楔子，公車路線是相當有效的方法。

　　由於自然條件、地理位置和發展史的差異，不同鄉村社會的樣貌與結構有著很大不同，調查方法自然也會出現變異。在進行田野調查時，多留意上述觀察重點，將對於理解鄉村社會有所幫助。

CHAPTER 7

認識島嶼的另類國度：部落田野調查方法

蔡念儒

FOOTNOTE ❶
本章設定一個虛構的「火塘部落」，作為部落調查的對象。火塘部落有著各種臺灣部落常會見到的情境，但它不代表任何現實部落的化身。

火塘部落 ❶ 因為美麗的自然景觀而在社群媒體上面爆紅，我們想要一探究竟，於是驅車前往，雖然有衛星導航，但沿路沒什麼指標，還是讓人有點擔心，直到接近部落時，我們在入口處看到巨大同心圓的火塘意象，感到安心之餘，也有所震懾。我們走進部落，發現住家沿著整齊的棋盤日式街道劃設，多由矮小的水泥房舍以及鐵皮棚屋組成，但卻佇立著高聳的教堂、宏偉的佛寺或道觀。

　　現在是假日午後，路邊有許多遊覽車和新穎的房車，衣著華美的旅客成群進出，有些高聲喧嘩：「怎麼一點都不傳統！」「店家怎麼都沒有開，要去哪裡買伴手禮？」這時有寥寥幾位老人從路旁走過，我們又聽到遊客的咕噥：「怎麼穿得跟我們一樣。」這種態度讓我們不太舒服，乾脆閃去旁邊的國小，一穿過校門，就看到蔣中正銅像，在教室外圍有一些示範性的傳統家屋、穀倉等建築，後面的牆壁還漆有大大的「三民主義」、

「保密防諜」等標語。學校操場內的小孩正在打球，我們一時技癢下場，結果被痛電。

　　不知不覺到了傍晚，我們跟著小孩離開學校，看到路上陸續有騎野狼或開小貨車的青壯輩出現，他們熟落地打招呼。我們詢問哪裡可以吃晚餐，小孩指了街道轉角的小吃部，裡面已經坐了一些族人正在聊天。我們坐下之後點餐，發現除了炒飯、炒麵，還有一些沒看過的菜餚，我們好奇地詢問隔壁桌的大哥，他說那些是這裡才會吃的野菜，要去山腳下才會有，那邊也是他的工寮。他問我們從哪裡來，我們說臺北，大哥說他年輕時也在那邊工作過一段時間。

　　吃完晚餐後，我們在部落散步，發現有些人在一個特別裝飾過的住家聚會，我們很好奇但又怕突兀，終究還是沒有打擾；經過集會所，看到一起打球的小孩跟其他人在練習跳舞，我們揮手打招呼，小孩也回應了。這時一位長輩走過來跟我們說，他是這個部落的長老，正在召集大家練習三個月後的慶典，屆時也歡迎我們來看，不過需要注意一些禁忌和禮節，詳情可以搜尋部落的網頁，上面都有註明。

　　我們道謝後乘著夜色離開，皎潔月光映在海面上，我們在車上閒聊起今天的見聞，都覺得好像有感受到什麼、但又覺得相當模糊，也對白天遊客的態度很不以為然。所以，我們決定好好了解該部落的文化後再來一次，但發現網路上的相關資料不多，只有該部落自己建置的網頁比較完整。我們看到一些禁忌，但不太明白背後的原因，也許之後在慶典遇到那位長老時，可以再多請教。

　　一般抱持正面態度前往部落的人都可能面臨上述情境，容易遇到格格不入的情況，這種局面跟部落的特質息息相關，需要順著部落的紋理才有辦法走下去。

[部落的特質]

　　部落與城市、鄉村有著根本的差異，部落是臺灣最古老的聚落型態，遠早於國家體制建立之前就存在，具備著外交、內政、經濟、福利等功能，自成一個社會實體。部落作為社會實體有其一定的範圍，包括展現文化意識的地景、大小集會場所等公共空間，以及親屬空間（祖靈屋、祭場）、生產空間（獵場、漁撈地、植物採集場、耕地、作坊）和交流空間（部落領袖的家、小吃店、雜貨店等），而這些空間範圍的運作則有賴各式組織（青年團、年齡組、婦女團、祭師團等）推動，以帶動整體部落，也產生自成一格的體系。因此，部落通常與外來政權保持一定的距離，至今「部落自主權」仍然是貫穿各式原住民社會運動的基調，也讓部落延續這種宛如「國中國」的形式。

　　因其國中國的特質使然，在臺灣史中，一直有人負責處理部落的內外溝通：在清代，這種人被官方稱為通事，非官方認同者稱為番割；在日本殖民時期，現代國家力量進入部落，透過蕃童教育所等設施，逐漸培養原民內部的協力者；二戰後，國民政府推動山地行政，以地方派系的運作模式持續吸納原民領袖，同時基督教會也培養出許多神職人員，成為部落的幹部。而在現代，許多部落同樣面臨外部資源與部落文化的扞格問題，所以往往期待著某種角色：熟習部落的禁忌與文化、掌握部落的人際關係、挖掘觀光或產業的轉型潛力，並懂得獲取政府計畫或是私人企業資源的青年。

　　內外兼通的角色之所以會貫穿上述歷程，是因為背後忽隱忽現的原住民族主體性；這落實在具體的空間，也就是部落的主權，展現在生活範圍內各種文化意識的充分實踐，這該當是我們在部落互動的前提。事實上，這樣的模式更像是某種外交活動──以尊重和善意的方式持續了解彼此，盡可能避免失禮、

錯讀脈絡資訊的情況。因此，在接下來的調查方法介紹中，設想出「青年大使」的角色，方便大家在「國中國」的脈絡中推進。

青年大使是各國常見的外交活動，由青年之間促進文化交流，雖然是半民間的軟性活動，但如果沒有認識基本文化規則，反而可能造成衝突。以 2013 年的臺灣青年大使為例，因擅自使用原住民服裝、未遵照特定使用方式，引發原民團體的抗議；❷而主辦單位「純粹表演用途」的回應，更招致「消費原民」的批評以及原民社團的抗議。❸ 我們可以設想，如果從國際場合回到臺灣的國中國情境，這種衝突可能更加嚴重，屆時交流反成交惡。因此，好好認識部落、具備文化敏感度，正是成為部落「青年大使」的關鍵前提。

FOOTNOTE | ❷
〈青年大使跳原民舞 衣飾混搭惹議〉，《公視新聞網》，2013 年 8 月 12 日。

FOOTNOTE | ❸
〈扮原民穿錯衣遭批 臺大青年大使回應再挨轟〉，《自由時報》，2013 年 8 月 12 日。〈學生穿原民喪服出訪？原團痛批踐踏文化〉，《Newtalk 新聞》，2013 年 8 月 15 日。

[部落調查方法論]

延續虛構的「火塘部落」作為情境設定，設想自己是剛回鄉的部落青年：你很早就外出求學、工作，在都市裡仍然延續部落的精神，以彼此為手足互相照應，平常忙於上班，但是慶典期間一定會放下手邊工作回鄉。近年來，部落因為網路流傳的美照爆紅，大量遊客蜂擁而至，還傳出開發商收購土地興建渡假村的風聲，這讓在外地的你有點緊張。過年後，你回到都市不久，收到長老的視訊電話，他站在頭目家門口，告訴你最近部落遊客實在太多，請你提早回鄉幫忙規劃這次慶典，希望增加部落收入，但又不要影響到族人。你猶豫了一下，的確最近工作不太順心，正想要離職，又看到長老背後熟悉的雕像頻繁被遊客拍照，你脫口而出答應了。你思量著長老的期盼要如何進行，突然想到這與自己曾經在 NGO 接觸過的「青年大使」很接近，於是決定回去跟長老報告這個想法，同時召集部落的弟弟妹妹說明如何一起完成這項任務。由於你在成年前就離開

部落,只有逢年過節回來慶祝,許多事都要重新熟悉與認識,而且要帶著夥伴一起,於是需要一套作法讓大家快速上手,在慶典前做好準備。接下來,就以青年大使的意象出發,介紹部落調查的步驟。

第一步:找出調查主題和邊界

　　部落是一個生活緊密的網絡,必須一直與人互動,接觸很多情感和關係。因此,在進行調查前,應以「量才適性」為原則,來建立自己在部落中的人際關係網絡,像是能夠負荷多少人際互動、應付突發事件的能力、生理狀況及個人的性格特質等。相較於都市及鄉村,部落中有許多事受身分限定,非特定性別、血緣或傳承不得處理,這些事項最好提早準備,或構思之後如何對接。

　　剛開始從事部落調查的新手,常覺得部落有無盡的新奇事物值得探索,什麼都想了解與嘗試。然而,這種調查角度無異於遊客,只是把觀光景點換為生活日常,不僅容易一整天下來精神與體力耗盡,也遲早會陷入瓶頸,就像本章開頭初次造訪火塘部落的情境;若身為部落工作者,更會覺得自己卡在不上不下的位置。這種錯誤的路徑由兩方面造成:一方面,沒有扣連到部落的生活層面;另方面,沒有聚焦的調查主題。而這兩大常見盲點,都可以由青年大使的意象來避免。

　　青年大使的目標是促進雙方相互理解,關鍵是在每次的互動中增進對彼此的認識。因此,每次調查都應該設定主題,並釐清相關的內部對象和外部對象:前者可能是神話典故、家族系譜等,後者可能是外地親戚、政府機構等。總之,就是要確立每次調查相關的窗口及邊界,才能促成交流順利。

以規劃慶典活動的任務來說，你回到部落之後立刻跟長老報告青年大使的想法，你認為慶典期間需要好好安排部落動線，不要讓遊客到處漫遊，不然部落很像遊樂場；同時，也要安排收費機制，增加部落的收入來照顧長輩或弱勢。長老個人相當同意，但建議仍要獲得部落會議的許可。於是你回去跟親戚朋友告知，還在網絡社群發布組建「火塘部落青年大使團」的消息，獲得熱烈迴響。

　　大致完成之後，你在慶典籌備的第一次部落會議上報告，獲得集體同意推動，並且允諾予以協助。你鬆了一口氣之後，隔天去拜訪一位當地縣議員，請她協助申請縣政府的補助；也跟在警局工作的表弟打招呼，請他幫忙到時候路權的申請。

第二步：確認自己的角色

　　準備展開調查工作後，接下來是找到自己進入部落的角色定位。當代的部落不如百年前與外界互動接近於零，相反地，有諸多外力（各層級國家體系、各式資本樣態）影響著在地生活，這使得部落對何種角色進入十分敏感，不同的定位就會有不同的調查路徑與互動方式。因此，無論是返鄉與否，建議每個調查者都該有自身明確的位置，以避免認識不清所帶來的負面問題。但無論如何，都必須抱持誠意往來，成為願意共享資訊或資源的人，才能與部落維持長期的良好關係。以下說明基本角色位置。

一、**社會角色**：部落對於社會大眾同樣會有刻板印象，調查者不同的社會角色會引發部落不同的觀感。遊客通常是最容易引起質疑的身分，尤其是明顯只要拍照，或免費、低價索取物品的人；學生一般來說比較無害，但被對待的方式跟停留時間有關，如果太短大概就只是比較有誠意的遊客，

長期蹲點才可能獲得較為深層的資訊；若擔任某些職位（公職、顧問公司、非營利組織等）可能被期待成為資源的提供者而得到禮遇，或是資源的掠取者而被放大檢視，兩者其實都是某種制式的對待。

二、生理角色： 調查者的性別和年齡，將直接影響其在部落能觸及的事項，因為這些生理特質經常是部落運作分類的關鍵。許多部落強調集體參與，這意味著要加入特定分類的組織，才有辦法進到生活和工作的場域，通常是生理男性調查者跟青年會活動、生理女性採訪者跟婦女會活動，這就是常見的部落運作基本規則。

三、社會距離： 調查者跟部落的關係可能有幾種模式：直接關係（該部落成員）、親切關係（族群成員但非部落成員或是鄰近部落成員）、間接關係（與部落成員是親戚、同學或好友）或是毫無關係（以上皆非），這些不同的社會關係會直接影響到調查的路徑與方式。建議一開始最好找到能夠引介的對象，無論是血緣、地緣、或業緣關係都好，就算是透過公部門介紹也無妨，❹至少能有個開頭。無論如何，這些關係人最好一開始能陪同來到部落，或至少幫忙用電話打聲招呼，這樣對後續的溝通多少有些助益。

> **FOOTNOTE | ❹**
> 此處是指廣義的公部門，包含縣市政府公所、教育機構、部落大學或部落健康營造中心等，基本上多少都跟部落有所接觸，可藉此找到部落中處理內外關係的人或是對應事物的對象。

如果順利進入的話，與部落的社會距離會隨著調查時間增長而縮短，過程中，調查者可能受邀加入階層或社會組織，甚至透過收養、婚姻關係成為家庭、氏族成員。然而，取得新的社會身分就伴隨著對應的責任義務及觀感評價，這些都會影響部落成員對調查者的態度。

對應到青年大使的意象，就是如何建立友善關係的問題。正式會議場合大多只能講場面話，真正深厚的友善關係如同友誼一樣，要回到對個人的認同與尊重，必須把「達成任務」的

心態轉為體貼對方的同理心,這樣才會有自然的情感交流與真心的相互著想。從角色到個人,是被社群接受的必經歷程。在真實世界中,早期的基督教神職人員多以醫療傳教,臺灣的農耕隊則以農業技術協助外交;另外,電影《阿拉伯的勞倫斯》、《阿凡達》和《沙丘》的主角,也都經歷過類似的接納曲線。

以規劃慶典活動的任務為例,雖然你和夥伴都是部落的青年,但是「火塘部落青年大使團」是新創的組織,於是你決定在部落大小集會場所講述這個構想。然而,最先被問到的是,你是誰家的小孩、結婚了沒、做什麼工作、有幾個孩子,這些身家調查進行了好幾輪。你發現自己三十多歲、男性、未婚、曾承接公部門計畫的身分,有時會遭到質疑,有時得到熱情回應,這些差異好像跟自己所屬家族有關,而大使團長的身分一時之間不容易被接受。但隨著你接手部落的社群媒體,做了一些幽默有趣的短影音,引導遊客不要亂丟垃圾、擅闖生活範圍後,你聽到不同的評價,甚至有族人邀請你協助產品行銷的拍攝,也開始幫忙介紹你。

第三步:找出合適的互動對象

確認自己的角色定位後,找出能夠互動的對象,是調查能否順利進行的關鍵。部落是一個多元主體的社會體系,由數種關鍵場域所組成,各由不同位置的人來運作,以下介紹幾種類別。

一、**地方頭人**:在近代國家建立後,現在部落多有部落協會理事長、總幹事、村里鄰長,或者教會牧師、神父或國中小校長等非傳統組織的領袖。他們未必兼具傳統身分,但是對在地社會具有相當影響力,也是人際網絡重要節點。

二、傳統領袖：原住民部落的傳統領袖經常用「頭目」稱之，但實際上包含各式類型，像是卑南族由氏族聯合推舉的阿雅萬（ayawan）、排灣族世襲的瑪瑪紮依浪（mamazangilan）、阿美族選舉的甲必丹（kakitaan）等，或是宗教、巫術的傳承者。這些人通常擁有相關文化知識、職責，以及隨之而來的高度發言權。

三、產業工作者：部落的產業工作大概可以分為三類，而且往往彼此兼業。常見的像是優秀的獵人或採集者；另一類型是手工藝，例如木雕或編織，技藝精湛者可能擁有跨部落、族群的影響力，甚至獲得國家肯定；當然還有當代的產銷班班長或合作社理事主席，比較擁有政治影響力。值得注意的是，這些產業大都跟自然資源的運用有關，相關資訊通常閉鎖在特定產業的地方知識和社會網絡。

四、研究者：包括文史工作者，社區報、期刊論文等文獻作者，甚至是擁有正式學位的學者等。雖然他們不見得住在部落，但通常掌握許多不見於外的原始資料，且對地方的歷史和知識有一定了解。一般來說，若能在調查前期接觸，可以快速累積資訊、建立圖像。

部落是由多元層次與規則運作的社會實體，這些複雜的社會事實需從上述不同位置來探知，針對自身想要調查的主題進行配比。由於部落高度講究身分限定，無論喜歡與否，相關主題的位置領袖都是必須接觸的初期報導人。當然，一般族人也相當重要，但這必須隨著被接納的程度來開展社會關係，屆時就能再安排該主題的報導人配比。

以青年大使的意象來說，就是在釐清單位的組成之後，了解交涉對象的層級人數及相互關係，以安排接下來的互動方式。值得注意的是，青年大使身為內外溝通者的特質，就是一個高

度反思性的概念，不只是自身進入的角色多元，地方同樣也是多元角色，兩邊會先以各自角色會遇，再發展獨特的社會關係。

以規劃慶典活動的任務為例，雖然你小時候參加過慶典，但那時只覺得熱鬧有趣，而且感覺大人不太一樣，常出現嚴肅的表情。至於慶典該如何推動，你的認識仍相當模糊，於是你去請教長老祭團的核心人物有誰，打算未來去拜會。與此同時，你收到各種旅行團的詢問，其中有大遊覽車團，也有人數少的小旅行，光是停車問題就讓人很苦惱，更不用說觀光商品的開發，既要具有意義、部落能自行生產，又不會獨厚特定人士，於是你決定先去拜會部落的村長、頭目，以及社區協會的總幹事、理事長，先聽聽大家的想法。

第四步：開始田野調查工作

如前所述，過往許多部落文獻可能是西方冒險家、清代文人或日本殖民官員留下的，這些資料不能直接視為歷史的真實，還需要進一步驗證；而田野調查的關鍵之一是取得來源可靠的資料，這仰賴調查者與報導人之間一定的信任關係。無論是否具備返鄉身分，信任關係都受社會距離所決定，所以也需要一些準備，才好進入相當異質的部落人際網絡中。

一、**進入調查的準備**：初來部落者先依據自己較熟悉的類型及場域，找出初步對象諮詢。如果一位女性調查者想了解族人如何狩獵，與其急於要跟獵人上山看獵場，不如先訪問退居二線的老獵人，有哪些狩獵的習慣和禁忌，先做好功課再說。如果想了解部落的祭儀，與其在慶典期一直詢問忙碌的族人，不如平日在工寮一起勞動、聊天，認識部落的歲時祭儀是如何安排，以及準備期程。

調查的準備也包含了解報導人可能的生活情形。在部落生活中，多工和多重職業幾乎是必然，像是平日在學校當老師、假日在社區中心教族語，或白天在工地做工、晚上在會所修草寮，這些都是常見的樣貌。部落的時間節奏通常是以太陽時間、月亮時間計算，而非分鐘或小時，也就是說要減少設定絕對時間的安排，而是順應部落節奏來發生事情，才可能有機會順利進行調查。

二、**釐清訪談標的**：部落的議題通常相互關聯，難以只從單一面向回答問題，但田野調查不能只是漫無目地地探問和閒聊，這不僅消耗調查者的精力，也會令受訪者混亂，因而質疑調查者的正當性。因此，建議整理一個事先釐清的表單，大概擬定、推想訪談進行的可能。請參考下表。

議題 ﹝why﹞	報導人 ﹝who﹞	調查地點 ﹝where﹞	訪談時間 ﹝when﹞	期待資料 ﹝what﹞
公共意象的由來	地方頭人傳統領袖	鄉公所部落協會	上班日，部落頭人在的時間	公共意象製作的時間及方式
現有獵場的動植物	獵人、青年組織	獵場、分獵物的現場	打獵活動期間	獵場會出現的動植物及分布地點

三、**進入訪談現場**：在部落進行訪談，就是在地方生活中談論特定話題，可能會有突發狀況，或者因處理差異而導致不同結果。基本上，部落生活的日常溝通可分為兩種情況：討論專屬事項及一般閒話家常。前者涉及部落社會規則的運作，不同的社會身分往往有不同的發言權，話語內容有不同的分量；後者較容易發生在交流空間，更關乎對話者之間的親密度。當然，多少還是有介乎兩者之間的狀態，特別是調查者本身具備某種資源時，就可能跟部落中正式或非正式領袖討論特定事情，或是發展成熟悉的朋友。需要注意的是，對話中過多的「隨意聊」和「客套話」，可能會讓對話無法聚焦，或是給人輕浮或掩飾的印象。

事實上，在生活中訪談相當困難，需要不斷地練習：先透過上面的清單把問題釐清，在對話開頭就清楚表達，並且在談話中適度提醒，同時確認受訪者是否能理解；如果不行就切換到其他話題，或是約其他場所或他人另外進行。

以青年大使的意象來說，就好比用心安排每次的會遇，事先做好相關功課：了解與會者的專長和喜好、活動場地是否適合、可能談論的話題，以及推進的程度等等，每個環節都妥善處理才可能賓主盡歡，並讓下次的會面更上軌道。

以規劃慶典活動的任務為例，透過諮詢長老，你了解各家族耆老是誰及其負責的祭儀環節、部落組織的性別分工等資訊，但需要進一步請教，才能實際了解如何推動。因此，你製作了一個清單，並且動員青年大使團其他夥伴，按照家族傳承、性別及年齡，排出可能的分工。而傳聞部落的大祭師不好親近，於是你決定找稱呼他舅公的表弟一起前往。

議題 （why）	報導人 （who）	調查地點 （where）	訪談時間 （when）	期待資料 （what）
祭儀器具的樣式	傳統領袖、工藝師	工坊、祭場	平日	祭儀器具的類型和使用方式，以及現代和過去的差異
部落祭儀	傳統領袖、青年組織	傳統領袖的家、祭場	部落小米祭儀前夕	部落祭儀的時程、內容及參加者
祭儀傳說	傳統領袖	傳統領袖的家	平時準備祭儀用品	祭儀傳說的內容

第五步：經營可信任的田野關係

在部落做調查，某種意義上，從進入部落就開始了，不是只有坐下來訪談，或是參與狩獵、手工藝等動態活動才算。事實上，調查者多半一進入部落就會留意到一些文化訊息，同樣

地，也會馬上被部落族人觀察。再加上，多數調查者為了節省往來時間，通常會住上一段時間，因此生活在部落是必然發生的事，只是時間長短差別。而在部落生活勢必建立社會關係，多少需要花心思去經營，就像調查者本身既有的親友關係。換句話說，一個只想要調查卻不願意在部落生活的調查者，很快就會遇到或明或暗的阻力，畢竟部落的特質是國中國，不懂得尊重的人也得不到尊重。

大多數的部落很像是大型的家庭，絕大多數成員之間存在著血緣、婚姻或共同居住的關係，外來的調查者多少要被這個「家庭」接納，而原部落的調查者也不會只停留在舒適圈，才可以做到一定程度的田野調查。這種「家人」關係不一定要非常親密，但建立互惠關係是基本原則，在能力範圍內提供協助，比如幫忙幹部處理文書、順路載送長輩等等。必須注意的是，應避免金錢財務往來，否則容易衍生出依賴關係或是糾紛。

更值得長期調查者投入的是公共事務的推動，這是另一種互惠關係，像是協助宣傳部落旅遊或產品、申請文化復振的資源等等。另外，調查者蒐集到的文化知識，其本質是「共享財」，這些都應該回饋給部落，讓成員可以更加了解或是運用。在絕大多數的原住民社會中，願意分享是高尚的美德，藏私則是一種道德罪惡。因此，多參與部落的公共活動，比較有機會獲得部落成員的集體認同。

以青年大使的意象來說，就是從交流認識到互惠雙贏的理想結果。青年大使的目標是發揮世界公民的角色，以文化交流的方式促進地球村，過程中相互理解是首要任務；而順暢交流的下一步就是換位思考，嘗試在對方的脈絡中考量，這樣才能進入更深層次的交流。應用在部落調查的情境就是：調查者當然會有自己想取得的資料，可是部落並沒有義務提供，一開始雙方的互動可能是基於禮貌，但在累積友誼與信任後，調查者

就必須思考其研究成果如何有助於部落，或自己能多為部落做什麼事情，這樣才能逐漸成為廣義的部落一份子，而不是單純的文化消費者。

　　以規劃慶典活動的任務為例，在訪談祭團核心成員之後，你總算了解整體過程該如何推動，於是你安排符合資格的大使團夥伴協助相關環節，要求他們放假時盡量回部落幫忙，包括上山砍竹子、採集部落周邊的代表植物，以及協助興建慶典用的祭祀舞臺。這幾個月的協力，長輩都看在眼裡，都說好久沒看到這麼多年輕人讓部落動起來了，逐漸認同火塘部落青年大使團的理念。有了這些信任基礎，你才覺得可以進行到下一階段：部落旅行及文創品開發。你分兩頭進行，一方面，組織訪談耆老，力求劃設出能看到部落文化地景，又不打擾族人生活的路線，並且邀請工藝師製作有在地特色的說明牌；另一方面，尋求祭團耆老以及獵人、織女的協助，整理其文化知識與文化實踐的精要，由大使團的夥伴製作文創品。但你知道，這些事項要能推動的關鍵始終在於人的感受，只要有任何懷疑的風聲，都會造成整體團隊的裂痕，所以過程中你一直保持著努力、謙卑的晚輩態度，至少到慶典前，長輩都很滿意也非常願意參與。

［部落同心圓圖繪製］

　　你發現自己運用青年大使的意象，竟然很能勝任長老的期待，在幾個月內不知不覺養成對於部落「全貌觀」的大致掌握，不只是關於家庭、氏族，更知道許多事情的由來，部落的樣貌更加立體。此外，也引進一些外部資源來部落，獲得族人的肯定。接下來就是最後階段，要落實原先的文化規劃，問題會在人手，你試著盤點慶典流程中可能有空的大使團青年，也尋求鄰近部落青年的協助，但如何讓他們迅速上手是重大考驗。你

從部落之名「火塘」獲得靈感，想到一套作法可繪製看得見與看不見的部落地圖。

「火塘」是臺灣原住民族的傳統用火裝置，配置在家屋、工寮或是部落，族人會使用火塘來烘烤獵物、講述家族故事或神話，或是在祭儀中聯繫祖靈，火塘一直是臺灣原住民族常使用的意象。一般而言，火塘是同心圓的結構：傳統上，最外層使用砌石或土穴搭建，近代也有使用紅磚或水泥；中間立上三根石頭，是為灶石；再透過柴火控制溫度變化處理不同食材。基本上，火塘是高度文化性的空間，舉凡獵物、武器、臥室等，都有相對配置，並且有其禁忌，例如對鄒族而言，不得使用漂流木、樟木作為燃料。這些背後涉及到部落運作的深層機制。

因此，某種程度上，我們可以運用火塘來理解部落生活的紋理，以其重新安放各類別的資料素材：外圈就是部落周圍的環境足跡（地形地勢、動植物、石板、土塊等天然資源）、內圈的灶石是使用自然資源的能力，也就是生業資料（採集、漁獵、醫療、農業等生活技藝），這兩者構成了部落的物質基礎；而文化知識（傳說、祭儀、巫術、歌舞等）則是燃燒的火堆，將上述自然物轉成支持部落運作的文化內容。

部落是交互指涉的體系，由多重與複雜的機制組成，透過火塘同心圓圖，可以初步安放各種項目，並找出彼此匹配的關聯。如此一來，就能逐步建立部落生活的地方知識圖譜，有助於部落的文化火塘延燒不滅。

[結語]

部落是由多重異質的地景混雜而成的空間，一般在心理與生活上遠離政治經濟中心，但同時又深受國家與市場強力運作的影響。在這種情況下，部落經常呈現矛盾的刻板印象，一方

面看似落後和貧困的地方,另一方面又是吸引人的秘境或心靈聖地。這些既定看法無助於理解部落,所以本章希望用一種持平的觀點來處理部落調查。

部落的田野調查有時被描述為一種探險,或是找尋人生方向的途徑,但這些都沒有從尊重部落的主權出發,未能把握其最核心的特質,終究會構成初衷的障礙。如果調查者希望好好認識部落,尤其是多重的主體關係,那麼建立信用基礎與溝通就相當重要,但這部分卻很少被正視討論,因而是本章的強調重點。

最後必須提出的是,「部落」是一個區域的概念,有非常多種面貌,繁榮的臺北大都會,或中央山脈海拔一千公尺以上的偏遠山區,都有部落存在。因此,本章特別以互為主體的方式,讓多位作者共同參與編織的過程,盡可能呈現出通用的調查方法論。

FIELDWORK LESSON

［接觸部落的空間及文化認同］

在大眾的印象中，部落就是在偏遠地區生活的原住民族的生活領域，具有強烈的文化特徵、特殊的祭典等等，時不時會因社會爭議出現在新聞上（如升學加分、傳統領域、狩獵習俗等），或是小旅行的熱門景點。但無論如何，部落一直都在，而且不只在偏遠的山區或海岸，也在平地、人口稠密的城市鄰里，遍布全臺灣，甚至有些部落裡的原住民人口還少於其他族群（漢人、外籍配偶、外籍移工等）。

這種居住環境的多樣性，有時讓人難以辨識哪裡是部落。而這樣的多樣性導因於部落有找尋資源及生活條件進行集體遷移的習慣，加上近代以來，在國家對於土地使用的安排上，部落經常被重新安排在可以被管理但並非邊陲的位置。如果想要了解部落的環境，需要從部落成員的兩個社會主軸著手，也就是對外接觸與自我認同的方式。

部落的現代變遷

基本上，現生原住民族的考古遺跡可以追溯到二千年前，而現存大多數部落可以追溯到二百多年以前。值得注意的是，兩者在空間上通常並未直接重疊，這與一般認知中，部落領域就是亙古原民生活場所的印象落差甚大。事實上，從長時段來看，部落歷經了非常劇烈的現代變遷。

一、**前現代時期**：前現代的國家政權在臺灣生根時，為了鞏固統治的基礎，開始對不願效忠的部落發動戰爭，但勝少敗多，於是常開放原民土地以及生活物產的權利給特定的屯墾移民，例如，在北臺灣山區，發生客家族群與泛泰雅部落因樟腦而起的武力衝突。此時國家政權跟部落互動多採代理人模式，除了武力衝突，也展開許多貿易，流出部落的是天然資源，像是獸皮、樟腦砂、藺草等，流入部落的則是火藥、鐵器及鹽巴等關鍵物資。

二、**日治時期**：臺灣總督府為了掌握臺灣整體自然資源，挾帶著現代化的技術與武器，以軍事優勢壓制部落，將其遷徙到交通便利之處方便統治，並重新規劃聚落空間，設置派出所及學校等權力機關，在戶籍、地籍、勞役及義務教育上施予管控，讓部落成為國家可以動員的勞動力；同時導入大規模的稻米及甘蔗農地開墾，將許多原住民的生活型態轉為定居。

三、**二戰後**：國民黨遷臺更增設許多山地行政機構，以破除迷信的理由要求部落丟棄傳統物件及解散傳統組織，還安排外省榮民通婚，灌輸大中國民族主義的價值觀。到了二十世紀中葉，基督宗教傳入大幅改變部落的社會組織，教會也成為許多部落的中樞。

四、**解嚴後**：臺灣走向多元民主，歷經長期原民運動後，政府才比較尊重原民主體性，除了將山胞正名為原住民，也解除各種管制、允許觀光活動，並支持恢復傳統祭儀和民族語言。這些改變固然帶來基礎建設的投資，但也導致大量土地流失，露營區、渡假村、豪華

別墅、寺院、砂石場紛紛進入部落。在工作機會有限以及基礎設施不足下，許多部落成員到都市工作、就學及移居。此外，也有一些「想要成為原住民」的人移居到部落生活。

這些歷史的堆積，構成現今的部落樣貌——由多重異質的景觀，以及權力介入混雜而成的空間。這當中，各時代的國家力量效應以及部落的各式機制交織，經常產生乍看下不協調、但其實相互調和的情境。

接觸：顯性空間

部落常跟浪漫的大眾想像不同，部落是自成一格的社會實體，外人很難在部落出入而不被側目。因此，如果要接觸部落，建議先從相對容易接近與理解的空間開始，也就是目光可視或具備開放性的公共空間，稱之為「顯性空間」。基本上可以分為地景、集會空間以及觀光場所。

地景可說是外人對部落最直觀的印象。接近部落時常會看到顯著的意象，這種地標多是由部落設置，自行在主要進出處標誌出部落（居住區）的某種界線。有些部落會使用自然地景作為可辨識的入口（像是巨大的碁石、渡河口或是進出的山崖），有些使用文化標誌或記號，有些是簡單在產業道路旁噴漆，繁複一點則可能會設立牌樓、穿著傳統服飾的人像或重要文物等。當看到相關事物時，就代表進入部落的領域了。至於傳統地景，如集會所、瞭望臺、頭目家屋等傳統建築形式，背後都與特定部落社會組織連結。

一般來說，部落地景會使用所屬成員普遍接受的符號形象，以突顯部落的意識，常見的地景符號像是排灣族的百步蛇紋和公母壺、布農族的紅嘴黑鵯、卑南族的巴拉冠 (Palakuan) 和達古範 (Takuvan) 等。有些部落則在原有族群文化之外，另有自身賦予意義的地景，以紀念重要的事件，比如棒球、部落領袖、古代戰役或重大天然災害等。這些文化地景的符號運用，透露重要的訊息，涉及到文化意識及歷史記憶，相當值得進一步探索。

　　進入部落後，還會有成員聚集的空間，小則數人、數十人，大則容納數百人，通常位於部落核心或交通方便的地方，方便大家自行或收到通知時前來。這些空間可能是文化健康站、國中小禮堂或操場、社區活動中心、多功能活動廣場等；都會部落則因為空間成本較高，未必擁有完整設施，轉而使用社區公園、廟前空地、火車站及政府公共設施等空地集會。

　　一般來說，集會的空間多與國家力量有關。大多數的集會空間多為政府興建的公共設施，若部落處於原民鄉鎮行政中心，往往還會設立披上族群文化符號的大型公共建築 (鄉公所、文化館、圖書館等)。因此，集會空間經常是外界接觸部落的窗口，諸如政令宣導、巡迴醫療、發送物資、招募兵源及藝文表演等，這讓此地容易出現不同性質的部落成員，甚至有機會接觸到核心幹部或關鍵耆老。

　　此外，相對於城市和鄉村，部落還有許多觀光場所，如風景點、露營區、溫泉景點，或是部落觀光工坊、文化園區或文化館等，也會有外人經營的民宿、渡假村或別墅等，甚至許多部落本身直接被當成觀光的景點。這些場所

是觀光客頻繁出沒的地方，部落族人不見得願意出現。但另一方面，觀光場所作為部落的櫥窗，也有些族人會去進行文化展演，因此，有時反而是認識部落外在形象的去處。

認同：關係空間

部落內部還有許多空間需要達到一定社會關係的門檻，才能獲得參與資格，是為「關係空間」。大抵可以分成親屬、生產及交流等類別，這些空間的運作原則就是部落的核心機制。

提到親屬空間，需要認識部落社會的親屬觀。親屬（或說血緣團體）是構成部落的核心機制，其運作空間可分為家庭和氏族，兩者是一體兩面，前者擁有定著的生活空間，後者則沒有固定的範圍。

傳統的部落家庭由二至四代組成，共同居住於單一家屋、隨著生活需要不斷搬遷；而在現代社會，部落一般是核心家庭，但也很有彈性，可能因為家人長期在外工作，出現祖孫隔代或是收留兄弟姊妹孩子的情形，這使得生活空間經常由周圍好幾個家戶延伸串聯，以共同照顧長輩與幼兒，並且在經濟上相互支持。氏族則可以理解為一個更大的、情感上的想像家庭，共享同一個家名或祖先。但跟多數臺灣漢人習俗有別的是，這些歷時久遠的家人通常沒有牌位、遺骸或墳墓，而是以有靈的型態存在於超自然中，所以後來多稱為「祖靈」。

祖靈庇護著氏族，使整個血緣團體能趨吉避凶、維持繁衍。因此，氏族後代便有責任去維持傳統的祖屋、家名、財產、文物及口傳故事等紐帶，讓祖先不會被遺忘。為了持續充分與祖靈聯繫，部落的生活空間相當程度和泛靈信仰結合，舉凡祖先埋葬之地、居住場所、傳說發生地點、神性動物棲息地等，都可能會是特定氏族的信仰據點，例如，賽夏族的祖靈屋、排灣族家屋內的祖靈柱、阿美族漁撈祭的河與海邊等，都屬於氏族空間，形式可說十分多元。

　　這些氏族空間正顯示了部落運作的基本原則，區隔出家人、親人及外人的社會身分差異。而具備與祖先溝通能力者，像是巫師、祭儀長或是公認有被祖先託夢能力的人，都有可能成為氏族信仰上的領袖。這也突顯出部落作為聚落的特殊之處，其信仰是多元、散落於生活空間各處，而非一元的關鍵中心。

　　相較於親屬空間有內外之別，有許多生產空間交錯在各種親屬及公共範圍之間。大多數部落的生業體系屬於農業、採集及手工藝，出於生產需要錯落在部落不同的區位：農業空間的分布由產業性質而定，果樹、草本植物或園藝作物可能會位於住家附近，旱田、果園則多位在部落周遭，此外還有農產加工廠，如酒類、發酵食品的小型作坊，或是果乾、冰品或糕點製作等，則可能設在交通方便處；採集的空間大多在周遭的林地或山坡地，並搭建獵人小屋、工寮等獵物或植物的簡易處理場所；而手工藝作坊，為了採買販賣方便，會落在部落居住範圍內。

這些多樣的生業環境，反映著部落的生業體系在百年間經歷巨大的轉變。過往的部落主要仰賴狩獵、採集及刀耕火種的粗放農業，再加上少部分對外貿易的物資便能維持生活；但現在的部落是市場經濟體系的一部分，部落成員相當需要工作收入及商品販售而來的現金。這意味著，上述生產空間的維持更是文化性、而非經濟性目標。因此，就調查部落文化而言，將生產空間作為在地知識的採集點，會是重要的路徑，比如使用工具、種植、編織及釀造技法，或是動植物名稱、習性、採集方式，乃至於部落的遷徙史、舊社遺址、古戰場、傳統地名等，這些多需要在生產空間中透過參與而認識。

　　在部落內通常會有幾個主要的交流空間，部落成員在這裡交換資訊以及尋求幫助，這些地點會隨著時代轉變。傳統上，交流的空間是集會所、部落領袖的家、工作的場地或氏族的集會空間；到了近代，郵局、教會、雜貨店的出現逐漸取代前者，成為重要的交流中心，而村里長的家、部落協會以及早餐店、小吃店也扮演類似的角色；位於都市或觀光風景區的部落，甚至連便利商店都會成為資訊傳遞的場所。

　　雖然交流空間和觀光場所皆屬於公共場所，但其意義截然不同，如果外人抱持獵奇心態誤闖，大概不會受到歡迎，畢竟這是生活中必需駐足的地方，多少具備部落公共生活的意義。部落成員會在這邊閒聊近況、交換熟人的資訊，以及取得幫助，像是處理公文、搬運重物、老人照護、採買物品或是家事協調等。

從部落空間的裡與外，可以看到許多劇烈變化的痕跡。經歷過這些變遷，舊的空間雖然不存在了，但部落成員作為共同體的生活方式與精神仍然留存下來，這便是當代部落的特色。進到部落做田野調查時，可以留意並觀察這些差異，相信對於調查有很大的幫助。

部落資料的性質

正因為有外顯與內在的性質，部落的相關資料中，由文字或影像紀錄的資料僅占一小部分，大多數的部落資料更常以歷史記憶的方式保存，並且透過身體感受與接觸來理解，比如傳統地名多以現場觀察到的特徵或文化意象命名；神話、詩歌及音樂則需要藉由口說、音律與背誦傳承。

比起城市與鄉村，部落的資料型態更加複雜、零碎且不易取得。部落社會的記事方式，過往多以口傳為主而非文字紀錄，使得調查者需要倚靠他者的口說來紀錄，但口傳資料難免有缺漏，甚至敘述方式會隨著時間推移而轉變，以至於紀錄者的資料內容彼此會有差異。大抵上可將部落資料概括為環境足跡、生業資料及文化知識三種類型。

一、環境足跡

環境足跡是很重要的部落資料，攸關部落成員如何使用周遭的資源，像是地名、水源、植被、動物、地形及氣候。部落在當代仍然需要使用周圍的環境資源，主要透過

生產空間的採集來取得獵物、野菜及植物纖維；還包括過去居住過的舊社、工寮、移居地等都算是這些足跡的一部分。

值得提醒的是，環境足跡會以不同的名稱呈現，像是傳統領域、文化路徑等，有些會被納入生態景觀或保育的報告中，但其實能夠書寫紀錄的內容仍然有限，大多還是在這些空間環境活動中才能口傳的知識。

二、生業資料

生業資料是攸關部落生存的事情，涉及採集、漁獵、工藝和農業等領域，包含房舍建築、醫療、飲食、服飾及災害救助的知識，是一個不斷變動的系統。

前現代的部落傳統模式往往依照男女性別分工，因此限定性別和年齡傳承，並累積著個人的能力與聲望；但自日本殖民起，生業成為國家關注的事情，導致部落被捲入開採樟腦、煤礦，種植甘蔗、熱帶作物等勞動力密集的產業；傳統工藝則被整理成模組，作為木雕、織品等商品大量生產，這種情形持續至今。

這使得我們常常產生錯誤的刻板印象：一方面將傳統的生業誤解為古老不變的觀光工藝，另一方面又忽略現代技術也是部落生業的一部分。這些盲點導致獵槍狩獵、高機織布、無人機釣魚、車床切割、GPS 定位獵場、建造隔音防水的石板屋住家等等，現代的生業方式與技術常被省略不記，但其實這些仍然都是原民文化實踐的工具，同樣值得調查紀錄。

三、文化知識

　　許多稱之為「傳統」的事物，像是傳說故事、祭儀、氏族祖譜、巫術、禮儀、音樂及舞蹈等，都可以歸納在文化知識。這些文化知識在現今部落普遍缺乏物質遺留的情況下，常被認為是文化基礎，傳承者也會得到部落內外不同的肯定；但這些文化知識基本上是共享財，屬於整個部落或族群共同擁有，因此，成員多有一定的發言權，如果外人貿然使用容易引發糾紛。

　　另外，語言的使用也是富含文化知識的寶庫。原住民族語言擁有豐富詞彙，用來描述族群的宇宙觀，以及周遭環境、生態。

CHAPTER 8

知性美食家養成記：飲食文化調查方法

劉書甫

｜

六月的某個週末，我照慣例上東興市場買菜，看到賣熟食的阿姨攤車上，擺出了一包一包用塑膠袋包得鼓鼓的綠色冷湯。是麻芛湯，麻芛出來了。

第一次喝麻芛湯是在第二市場的古早味飯擔，這道原屬於老臺中家庭餐桌上的料理，我在舊城初嚐，嚐著它像莧菜湯一樣略微黏稠的口感，帶點蔬菜的微苦，湯裡加了地瓜塊增添甘味。也正是那清苦，凸顯了地瓜的甘。

隔年春節，南部的朋友來訪，我帶他到市場去，打算給他品嚐這道臺中特有的滋味，但卻在同一個攤子上撲了空。我這才想起來，麻芛一般從五、六月開始採收，是夏天專屬的味道。

麻芛就是麻的嫩葉。中部自清代開始種植苧麻、黃麻，輸往中國加工成麻製品。日本時代為了因應大量米和糖的包裝需求，在中南部地區大規模種植黃麻，並於豐原成立紡織工廠「臺灣製麻株式會社」，以南屯、石岡、潭子為主要產區。嘉南大

圳完工後，又將臺南規劃為另一個黃麻生產中心，並成立「臺南製麻株式會社」，以因應逐漸增加的麻袋需求。❶

麻袋的製作取黃麻莖幹梗皮之纖維，黃麻收成後，莖幹載走，剩餘的葉子無用，臺中的農民認為棄之可惜，試著食用。然而，黃麻葉苦味明顯，想吃還得想辦法加工。農民遂取其嫩葉，用畚箕、洗衣板搓揉、洗滌，盡量去除黃麻葉本身的苦味，熬煮成湯，並加入地瓜，開發出苦甘的「麻芛湯」吃法，成為黃麻種植區域特有的家庭料理。

配菜不豐的年代，麻芛湯除了單喝，也淋在白飯上，或許再加一匙自家醃製的「蝦仔膎」，就是最下飯的組合。有冰箱以後，微苦的麻芛湯也常冰在冰箱裡，夏天裡喝涼的，正消暑。

戰後，黃麻的種植與麻袋的生產曾納入第一期經建計畫，但隨著人造纖維的興起而逐漸被全面取代，然而麻芛的飲食文化卻保留了下來。1957年，臺中農業改良場推出改良後的新品種「臺中特一號」(甜麻)，大幅降低甚至消除黃麻葉原本的苦味，不但讓麻芛更適口，也讓製作上省去不少去除苦水的工時，將甜麻推廣作食用蔬菜。

隨著民眾健康飲食意識抬頭，麻芛富含豐富的營養素也被強調而受到重視。因為有吃麻芛的習慣，臺中盆地維持著一定的麻產量，麻芛走出家庭，成為臺中老市場裡「巷仔內」的小吃，也被有心推廣在地特產的業者，融入糕餅、西點和奶茶中，由苦轉甜，成為傳統與創新的在地美食。

從一碗綠色的菜湯，我們得以一窺中部早期農家飯桌上的風景。為了保留麻芛的飲食習慣、提倡麻芛的營養價值，農改場推出新品種，將苦味修飾，在農民與民間團體的共同合作下，推廣麻芛的飲食文化。而品種的改良改善了食物的「缺點」，同時也改變了地方飲食世代間的身體經驗。在一份帶著苦甘滋味的地方記憶中，得以發現昔日的地方發展如何造就地方飲食

FOOTNOTE | ❶
臺南的案例恰好可以作為對比，一樣有麻產業，但並沒有發展出地方的傳統美食。因此，在地飲食涉及到一定的條件，並不是以食材出現為當然前提，整體飲食系統要回到地方脈絡來梳理，才能有比較深刻的掌握。

文化，而飲食文化又如何使產業得以延續。

　　從上述「麻芛」的簡單例子裡，即可感受到飲食涉及了地方的自然風土環境、歷史發展歷程及產業經濟等因素；一個地方的飲食文化生成條件，一定程度反映了一時一地的人生存與生活的條件。探問飲食的歷史，就是探問當地人的歷史。

　　針對地方飲食進行調查，目的就是要找出地方特殊的、具代表性的飲食內容。針對各個品項，拆解並分辨這些地方料理的食材、組合搭配，它們的味覺屬性（酸甜甘苦鹹）或調味、處理工序或料理手法；其次，也會注意食材的「生產空間」與食材之間的關聯性。並且，去回答食材生產的時空背景是如何影響了飲食的面貌。

［地方的味覺紋理與記憶構成］

　　傳統上，人類學家的田野工作有一項重要的歷程就是學習「當地人的語言」，捕捉特殊的說法或話語所反映的觀念，從而掌握當地獨特的文化情境。而「味道」就像是一種語言，有它的「語境」。它是很身體感的，地方工作者由外而內，需要浸入熟悉，要吃得像個當地人。將那些爬梳與分解後的飲食內容逐一當作線索來檢視，以期說明地方食物身世、文化味覺的成因，甚至發現飲食承載的文化價值或「象徵意義」──為何有些食物在特定的情境，對某些人來說是不會吃、不能吃的，這些「飲食禁忌」往往無關乎食物營養或味覺生理學，而是要從一個地方的發展歷程中去找答案。❷ 此外，由於食物來源、型態不同，都市與非都市（鄉村、部落）的飲食也有所差異，分析時就會著重於不同的面向。

　　在都市，任何食物或飲食現象的出現，多半是以消費商品的形式誕生和存續，其生成脈絡可能包含：產業物質技術、政

FOOTNOTE ｜ ❷
象徵與禁忌的討論可搭配第十章閱讀。

策、市場經濟區位因素、街區發展歷程等等。❸ 此外，在市街進行調查，探究料理背後的時空脈絡，也要檢視料理的消費空間，注意飲食性質與人群的關係，例如菜式與特定族群或階級的關聯性，為飲食潮流找出形成的關鍵環節，說明特定時間區段或特定街區之味覺記憶的故事與道理。前述的麻芛案例即為如此。

而在非都會地區，可以把地方性的飲食看作是一個地方的母語，打從出生就開始反覆灌輸的溝通系統，一旦長大成人，便很難改變或者從頭學習。以前的人說「靠山吃山，靠海吃海」，地理位置和風土條件會決定這個地方的人「吃得到什麼」或「吃不到什麼」，食物幾乎是自產自用，處理工序與料理的組成方式也顯示著族群和環境互動的結果。而在飲食文化的傳統中，通常也較能看見「神聖」或「禁忌」的象徵性，從中甚至能觀察出文化性格。❹ 例如客家菜，在傳統上，除了魷魚乾，大部分的食材和菜餚幾乎不假外求，皆能從伙房周邊生產，反映出客家人重視勤儉、無剩餘的價值觀，甚至還發展出獨有的神豬文化。❺

法國哲學家薩瓦蘭的名言「告訴我你吃什麼，我就能知道你是誰」，套用在飲食文化調查工作上，一樣說得通。讓我們以地方食物為田野，從產地到餐桌，吃出地方味，直擊地方性。

[成為 Foodie，尋找地方味覺的線索]

俗話說：「三代以後才懂吃穿。」戰後以來，臺灣的各式菜系逐漸穩定，並且成為流行文化的一部分。在當代，不只是寫書的作家和傳統媒體上的專家，還有許多網路自媒體經營者用不同的方式介紹各地的美食及料理手法。飲食是當代顯學，吃美食更是全民運動。但就飲食文化的調查而言，大家不妨再

> **FOOTNOTE ❸**
> 市街調查可搭配第五章閱讀。

> **FOOTNOTE ❹**
> 農村特色討論可見第六章，象徵討論可見第十章。

> **FOOTNOTE ❺**
> 主要集中在南桃園至北苗栗一帶的客家庄。

往前一步，扮演一名 Foodie（慎重看待飲食的人），不只愛吃，更樂於探究。Foodie 醉心於各種味道組合的緣由、食材的來源，需要兼具愛吃的廣度以及料理人的深度，會像偵探一樣不放棄各種線索、追尋美食至碧落黃泉。

讀者若真的成為 Foodie，對地方飲食如數家珍，也算通透飲食文化的調查了。Foodie 的養成因人而異：有人喜歡從讀食記開始，先蒐集資訊、形塑想像，再精準進食；有人喜歡先吃再說，吃完一輪，累積經驗，再來嘗試問答與追索；也有人喜歡來來回回，往返於書桌與餐桌之間。事實上，這些都殊途同歸。為了行文與操作方便，且讓我們先從蒐集資訊開始談起。

下廚先翻食譜，上路先找地圖

如同著手一切研究的第一步「文獻蒐集」，進入地方之初，想了解地方的文化情報，免不了透過二手資料的閱讀與蒐集。❻ 閱讀，就是事先取材。既有的文化專書、政府出版品，甚至偏散文寫作的飲食文集，若包含作者對在地飲食的具體觀察，皆適合作為初步的閱讀材料，獲取前人對過往飲食樣貌的觀察成果。至於鄉誌、市誌等地方誌、舊報紙這類的歷史資料，可以留待累積更多田野結果，有更明確的問題需要尋求答案時再作查詢閱讀。

> FOOTNOTE ❻
> 可參考第二章的總體文化探索，或搭配所屬區域（市街、鄉村、部落）的資料蒐集方式。

可作為調查基礎或參考的飲食文本類型

一、飲食文化主題著作或論文，包括：
　　1・學術研究型作者的作品，例如陳玉箴《臺灣菜的文化史》、曾齡儀《沙茶：戰後潮汕移民與臺

灣飲食變遷》。這類作品通常由文史工作者或學者執筆，結合田野調查、採訪、考據，針對特定飲食文化主題完成的論述，是相對嚴謹的成果。藉由閱讀這類專書，能對地方的歷史進程、重大事件、文化影響、各時期地方生活面貌有初步的總覽，可以作為首要參考的文獻資料。並且，研究型論著通常會附上資料引用來源，作為佐證資料，循線閱讀，可以獲得更多資訊。

2. 記者型作者的作品，例如陳靜宜、王浩一、郭銘哲的著作。這類作品為作者親身採訪店家、從業者所得的資料，結合個人經驗所完成的報導式文本，內容通常介於美食報導與飲食文化調查之間。這類文本通常包含店家、從業者的創業故事，對於料理的食材、製作過程也會著墨較多，有助於更細節地了解一道料理的組成或食材的選用。

二、文學作家的飲食書寫作品，例如焦桐、陳淑華的著作。這類作品為文學作家以飲食為主題書寫的散文式作品，多半包含作者個人生活、家族或童年的飲食記憶，以個人微觀視角與實際經驗，提供文史總論或主題專書所缺少的細節，使我們對事件或物件的場景與情境獲得更立體的理解。另外，也可能包含作者對餐飲現象、料理的文化評述，提供特定的觀點。這類作品除了作家個人文筆能帶來閱讀趣味，內容兼融了文人觀察與美食評價，所提到的店家多半會是在地老字號、在地方上有好口碑的店家，口味通常也不會太差，會是值得造訪的店家。

三、美食旅遊類文本或介紹地方特色人事物的影音作品，例如雜誌專欄、網路媒體與社群上的文章和報導影片、旅遊節目等，以美食報導和店家介紹為主，多半篇幅短，娛樂性為主。但某些報導影片包含地方介紹、人物現身說法，也能看到實景實況，亦有參考價值。

四、公家單位網站或文宣、地方專刊。地方組織發行的專刊，或由縣市政府委託民間單位製作的地方專刊，通常結合地方工作者、記者型作者或研究型作者共同完成，內容多半會涉及地方飲食文化觀察與採訪報導，亦是值得參考的文本。

閱讀資料時，相較於對得到的訊息全盤接收，最好帶一點主動判斷。對於有疑問或資訊不夠詳細的地方，先紀錄下來，也可以先提出自己的假設，待實際訪調時求證。

舉例來說，關於前述的麻芛，有資料敘述到：「民國46年，臺中農改場以黃麻改良的『臺中特一號』新品種，在臺中盆地試種成功，因此就近造福了中部地區的農民，老農民煮食麻芛湯用以清涼退火的飲食習慣，也得以流傳下來。」❼ 讀到這段文字時，如果只是停留在被動接收訊息，那麼，所獲得的情報就僅停留在：現在我們吃到的麻芛是改良後的品種，與最初栽種的黃麻不同。然而，一個 Foodie 不會只滿足於此，還想要盡可能知道美食的一切，去覺察到現成文字未說明的部分，例如時間點、前因後果等，並對之感到好奇。

也就是說，必須進行有意識地閱讀，譬如：同樣是讀到這段關於黃麻改良的文字，應該要好奇，進行黃麻品種的改良是考量種植或食用？如果主要是種植（例如新品種更能防治病蟲害，或收成

FOOTNOTE | ❼
臺中市政府刊物《悅讀大臺中》，2011年5月號。

量更豐），那麼纖維更細、苦味消除等更適宜食用的口感特性，是新品種附帶出現的結果，還是改良時便納入考慮；而如果是為了食用，那麼「麻」便已不是最初的純粹經濟作物，而是被視作蔬菜的一種了。

事實上，這些當代飲食文本具有很強的「建構性」，不妨在一邊閱讀時，一邊把幾個問題先擺在心裡。例如：這些食物或飲食文化的討論是從什麼時候開始出現？是誰說這些是在地的名產？是誰宣稱這是這個地方具代表性的飲食文化？從哪些地方獲得這個訊息或印象？從哪一本書讀到這個訊息？作者是什麼樣的身分與背景？新聞媒體、從業人員、飲食作家或公家單位？他們是如何擁有關於飲食文化領域的話語權？又，能不能判斷他們為什麼選擇特定的食物或飲食現象，作為具代表性的飲食文化元素？

當然，身為 Foodie，不必然要進入文化建構性的討論，需要的是保持一份敏感度，意識到「飲食文化論述」的生成有其條件，適度地持保留態度而不照單全收，或許更能找到深入地方的理解。此外，透過文本閱讀蒐集地方飲食時，記得要紀錄出處，以方便未來獲得田野成果時，能回頭相互比對。

活用 5W1H，實際進行飲食考察 [8]

飲食是一地人生活、生意與生命的公約數，吃是體驗在地生活與特殊風景最直接、令人愉悅的活動。從事飲食文化調查，不可能紙上談兵，不實際去吃。食物味覺是極具身體感的，唯有親自嚐過，才明白箇中滋味，才能體會文字或他人口中所述的「味道」。因此，初步資料蒐集完成之後，必然要實際去吃，才能進入下一層次的討論。

FOOTNOTE | [8]
詳細操作方式請見第一章的「起心動念」與「基礎思維」小節。

品嚐食物是令人愉悅的事。進行飲食考察的過程，如果沒有預先想好應該留意的重點，而採取邊吃邊即興感受的方式，很容易吃著吃著就忘記要思考，而沉浸在進食的氛圍中。

因此，在實際進入田野時，建議充分運用基本的 5W1H 架構，向自己提問，作為進行觀察的提示：

第一，有什麼和你自己經驗不同的飲食？你覺得特別的食材、醬料和調味方式，或食物的組合。身為臺中人的我，便發現新竹的肉圓裡經常出現紅糟、基隆的咖哩麵另外加了沙茶、苗栗的客家人吃白斬雞沾的不是醬油而是桔醬、嘉義的涼麵不只加麻醬還加白醋，這些都和我過去熟悉的飲食經驗不同。這些包含了「WHAT」和「HOW」的觀察，接著要問的是「WHY」──這些特別的食物或吃法是怎麼來的？

第二、有沒有讓你覺得特別的場景？場景就是情境，是由空間所構成的互動腳本，不僅僅專指特定食物，而是包含場所及其中的飲食行為所呈現的整體印象，包含你覺得特別的飲食空間或地點、販賣方式、販售時間、消費者組成等等。場景包含了「WHERE」、「WHEN」、「WHO」和「HOW」，在對場景的注意中，也會引導你發現「WHAT」。

我們當然也要接著問 WHY。為什麼臺中尚有這麼多老老舊舊、不太精緻但氣氛閒散的泡沫紅茶行？為什麼臺中不管是在冰果室、紅茶攤或甜湯店裡，吃冰呷涼的人桌上經常也都擺著一份烤土司？

第三、有沒有什麼食物雖然臺灣各地都有，但在這個地方，這些食物卻更頻繁地出現在街上、餐桌上或大家的討論中，人們甚至已經習慣把這些食物與地方聯想在一起了。例如臺中的糕餅、炒麵和豬血湯、彰化的肉圓和焢肉飯、新竹的米粉、嘉義的火雞肉飯等等。WHY？並且，它們使用的食材物料、烹調製程、口味，是否有著與其他地方的差異？

第四、主要是哪些人在吃？你也覺得好吃嗎？為什麼在地人會覺得好吃？你問到的所有在地人都覺得好吃嗎？有沒有例外？透過觀察或進一步街訪去了解：哪些人在食用、消費這些食物？透過年齡、性別、職業階級、在地年資等屬性，去歸納食物與相關人群的構成。

接著，我提出兩項工具的使用──「料理分解圖」與「地方飲食年表」，在運用5W1H的親身踏查與體驗後，幫助分析所得到的飲食資訊。❾

FOOTNOTE | ❾
思考方式可見第一章的「進階思維：脈絡與網絡」小節。

以「料理分解圖」拆解食物

如果我們希望對飲食的考察不只停留在味覺上的體驗，而能有更多文化上的探究，那麼不妨使用「料理分解圖」的方式，將任何一道你覺得特別有意思，想進一步探究的地方料理品項作細部拆解，盡可能地將它的「組成要素」一一列出，包括食材、調味醬料、生產工具、生產空間，以及它們的相關產業等等。或許就能像拼圖一樣逐漸完整缺角，最終獲得全像。❿ 組成要素通常包含以下幾個項目：

FOOTNOTE | ❿
構思方式請參考第一章的調查思維及第三章的心智圖介紹。

一、**食材**：首先，將料理的組成食材一一拆解出來。例如，珍珠奶茶可以拆成紅茶、奶精、粉圓、冰塊，以及糖水。糖水又可分為自行熬煮的，或現成的高果糖糖漿。

二、**味道描述**：料理吃起來的味道如何。例如：酸甜、帶苦、奶味明顯、有QQ的口感等等。

三、**生產工具**：除了食材，要拆解出來的項目也包含製作這項食物或料理的關鍵生產工具。例如，冰果室能夠全時段供應新鮮冰涼的木瓜牛奶，要歸功於冷藏設備與果汁機的出

| 190 | 田野特調：調查地方的手法、配搭與尾韻

> **FOOTNOTE ｜ ⓫**
> 美軍進駐清泉崗時期，為臺中帶進了酒吧文化，也帶進了調酒器（即「雪可杯」），某種程度上可以說孵育出日後以雪可杯調製茶飲的溫床。美蘇冷戰時期的歷史運作條件，輾轉進入常民生活，搖出臺中街頭的甜蜜滋味。

現。又如泡沫紅茶與珍珠奶茶的創新，源自酒吧調酒的「雪可杯」即是關鍵的生產工具。⓫

四、生產空間：除了依賴獨特的生產工具，有些料理或食材涉及的可能是特定的生產空間。例如，傳統上要製作酸菜，就必須在曬得到太陽的場所製作。稻米和葉菜類產自平坦的水田和菜園，茶葉和某些果樹則須種植於山坡地。

五、相關產業或技術：接著，檢視料理、內含之食材，以及關鍵生產工具所涉及的產業或技術。例如，木瓜牛奶要能夠普及為大眾飲品，有待臺灣本土形成穩定的酪農產業。高接梨的成功，是由於一位東勢的農人的求生意志，催生出「嫁接剪刀」這項關鍵工具的發明。產業與技術的進步往往都是地方料理之所以出現或流行的重要條件。

六、其他時空資訊：最後，標注這些食物、生產工具或相關產業與技術出現的時間點。例如，木瓜牛奶出現於1960年代，以臺中來看，主要集中於中華路夜市，並發展出木瓜牛奶搭配烤土司這樣的固定組合。冰箱、果汁機、烤吐司機等家電則是在1965至1974年臺灣轉為工業社會發展的階段出現。又例如，第一家以店面形式販售泡沫紅茶的業者「陽羨」（即日後的「春水堂」）創立於1983年，而1974至1984年正是臺灣茶在國際市場失勢，積極轉向內銷的時期。除了時間點，特定飲食主要的消費空間、流行的區域，或涉及的人群也應一併辨識與紀錄。

接著，就以麻芛湯為例，示範料理分解圖的作法：

一、食材：麻芛湯基本上可以拆解出：麻葉（臺中特一號）、地瓜、小魚乾或吻仔魚，以及鹽。有的家庭可能會為了使顏色更顯翠綠而加入少許鹼粉，或為了風味加入少許味精。

二、**味道描述**：麻薏除了本身獨特的菜味，自帶明顯的苦味。麻葉的前置處理，必須在流水中搓揉、洗滌，目的就是要將苦味去除。料理好的麻薏湯有地瓜的甜、小魚的鹹鮮和麻薏的微苦。另外，由於麻薏含有水溶性纖維，煮出來的麻薏湯會像莧菜湯一樣稠稠的。

三、**生產工具**：可以從流程著手：麻葉的前置處理，必須先將纖維較粗的葉梗、葉脈剃除，再將處理後的葉片置於竹畚箕中，用手費力搓揉、輾壓，並以清水持續沖洗，直到葉片揉至破碎、爛成一團，深色的苦水也完全滌去為止；而在塑化工業發展後，有了聚酯纖維的網狀洗衣袋，麻葉就可以直接裝進洗衣袋裡，在洗衣板上搓洗，或置於水槽中，在自來水下搓洗。因此，使用到的工具包含早期的竹製畚箕，或後來的聚酯纖維洗衣袋、洗衣板。烹煮工具在過往是大灶，現代則是湯鍋、現代爐具等一般家庭皆會有的廚房設備。

四、**生產空間**：麻的種植過去遍及全臺，主要聚集於臺南和臺中，目前則以臺中南屯區為主，並在萬和文教基金會和楓樹社區發展協會的推廣下，使南屯區成為「麻薏新故鄉」。

五、**相關產業或技術**：麻薏湯涉及黃麻和其改良品種的種植。

六、**其他時空資訊**：日治時期，在「工業日本、農業臺灣」的政策下，為了運銷稻米和糖等作物而有大量麻布袋包裝需求，因此在臺灣計畫性種植黃麻，1907年開始在豐原設立「臺灣製麻株式會社」生產黃麻布袋。戰後，黃麻曾列入第一期四年經濟建設計畫項目，直到塑膠工業興起，被人造纖維取代。1957年，臺中農改場以黃麻種子改良出「臺中特一號」新品種，更宜與水稻交替種植，也更適合食用。

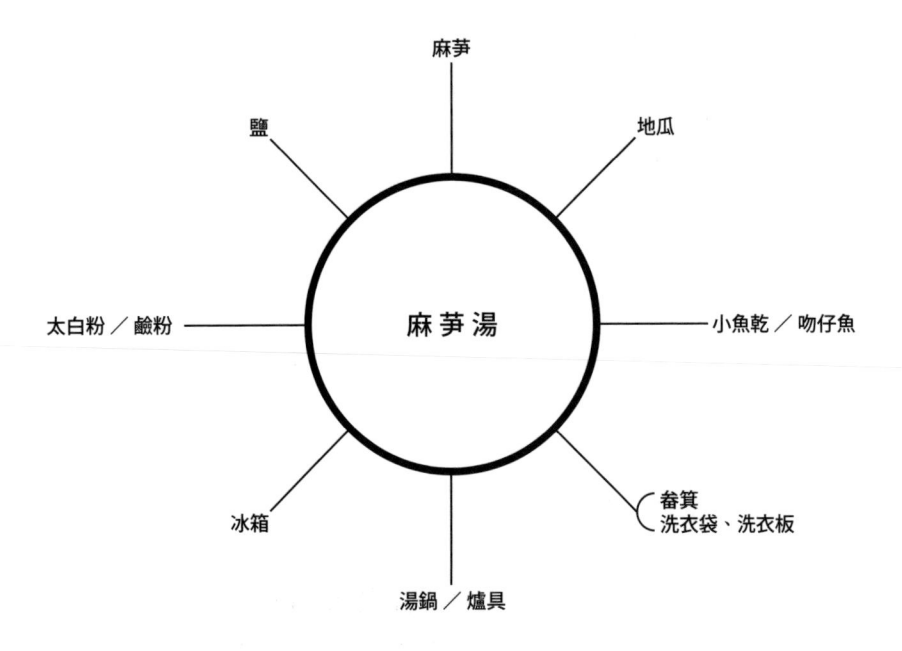

```
              麻竹筍
       鹽              地瓜
                ┌─────┐
  太白粉／鹼粉 ──│麻竹筍湯│── 小魚乾／吻仔魚
                └─────┘
                           畚箕
       冰箱                 洗衣袋、洗衣板
              湯鍋／爐具
```

[料理分解圖範例：麻竹筍湯]

　　如上述所示範，「料理分解圖」就是將自己透過5W1H的基本提問所得的資料，以視覺化的方式呈現，就像一種另類的「食譜」：將地方料理的基本材料進行圖表式整合。

依時間軸，建立地方飲食年表

　　運用「料理分解圖」將各項地方食物的組成內容和相關訊息拆解出來，並初步標上出現的時空資訊後，可以再進一步以時間軸的方式，結合之前從文獻資料所獲得的資訊，將各項食材、生產工具、相關產業出現的時間點，連同相關事件、政策的時間點，按照出現順序整理成「地方飲食年表」。

　　藉由這張地方飲食年表，要試著回答出下列有關地方飲食的問題：

一、這些食材與料理的出現或製作，大概是在什麼時間點？它們的生產與製作方式和當地自然環境或聚落居住空間的關聯是什麼？是否和居民的組成或遷徙歷史有關？臺灣過去的歷史曾受過不同外來政權的統治，這些食物的出現是否反映著這些不同文化的影響？過程中，地方面對這些外來元素做了什麼在地化的應對，而呈現如今的樣貌？

二、食物跟哪種產業的活絡或集中有關？食材的供應來源和方法直接影響該食物的普及，必須追溯涉及到的農業生產者和食品業者，檢視其產業發展的歷程為何？還有，這些食物的製作需要哪些工具或設備，相關變遷有沒有影響到食物的製作、保存與供應方式？某些食物的出現、流行或消失，跟這些硬體條件有沒有關係？傳統對於飲食的規範或禁忌，有沒有因為現代化設備的出現，而悄悄改變或消失？

三、有些具地方特色的飲食，會不會是晚近形成的飲食風尚？是依據居民習慣或產業基礎條件，由特定業者或團體帶動起的消費模式，還是由地方政府主導所彰顯？能不能從中發現更深層與地方脈絡相關的連結？而只是單純因為業者炒作、行銷，或政策影響，便促使某些飲食成為地方標誌，在時間的累積下，經過消費者的接受與認同，是不是也成了足以辨識的飲食文化？

透過檢視這份由地方飲食相關元素出發整理而成，猶如「地方大事記」的事件時間表，是不是能直接或間接地得到上述問題的答案或推論？這份地方飲食年表，應該要能印證或充實先前閱讀到的資料內容，回應自己之前提出的假設，或至少為問題找到線頭，提示自己應該要接著找尋的報導人或文獻資料，以展開往後的循線追索。

年表本身不是目的,而是藉由整理年表的過程,去回答自己在調查的過程中,針對地方飲食所發現或提出的問題。

[地方飲食年表範例:臺中飲食年表]

年 分	事 件
1949	國民政府迫遷來臺,戒嚴時期開始
1951	美援開始
1953	進口麵粉轉為進口小麥,扶植農產加工 第一期經建計畫,扶植民間工業,尤以紡織業為重
1956	陳家牛乳大王發跡
1957	福懋塑膠工業開工生產,更名為「臺塑」 臺中農改場推出黃麻改良品種「臺中特一號」
1961	雀巢推出奶精、奶精粉
1962	劉麵包廠發跡
1964	美軍積極參與越戰
1965	臺灣化學纖維成立｜第一批度假美軍從越南來到臺灣 美援中止｜臺中中華路夜市成立
1965-1974	黃金十年,臺灣轉為工業社會,電器、紡織、塑膠等輕工業快速成長
1966	第五市場太空紅茶冰創立
1967	臺中第一間咖啡專賣店「南美咖啡」開業,推出冰咖啡
1974-1984	茶葉轉內銷,1982 年廢除製茶業管理規則
1983	陽羨(今春水堂)創立
1987	陽羨推出珍珠奶茶｜耕讀園創立｜解嚴

上表為帶著臺中飲食相關的 5W1H 問題意識,閱讀各類型飲食文本(如 BOX【可作為調查基礎或參考的飲食文本類型】提及的各類文本資料)所簡單整理出戒嚴至解嚴期間的「臺中飲食年表」。接著,就用這張年表來檢視與地方菜餚麻芛湯相關的記事,看看能得出什麼樣的對應以增進理解:

美援開始的兩年後（1953年），在民間與政府的建議下，進口麵粉轉為直接進口小麥，在臺加工為麵粉，以扶植本土的農產加工業，連帶麻袋的需求勢必大增。同年政府提出第一期經建計畫，扶植民間工業，尤以紡織業為重。

　　1957年，更名為「臺塑」的「福懋塑膠工業」開工生產，並逐漸增加產能。十年後（1965年），臺灣化學纖維成立。臺灣在此時進入「黃金十年」，朝工業社會轉型，電器、紡織、塑膠等輕工業快速成長，塑膠合成纖維織品全面取代麻袋。

　　值得注意的是，1957年，臺中農改場推出黃麻改良品種「臺中特一號」（甜麻），似乎正代表食用麻芛的這項附加價值受到重視，而特別改良出更適口的甜麻，作為食用蔬菜推廣。❷ 麻袋功能全被替代的今日，中部麻的種植，幾乎全是為了麻芛的食用或其他相關食用產品的需求。

　　我們可以發現，從黃麻的改良到今日持續種植甜麻，麻芛讓麻從經濟作物完全轉變為食用作物，足見飲食自有其有機變化、延續自身的主體性，不單只是受政治經濟層面所解釋的客體。

　　「料理分解圖」與「地方飲食年表」的製作及交互對照，就像是為自己建立的線索牆，將飲食調查過程中取材而來的情報展現在自己面前，嘗試由點到線、由線到面建立對在地飲食的掌握。

FOOTNOTE ❷
甜麻為長果種，幾乎沒有苦味，不必搓洗去苦水；那些偏好苦味，希望保留麻芛原初特色的民眾或業者，則會選擇圓果種紅骨黃麻。

對話與訪談

　　考察過程難免會出現資訊空缺，只憑借進一步的書籍或文獻檢索可能還不夠，畢竟有太多過往的訊息，包括許多實際的細節和情節，不一定會書面化。因此，可能需要一些「飯友」，或訪問某些特定的人來協助調查。例如，擁有早年經歷的長輩、

老字號的餐飲業或食品相關產業的業者。這些對話或訪談的對象，基本上可以分為三類：在地領路人、美食製造者及美味守門人，他們是指明美食探索之路的動態地圖。

一、找在地人領路，一起吃

在地之吃，在市場攤販、街坊交談、朋友家裡的媽媽、阿姨阿伯等市井小民之處，往往打探得到最道地的資訊，嗅出味道的根源。因此，無論在何方，踏上美食之旅時，不妨找幾個在地人接引領路。

當然，並不是每一個在地人都能夠侃侃而談家鄉飲食的觀察與剖析，因此可以很單純地就請對方帶你去熟悉的地方，去飲食發生的場所（包含市場、家庭聚餐），吃熟悉的、童年的食物；和對方一起漫遊、一邊吃一邊聊，並且在這個過程當中，動用自己的觀察與紀錄。

以我在變化快速、商業複製普遍的城市經驗而言，在地人首先會告知哪些是從小吃到大、哪些是晚近才出現的店家，以及哪些食物是自幼便出現在家裡餐桌。再者，那些會出現在家庭餐桌上的食物，並不一定是當今街頭店家會販售、能透過一般消費吃到的尋常外食，然而卻藏著地方共同的味覺記憶。這些情報，往往透過在地人才能得知。並且，不同年齡的在地人，能夠提供不同世代的親身飲食經驗，有助於發現特定食物在地方日常中的轉變與不變。

此外，飲食調查很適合團體進行。比起單獨去吃，兩三個人一起走讀吃喝，能促進不同經驗與意見的交流，在討論中加速對食物文化形貌的掌握。而且人數多，在店家內也比較好點菜。我曾不只一次在餐廳或小館子裡，遇見獨自用餐，卻點滿一整桌菜的饕客，那分量很顯然超出一個人的合理食量。多人同行一起共食就比較沒有這方面的顧慮，這是找人同行田野的另一項務實考量。⓭

FOOTNOTE | ⓭
團體田野方式可參考第三章。

二、接觸美食製造者

所謂「美食製造者」，就是飲食的資深從業人員，他們擁有最深刻的洞見，能夠提供富有價值的資料。類型上，從食物的上游到下游，又可以分為生產者、供應者及製作者。生產者，涉及食材源頭，在哪裡種植或養殖，以及其從事此業的緣由；供應者，涉及跟哪些生產者進貨、供應給誰或在哪些地方販售，以及販售給誰；製作者，則涉及製作該食物的目的、在什麼空間或場合製作，以及為誰製作等等。針對這些工作者進行訪談，了解他們的工作內容，將有助於了解飲食從生產、製作、流通，到進入特定場所、特定情境的各階段「究竟發生了哪些事」。

訪談這些工作者，也意味著應該親臨這些工作者的工作現場。藉此機會，親自走訪食材的產地、拜訪食品加工廠，不但和這些實際的從業人員聊一聊，也親眼看過製程，獲取第一手經驗與情報，有助於釐清和辨識資訊，提昇解讀的能力。而無論是自行接觸或是由他人引介，都有一些基本注意事項，以避免產生對方的困擾。

首先，放下採訪者的身分，從當一個好客人開始。訪談的優劣，直接關係到取材的成果。❹ 向相關從業人員請益，或邀約進行訪談，並非理所當然，沒有人有義務花時間回答自己生意上、專業上或私人經驗上的問題，只是為了滿足陌生人的興趣。尤其餐飲業者可能會認為「東西從何取得」、「菜餚怎麼製作」這類問題太過敏感，直接或間接涉及自家生意上的情報，所以並不願意輕易透漏。在跟第一線的美食製造者接觸時，必須先有這一層體貼。

在進入美食現場的第一時間，不妨先回到飲食的起點，暫時降低採訪的成分，先從當一位好客人開始：好好品嚐食物、感受滋味，表現自己對於該飲食的興趣，熱情地分享自己階段性的收穫和想法；甚至是好好傾聽對方的分享，專注於說話內

FOOTNOTE | ❹
訪談方法可以參考第一章。

容,從中給予適切的回應,放心擁抱非預期內的談話內容。讓對方感受到我們的熱忱與真誠,而非獲取情報的目的性。

其次,營造輕鬆的交談氣氛是採訪者的責任。就飲食調查而言,實際跟從業人員碰面,最好避免以過度正式、坐下來一問一答的制式方式進行,反而要盡可能營造「輕鬆聊天」的氛圍。畢竟我們所面對的生產者、廚師、餐飲業者,很可能沒有或少有被採訪的經驗,形式太過正式的訪談會讓對方感到陌生不自在,感覺自己像是「配合別人的計畫而回答問題的工具人」,有時往往流於表面、浮泛或制式的回應;也要避免像「飲食文化」、「生產工具」等抽象詞語,雖然初聞應能略懂意思,但對一般人而言學術感太重,容易產生距離感。總而言之,要用心創造彼此平等的對話氛圍,以取得受訪者的信任,並讓對方感到自在、進入閒談的狀態,這是飲食調查採訪者的責任。

三、尋訪美味守門人 [15]

FOOTNOTE | [15]
背景知識請參考第一章的報導人相關討論。

所謂「美味守門人」,就是擁有進階地方飲食文化資訊的報導人,一般常見的是文化工作者及資深記者。這些人是飲食田野調查的先行者,他們因為工作內容和經驗累積許多人脈,往往自帶關係資訊:不僅能引介資深相關從業人員,還能細數「民間高手」(非從事任何文化或餐飲工作,但因著興趣與研究精神,而擁有豐厚的田野素材)。

文化工作者:在此泛指在地方事務或特定領域已經發展一定成果的人,例如地方 NGO 組織創辦人或資深成員、長期協助地方政府局處推動相關議題的承辦人、飲食主題著作的作者、大專院校科系或長期關注特定議題的老師、飲食或農業雜誌編輯、個人品牌經營者等等。與這些文化工作者互動非常重要,無論是已知文獻與田野資料的應證或補充,還是資訊矛盾乃至論述落差的出現,都提供有待查證與釐清的焦點,有效推動調查的進展。

資深（美食線）記者：記者也包括自由接案的文字工作者，他們是常出現在天下雜誌、高鐵月刊、報導者、上下游等較具文化取向與深度報導類雜誌或媒體平臺的撰稿人；而資深不一定是指仍然在線，也包含已經退休、另創事業，或跑去寫書、投入特定飲食領域工作，或經營個人品牌的「前美食線記者」。這些廣義記者的工作會大量接觸餐飲或食品從業人員，不但是很好的資訊站，還掌握許多業內資訊和人脈。就算不能直接幫忙引薦，起碼可以告訴我們再往哪個方向去探索，或是再找哪些人聊聊。

這些美味守門人的聯絡方式通常可以透過公開資訊取得（個人臉書、IG、網站，或特定的自媒體），又或者藉由間接方式尋求聯絡管道（委請出版社、雜誌或地方關係人代為詢問）。而在和美味守門人訪談取材的前中後階段，各有留意的事項：

尋訪前：注意時機與正當性。調查者不應在田野初期就直接尋求協助，而是當田野調查卡關，或是想進一步深入到產業層次進行探索，再來考慮與之請益。由於我們跟上述這些工作者多半沒有利益交換或工作上的合作關係，對他們來說，我們的請教可能純粹是一種「打擾」。因此，除了表達明確的理念與研究目的，以支持請益的正當性，對方的專長領域、相關著作和成果一定要事先了解。

尋訪時：做好準備與狀態調整。若成功取得聯繫，屆時多半會以類似訪談的形式進行，前述充分的準備能夠避免給對方「沒做功課，只想找個人要答案」的感受，有助於建立後續的互動。至於互動的方式就要看報導人的狀態：如果是知識權威型，調查者可能要偏向聆聽紀錄；如果是平等互動型，調查者可能要多展現自己的理解或能力。⓰ 這些都必須在現場動態調整。

尋訪後：表示感謝與保持互動。訪談結束後，不妨用心準備特色伴手禮作為謝禮（親送或寄送），除了表示謝意，也可能開

FOOTNOTE | ⓰
訪談的方式可參考第一章。

啟未來交流話題，讓對方留下好印象。這項費用會是地方工作的必要支出。

[結語]

我們所生活的當代，受到全球化和食品工業化的全面影響已久，不同地方的產品跨越地域界線，流通快速。來自不同縣市的食材透過運輸物流，供應全臺各地。走進超商，本地同進口的產品並列，作為包裝好的商品，方便民眾購買，藏著匿名、未知的製程，以及各種輕鬆取用、挪用的文化符碼。

食材與食譜的高度流通性、餐飲普遍作為商品型態與營業行為，導致任何食材或料理的製作、販售都可以透過金錢取得，也就越來越沒有「在地」的特色，很容易使我們以為飲食差異僅剩產品或銷售型態上的商業性區隔。

對於純粹的飲食消費者，尤其是以「都市」作為「傳統生活領域」的世代而言，我們離食物的現場很遠，對整個生產過程也很陌生，畢竟我們每日所做的，就只是「這餐吃這個、下餐吃那個」，在消費選擇食物品項而已。要談食物的「地方性」，我們經驗上感受模糊，認知也模糊。

然而，一旦我們有志成為 Foodie，便會帶著注意力去面對各種菜餚，興起好奇心去查閱各種相關資料，在實際探索與品嚐的經驗中，試圖覺察料理味覺、組合、型態等各面向上的「差異性」，並透過 5W1H 的架構，提出一連串的問題，嘗試找出差異性生成的線索。我們拿出紙筆或面對電腦螢幕，開始梳理「料理分解圖」，並且為了幫自己建立清楚的脈絡，進一步將食物的各項食材、生產工具、相關產業出現的時間點，連同相關事件、政策的時間點，按照順序整理出「飲食年表」。我們依據線索推敲，從扮演孤獨的美食家、招攬友伴同吃，到找專

家詢問、找從業人員訪談，在吃食與對話之間，驗證假設、拼湊圖像，一路追尋食物與風味的身世。

因此，身為 Foodie，我們會發現，舌頭正是我們自始至終、本自具足的飲食田野好夥伴。我們每天都需要進食，都在選擇與品嚐吃進口中的食物。以前，我們單純地吃 A、不吃 B，喜歡吃 C，或比其他人更能接受 D 的味道。現在，我們會對這些身體感變得更機敏，更懂得善用個人對料理口味的喜好、習慣與否、陌生與熟悉的感受，作為探問飲食文化的線索和線頭。因為口味上的喜好，飲食的習癖，皆可能是源於地方生活的集體慣有飲食習慣或味覺模型，為此，我們會更願意嘗試不同的食物，學會了用舌頭取材，藉由實際品嚐，體物入微。飲食田野因此是充滿趣味的，自己的舌頭即是發現、捲動飲食文化線索的絕佳工具。

CHAPTER 9

價值與財富的野帳：地方產業調查方法

蔡念儒
|

在臺灣，走進每個聚落都可以看到其特定物質基礎——產業，彷彿地方渾然天成、不可分割的一部分，像是環繞農村的水田、遍布山村的果園、停泊漁村的船隻、藏身部落的工坊，以及分布街區的老店家。

以臺東為例，對外形象是承載夢想的熱氣球，但實際走訪卻並不常見熱氣球的身影。當我們驅車在臺11線上，在美麗的山與海之間，無所不在又不顯眼的產業地景其實是釋迦：道路兩旁可見大片綠油油的釋迦果園，以及沿路上打著大型招牌的釋迦廣告和釋迦攤販。不免讓人好奇釋迦這種餐桌上不太常見、保存上也不大容易的水果，如何成為產量龐大的作物，占滿臺東平原的地景。

產業是理解地方的重要途徑，本章就以釋迦為例，說明如何進行產業的地方解析。

［產業是自然與社會交互構成的生態系］

　　我們的生活世界由物質組成，就算是網路虛擬世界也需要實存的電子設備支持運作，無論虛擬或現實世界，都有其物質的特性；構成物質基礎的各種物件則由各式產業所生產，如此交換循環構築我們身處的總體世界。換言之，產業一直存在於人類社會，型態卻不斷改變，像是在古典時代有賴巧手的工匠來完成，在當代則改由工廠生產。

　　我們在生活中難免接觸到各式各樣的產業，但通常不會太久，大多是在挑選、消費或討價還價中完成。當填滿日常琳瑯滿目的需要後，這樣快速滿足的魔幻過程，總會讓人產生許多想像。這些想像通常由各式各樣的資訊組合而成：各種產業數字、指數、報表、新聞報導、創業故事等等，這與我們對產業是創造財富與未來榮景的認知有關。

　　然而，產業在現實生活中無所不在，只是緊密到不容易察覺。在當代，幾乎不可能存在完全自給自足、不對外交易的聚落；每個交換基礎下的產業，攸關幾乎所有人的生計，其興衰直接影響社會的樣貌乃至於眾多人的命運。因此，產業既是人類運用自然資源的方式，也多少是種道義的存在。產業提供工作和收入，是人群之所以能在一起生活的基礎，也因為產業之間有各種交換，不同的社群得以扣連在一起，產生各種合作與競爭。

產業固然是地方社會的基石，但就田野調查而言，除了看得見的地景，還需要了解產業背後看不見的系統，這導致產業調查相對缺少固定邊界範圍，容易讓人產生沒有完結的心慌。面對這種看似無邊際的情境，不妨將自己設想為產品的專案經理（PM），透過逆向思維來了解整體系統如何運作乃至出產眼前的產品。換言之，可以把產業調查當成對於系統的宏觀與微調，涉及材料、技術、組織等環節，這樣就有可能找出適合自己目標的路徑。

［盤點：找出調查需要的藍圖］

專案經理想要推出一款新的釋迦酒，在網購平臺上銷售。這項產品的初步構想得到公司肯定，但要怎麼著手卻傷透腦筋。顯然需要了解這產品由哪些條件構成，首先得找出一些線索，由5W1H（什麼、誰、何時、何地、為什麼、怎麼做）的基礎思維出發，是很適合的起手勢，可用來統整初步的資訊。❶

當腦海中只有綠色的釋迦，以及臺11線道路旁一直延伸的釋迦園場景，這不足以讓專案經理想清楚該怎麼掌握釋迦是否能做酒。在這沒有頭緒的範圍之中，他需要一張由各種線索組成的藍圖。可用兩軸線來建立基本架構：一條是變動頻率，看是穩定或是易變；另一條是產業因素，看是受自然條件還是社會條件影響。藉此，就能建立一個系統性的四象限藍圖，協助歸納初步線索。

FOOTNOTE ｜ ❶
詳見第一章的「基礎思維」小節。

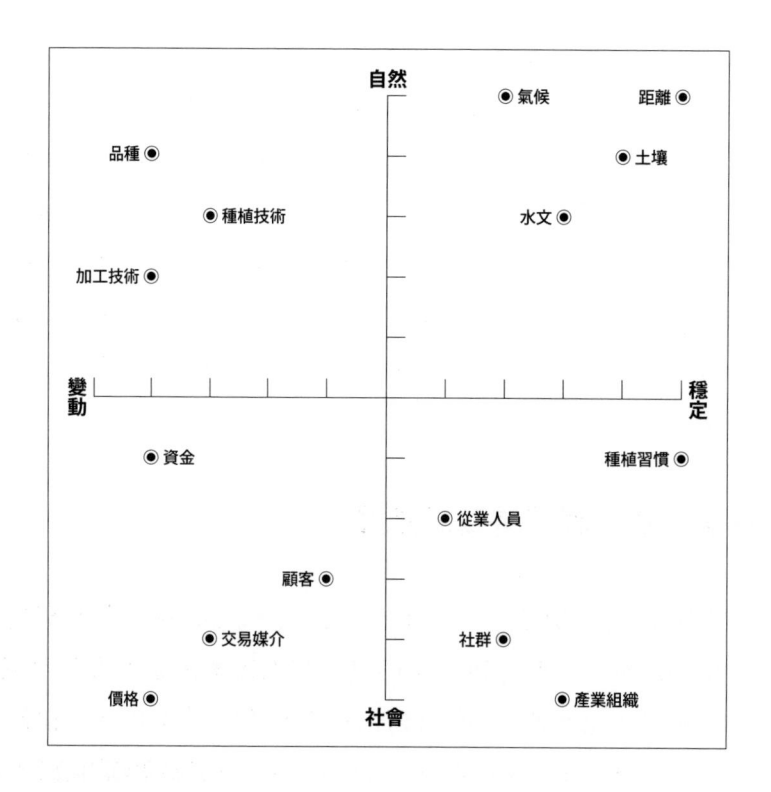

```
                    自然
        品種●         ●氣候    距離●
                             ●土壤
            ●種植技術    ●水文
     加工技術●

   變                           穩
   動├──┼──┼──┼──┼──┼──┼──┤ 定

        ●資金              種植習慣●
               ●從業人員
          顧客●
        ●交易媒介    社群●
     價格●                ●產業組織
                    社會
```

穩定的自然要素

　　有許多自然要素相對穩定，像是氣候、地理環境及距離等，這些很難在短時間內出現巨大變化，而且容易觀察，可以視為基本觀察條件。例如，地理環境會決定各種產業活動的尺度與範圍，以及資源的分布；距離則會決定產地、市場的位置，以及運輸通路的方式，這可以對應到「何時」（When）及「何地」（Where）的要素。

　　從釋迦的產地，就能觀察到許多穩定的自然要素：臺東位於亞熱帶地區，年均溫在攝氏 24 度以上，最冷月氣溫不低於攝氏 17 度，這樣的高溫提供釋迦樹可以全年種植和結果的有利條件。加上臺東雨量充沛，年降雨量超過 1000 公厘，雖然大多數雨量集中在七到九月間，其他時間則是乾季，但因為主要種植

地在地勢平緩的沖積平原，有多條溪流穿過，適合釋迦這樣習慣高溫且耐旱的作物，是十分有利的生長條件。

不過，臺東在夏季會颳起超過攝氏 32 度的焚風，導致釋迦容易過熱壞掉，不易保存；加上過去臺東因地形封閉而交通不便，無法快速將釋迦運出。因此，釋迦要成為產業，還有待其他條件的達成。

易變的自然要素

自然有許多難以改變的事物，但人類掌握物理、化學的知識，發展出特定的技術能力，是創造新產業或改變產業環境的關鍵。

我們常會把技術當成「怎麼做」(How) 的問題來看待，但是可以稱為技術的層面有很多種，最直接涉及到產業的，主要有生產、加工、保存及運輸流通等面向。人類會不斷發明與應用各種新技術，並影響產業的實質內涵。例如，雜交改良技術讓作物更適合種植或食用；冷藏與罐頭加工技術讓農產品食物可長期保存，也能在遠距離的地方銷售；使用更快速的交通方式則可以改善商品運輸的條件。

從以上的各面向審視，可發覺釋迦本身就是跨國多次技術改良與匯聚的成果：釋迦原產於熱帶地區，主要在南美洲及西印度群島，約在 17 世紀的大航海時代傳入臺灣南部，當時分為細鱗種和粗鱗種，果肉不多且帶澀感，長期只在庭園種植。但移植到臺東後，當地農民逐漸發現食用潛力，陸續培養出軟枝、大目、黃金、蓮花、青龍等新品種，以及農改場系統引進雜交的鳳梨釋迦。這些皮薄果肉大、口味偏甜的品種，就是現在的主流產品。

然而，新技術有其門檻（資金、資材等），而且改良的釋迦果因皮變薄果實變大，更容易受颱風及焚風摧殘。這衍生的問題是：為何臺東的農民能克服環境的困難，較其他地方農人更能掌握釋迦改良品種的技術？此外，市面上也有釋迦餅、釋迦冰等加工品，這些跟釋迦有什麼關係呢？

穩定的社會要素

個人的力量影響有限，但一群人集結起來做同一件事，就會形成集體的力量。我們常會問是「誰」（Who）在做這些事，但有許多產業的組成要素，像是專業能力、分工方式、產業組織、行話，以及共享的工作習慣等，並不只是個人的能力或身分，更仰賴長期的參與和訓練才能養成。因此，產業的關鍵在於社會環境，讓集體的力量塑造出個人的參與，這些較難從書面資料上判斷，而需要從社會特性來尋找線索。

臺東的地形零碎，原先不存在複雜的社會組織，去發展精緻的灌溉系統和糧食作物環境。直到日治時期，殖民官員為了打造適合移民開發的環境，投入許多經費和心力，推動土地拓墾、水利工程及農產營銷事業，建立以製糖工業為主的經濟農業體系；二戰後，國民政府在美國顧問協助下發展鳳梨加工廠，使得甘蔗和鳳梨等熱帶栽培作物相當普及。

正是在上述條件下，單一作物為主、整齊劃一的果園，便成為臺東的農村地景，也影響在地的農業組織特性：大多數農民具備種植單一熱帶栽培作物的經驗，仰賴糖廠、鳳梨工廠等組織提供的土地劃分、水源、作物推廣與收購，但當這些國家支持的農業組織衰退，農民就會偏好容易取得、快速獲利的誘因，而願意投入種植特定作物。

當臺東出現當地的釋迦品種，農民可從其他農友、產銷班等管道取得樹種，加上銷售價格不錯，很容易就成為選擇之一。但相對地，類似條件的作物還有鳳梨、香蕉、木瓜等熱帶作物，為什麼許多人選擇種植釋迦呢？我們還需要找出更多變動的要素。

易變的社會要素

產業中最頻繁出現的活動，大概就是怎麼做生意的方式。我們常會問「為什麼」（Why）是這些因素在引導產業的運作，但實際上這些問題有相當多的層次。交易方式可以是約定、契約、專賣等不同的形式，但可能造成不同的交易媒介、通路，以及會產生不同的價格與利益考量。

釋迦的利潤在 1980 年代之後高漲，這帶動臺東的農民大量種植的風潮。此變動與交通條件改善有關：1978 年中山高速公路通車與環島公路網形成後，一日單趟的環島公路運輸成為可能，農民不僅可以快速將釋迦運出臺東，避免改良後更脆弱的品種採收後受氣候影響變質，還可以用委託寄售的方式，將釋迦銷往中北部的都會區，只需要負擔佣金便不需要受批發商收購價格限制利潤，因此釋迦的利潤大幅度增加。延續到今日亦是如此，釋迦仍然以寄售或路邊零售的方式經營。

根據背景資料的初步整理，可以制定出田野調查準備的藍圖。這份藍圖其實是一份清單，可以分成兩個部分：一個是產業的資訊，搜尋現成的相關資料，用以評估對於調查對象的了解；另一個則是準備要帶入田野的問題意識，用來組織資訊提問。以專案經理的任務來說，想先知道釋迦果實的特性，還有要去哪裡購買，於是可整理出下列的調查藍圖。

因素	性質	資訊	進階問題
穩定的自然要素〔When〕〔Where〕	氣候	年均溫在攝氏 24 度以上，最冷月氣溫不低於攝氏 17 度。降雨量超過 1000 公厘以上，大多數的雨量集中在七到九月間，其他時間是乾季。在夏季會有颱風，以及超過攝氏 32 度的焚風。	臺東的氣候適合釋迦，但仍有各種生長的限制，農民如何克服？
	地理環境	主要種植地在地勢平緩的沖積平原，有多條溪流穿過。	水源對釋迦有何影響？
	距離	地形對外封閉，距離臺北路程約 350 公里。	如何克服運輸的問題？
易變的自然要素〔How〕	種植技術	陸續培養出軟枝、大目、黃金、蓮花、青龍等新品種，農改場系統引進雜交的鳳梨釋迦品種。	新品種釋迦與土種的差異，以及對產業的影響？
	加工技術	釋迦餅、釋迦酒、釋迦冰等加工品。	跟釋迦的關係是什麼？
穩定的社會要素〔Who〕	產業組織	當地沒有複雜的社會組織，缺乏精緻的灌溉系統和糧食作物環境。大多數農民仰賴國家組織提供的土地劃分、水源、作物推廣與收購。	這些生產聚落有何地理特性？
	種植習慣	農民習慣從農友、產銷班等管道取得釋迦樹種。	農民通常是什麼背景？
易變的社會要素〔Why〕	交易媒介	1978 年高速公路通車後，農民用委託商人寄售的方式，銷往中北部的都會區。	盤商與寄售的方式對於釋迦農的影響差異？
	價格	1980 年代釋迦果的價格利潤開始高漲。	釋迦利潤與現在相比？

這份表格中的資訊全部來自於報導、文獻及田野調查報告，雖然專案經理還沒去現場，但這些資訊足以讓他發展成一個系統性藍圖，了解釋迦及其產地特性。❷

FOOTNOTE ❷
詳細操作內容請參考第一章。

［備料：進入田野蒐集材料］

做完相關盤點、掌握系統性藍圖後，就要準備進到田野現場，收集產品所需的材料；而情報是否準確或足夠，還需要更多現場資訊來協助判斷有沒有符合主題或目的。

專案經理手上沒有釋迦也沒有酒廠，若想找到獲取這些資源相關的管道，就得去產業的現場探路。產業的現場可能有很多種，基本上可分成三種場景類型：生產與交換、加工與價值轉變、銷售與服務。

「生產與交換」涉及產業的源頭：地方的生產者如何種植、採集，以及如何與外界交換物資；「加工與價值轉變」涉及製作商品：加工者在工廠、工坊或批發市場內，如何將物資加工成更有價值的商品；「銷售與服務」則涉及各種市場裡出現的銷售，包括批發、零售與服務。

這些場景琳瑯滿目，生活中不見得會直接意識到，但進入這些現場，帶著問題意識訪談，了解相關人員的工作與想法，以及產業現場發生的事情，很快就能掌握想了解的內容。在釋迦產業中，三種場景分別是：果園、加工廠及銷售攤販。

場景	涉及議題	調查地點
生產與交換	氣候、地理環境、種植技術、習慣	釋迦果園
加工與價值轉變	距離、加工技術、產業	釋迦加工廠
銷售與服務	交易媒介、價格	釋迦銷售攤販

於是，專案經理便帶著他的方案，開始逐一拜訪這些地方。第一站是去釋迦果園。

現場一：釋迦果園

釋迦果園是適合觀察生產與交換的現場。果園通常在村落附近、農家旁邊，方便就近照料。果樹一年多產，需要配合產季，密集進行剪枝、人工授粉、套袋等工作，釋迦農往往全家投入勞動。若人手不足時，還是需要雇用工人，同村人是很重要的

來源，因為交通往來近、種植相關技術熟練；如果找不到同村的雇工，果農可能會找親友推薦鄰近村落的雇工。這些人背景接近，工作容易溝通，會比找遠地雇工更有效率，而來擔任雇工的人也有機會增加額外收入，就不用特地到外地工作。當然，還有專業分工，像是能夠指導農藝技術的專家、協助產銷的農政單位等。專案經理從產銷班問到幾位果農，並跟著這些果農到他們的果園察看。他發現經營一個果園得下不少功夫與花費，包括新種苗、肥料、農藥、紙箱這些生產工具，以及在果園裝設照明燈及灑水器等農用設施，乃至於裝貨、租借車輛運送器具或農產品所需人工費用，累積的開銷相當驚人。所幸釋迦農大都住在附近，彼此之間互相照應可以節省不少花費，這個互相幫忙的人際關係就是產業的網路。為了維持這個網絡，工作之餘，大家在農作物收穫時會一起吃飯，協力彼此的婚喪喜慶，以及參與廟宇的祭祀，長期累積下來就會形成生產的默契。

現場二：釋迦加工廠

專案經理找到一些願意供貨的果農，但他訂購的釋迦數量超過他的預期，扣除製酒所需後仍會剩下不少庫存，這讓他傷透腦筋。他問同行，得知釋迦大多運送到市場去賣，但也有一些送入加工廠，製作成冰棒、冰淇淋或糕餅餡料。這讓他留意到「釋迦的加工」本身就可能增加一些額外的效益。由於臺東釋迦的價格偏高，很少有果農做成加工品，但他把手上多出來的釋迦提供給有剩餘產能的加工廠，這些加工廠很高興多了一些訂單。而對專案經理來說，他能多帶些釋迦冰、釋迦餅等產品，當成伴手禮組合送給顧客或是銷售。

對於釋迦農來說，當產量過剩，多餘的釋迦送去做加工不僅增加利潤，也有助調節產量；加工廠則是為了發展品牌特色

而增加口味,有條件地採購釋迦來加工。然而,由於缺乏處理釋迦削皮、去種子等問題的專門設備和技術,加工過程有賴人工處理釋迦取果肉,消耗成本過高,使得加工廠無法大量生產相關產品。

　　從釋迦的案例中,可以收集到不同產業鏈位置的觀點,生產者與加工者顯然有不同考量:對生產者來說,農產品的價格可能受品種、甜度、產地、產品稀有度等影響;但對加工者而言,原料的穩定、加工的成本,才是決定投入技術升級與生產數量的主要因素。至於雙方能否相互配合,讓農產品進到加工階段,便需要進入田野現場觀察,掌握彼此的關係。

現場三:釋迦銷售攤販

　　在臺東市區以及交通方便之處,很容易看到釋迦的銷售地點,像是省道旁邊的攤販、市區的商店等,這些地方容易發現、人潮眾多,因此不需要特別的行銷管道。有個曾經出現在臺東網路社群的故事是這樣的:有位外地人來臺東想要買釋迦,走到攤販前看到沒有標示價格,於是開口詢問老闆,對方卻回問說:「你開什麼車?」這讓外地人感到不舒服,於是上網抱怨攤販大小眼。然而,出乎意料的是,當地網友留言回應多是指責外地人不懂行情。在路邊銷售的模式中,攤販從顧客車輛型號,可以側面探聽是熟客或嚐鮮客,以及是否曾跟周圍攤販詢價等訊息,以此來決定優惠空間,並不是要把顧客當大肥羊來宰。

[臺東茶葉的加工故事]

　　基本上，臺灣最常見的加工農產品是茶樹。茶與釋迦主要的差別是，茶菁無法直接使用，勢必要加工成為茶葉，或是沖泡成茶飲料，這使得茶樹種植也被納入製茶過程的環節。例如，鹿野高臺的茶廠曾因為政策需要，多次改變製茶過程，連帶影響原料和技術方式。最早鹿野以生產外銷的紅茶為主，主要種植印度大葉品種改良的茶種（俗稱阿薩姆紅茶），並運用日本生產的製茶機械製茶。

　　但隨著紅茶外銷市場衰退，政府便介入其中，扶植國內流行的烏龍茶。由於烏龍茶需要半發酵的人工技術，於是由西部茶鄉掌握烏龍茶製茶經驗的家族式茶廠開始落地發展。1982 年，時任臺灣省政府主席的李登輝將鹿野烏龍茶命名為「福鹿茶」，日後也隨著李登輝成為總統而熱銷。鹿野的茶廠接受官方命名，同時以茶廠的技術為主，當地的茶園紛紛改種金萱、翠玉等茶廠改良的小葉茶種。

　　後來，隨著政黨輪替及開放中國茶葉進口，福鹿茶銷量萎縮，加上茶園的水土保持問題，茶廠的原料與銷售都大幅縮減，於是當地茶廠又另尋出路，改製作發酵度較烏龍茶高，發酵度 80% 以上的新式青茶，命名為「紅烏龍」。由於紅烏龍可以使用非當季的茶菁，加上製程標準化，讓茶廠擁有原料上的彈性，得以克服茶菁減少的問題，並且改製作茶餅、茶糖各種附加產品，增加其他收益。

這則軼事顯示釋迦的銷售特色：釋迦因其果實體積大、不易冷藏和加工，以及交通偏遠等限制，不利於制定標準的銷售管道，造就了價格高度彈性，撐出買賣雙方討價還價的空間，常買釋迦的民眾依此來找尋喜歡的攤販，攤販也由此建立自己的生意網絡。不過，市場是多層次的體系，產地的攤販只是一個交易量能有限的起始點；相較之下，臺灣西部的都會、城鎮還有消費量更大的超級市場、大賣場等。這涉及到上萬噸釋迦的交易與運輸，需要一套市場秩序去安排，關鍵在於交易方式。在釋迦的案例中，農會的經銷合作社制定出不同的價格等級，也影響了釋迦的品種類型。

　　專案經理決定將一部分的釋迦酒及伴手禮盒在臺東銷售，好讓顧客感受到自家的酒是來自釋迦產地的正宗商品，但是臺東當地要怎麼銷售卻是個難題。經過調查後，他選擇找當地連鎖超商合作，透過超商的促銷廣告提升產品的品牌印象，讓當地人和觀光客都能接觸到這項新產品。

　　無論產品的質地如何，消費者的感受才是行銷上的關鍵。釋迦本身的香氣不突出，加工產量也不大，因此更需要創造各種感受管道來增加銷量。前面提到的釋迦冰、釋迦餅、釋迦羊羹、釋迦酒等產品，便發揮一定的行銷功能，增加消費者的體驗，進一步提升接受意願。而在資訊爆炸的當代，有更多元的傳播管道，諸如網路廣告宣傳、新聞媒體報導、門市促銷活動、農產商展等。事實上，這些相關資訊很值得整理起來，可以藉此看出商品與人之間，怎樣透過各種描述、重新安排及呈現，將物品內化到消費者的意識，甚至構成個人生活的記憶與體驗。

定位：設定節點與找出系統關聯

經由產地、加工廠及銷售點，的確可以把龐大又分散的釋迦田野現場串起來，但在精力與時間的限制下，仍需設定調查的範圍，理想上應該包含各種產業脈動的現場，這些會橫跨在產業結構的許多位置上，藉此可看到各種關鍵的資源、商品及利潤如何運作。上述的產業結構有助於判斷，需要找出的資料節點是在哪些具體位置上。

設定田野的節點有點像是猜謎遊戲，要從一次又一次的探尋中找出線索，將調查的工作鎖定在更精確的範圍，提高找出關鍵資料的可能性。這些節點可能是某個產業的一環，或是某項例行性的工作，甚至是特定的團體或關鍵報導人。例如，若想掌握某村落的農業生產情形，可能會把節點放在某位產銷班的重要成員、主要雜貨店的老闆，或是擁有最多耕作土地的村民等。

檢視產業系統如何運作時，這些節點有助於釐清手邊材料的情形。在調查過程中，會經手許多材料並持續判定：材料是否符合品質要求、數量是否足夠；在做各種資料紀錄時，也會考慮這些材料的狀態及使用方式。產業的田野調查必須有明確而真實的目標，不僅是描述上真實，還要找到其他比較對象，可能是另一個類型的模式、同產業的今昔差異，或是其他地方的產業。

專案經理的產品企劃案就是產業調查的藍圖，其中包含各種生產、加工及交易的現場、合作的商家與個人經營者，以及價格、人力、成本、原料等要素，這些都是為了特定的商品目標，也就是能夠獲利的產品，所勾連出來的系統。因此，調查範圍先集中在主要原料釋迦本身及產地的特性，接著注重從產地、加工到市場的運作方式。

前面提及的產業因素與產業結構，有助於組織產業發生的各種內容，以接近真實的樣貌描述出來。這些結構的環節中，有許多場合、工作、內部規範及物理性的細節，可用系統列表加以組織，討論產業系統本身與外部系統的關聯，更完整掌握產業如何運作。

系統網絡	產業聚落	產業的運作方式與當地自然環境或聚落居住空間的關聯是什麼？當地資源與產業的關係為何？資源條件改變如何影響產業聚落的型態？
	產業工作者組成	產業的經營者、勞動者是哪些人？他們之間如何分工？如何分配利潤？除了工作，他們還有哪些社會連結？
系統脈絡	產業變遷	產業的出現，大概是在什麼時間點？各種勞動的作息如何安排？是否有時節變化？技術和運輸如何改變產業的勞動安排？
	技術發展	產業採用什麼技術？產業選擇這個技術的原因？技術改變是否影響產業的組成？
	政府、媒體與公眾	國家、地方政府對於該產業的態度為何？是否有法律規範或補助影響產業？媒體宣傳是否影響產業的狀態？一般民眾對該產業的觀感態度如何？是否影響產業的發展方式？
系統動力	產業利益	如何維持產業的利潤？利潤以外仰賴的價值為何？
	參與動機	什麼原因使得產業在利潤有限下，產業工作者仍然有意投入下去？

［原型測試：掌握讓結構動起來的關鍵］

走過前面的各個階段，已足夠準備描述地方產業的面貌，最後需要做的是「解釋」這些現象，說明產業與地方休戚與共的成因，勾勒出地方產業的樣貌。換言之，要為產品運作做暖身，找出讓調查工作發揮作用的「產品測試」。

經過藍圖盤點及列表整理，加上建立各種現場，並且連成一個系統後，大概有幾個放在心中的判斷，可用來解釋看到的各種事情。像是判斷哪些人與資源的條件能扣連起來、產業當中各種變動與不變的因素等。但如何把這些線索變成產業的觀察，還需要一些組合起來的黏合劑。

[池上米與釋迦的比較]

　　相較於釋迦直接體驗水果的口感，池上米的體驗來自於便當。二戰後，李約典、陳雲夫婦開始在池上車站月臺販賣竹葉包飯糰；到 1960 年代，竹葉飯糰改為竹片盒包裝，搭配肉乾、炸物和醃蘿蔔乾等菜色，廣受歡迎，形成大家熟悉的「池上便當」。池上便當使用池上米和池上大坡池的菊池氏細鯽等漁獲當配菜，但 1970 年代之後，大坡池環境改變不再適合漁撈，池上米成為便當中唯一元素，強化「池上便當用池上米」的意象，大幅提升池上米的商品地位。

　　在 2004 年池上農會推動產地標章後，池上米開始以小型包裝在農會超市、量販店乃至於網路上銷售，售價明顯比其他產地的稻米更高；連帶其他米加工品，只要是使用「池上米」為賣點促銷，包括米餅、麻糬、牛奶糖、爆米香、米蛋糕等製品，在價格上也比同性質的產品略高。

這些稱為「黏合劑」的因素，可以是促使人們行動的理由，或讓事情發生改變的因素。各項調查中的「黏合劑」不盡相同，這可能是當地傳統產業能夠持續的原因，或讓地方特產品炙手可熱的因素，或者是自己手上的產品如何獲利維持生計。以專案經理的例子來說，他想找到的「黏合劑」是讓人願意認同釋迦酒這個少見的產品。

雖然這些「黏合劑」不盡相同，但以產業來說，還是讓產業當中某個結構動起來的關鍵。直觀上，產業的存在脫離不了經濟誘因，尤其是商品的價值以及交易帶來的利潤。但扣除掉計算利益的理性，地方產業對價值的考量方式經常包含許多看不見的非理性因素，尤其是歷史與記憶，以及體驗與情感，經常是決定讓投入資源長成什麼樣的「隱性黏合劑」。

歷史與記憶

集體記憶經常是讓不管距離多遠的人們聚在一起參與產業的因素。地方社會的產業大多仰賴家族與鄰里成員提供勞動、資金及技術的支持，這種內部的感情維繫，更因為經營者與從業人員的共同參與感，讓產業往往充滿各種歷史與故事。

臺東釋迦流傳最廣的故事是有關剪枝技術：據說有次威力很強的颱風打斷許多釋迦樹的枝條，讓釋迦農損失慘重，但有農民也發現釋迦樹的修剪口已經發芽，之後就開花、結果實，該年的收穫量反而增加，於是誕生剪枝來做產期調節的技術。另外，有些故事有具體的人物：釋迦農黃振襲在自家果園中意外發現大目釋迦種，並將果苗推廣開來；斑鳩產銷班班長吳文耀研發出釋迦果肉製成冰品的方式，還登上總統府國宴菜單。這些故事呈現出釋迦果產業的面貌，像是農民觀察和自主研發，掌握時間推動新技術的進取精神，創造出產業商機。

> **［荖葉與釋迦的比較］**
>
> 在臺東，與釋迦種植地區接近重疊的荖葉及荖花，與檳榔產業有密切的關係。然而，由於長期嚼食檳榔容易造成口腔癌等慢性疾病，加上部分檳榔攤經常有掛勾黃、黑產業的印象，致使荖葉長期汙名化，甚至導致政府以「不鼓勵、不輔導、不補助」政策，消極抑制荖葉的發展，荖葉因此難以進入加工、量販及一般零售市場。不過荖葉跟釋迦一樣，都流傳著因從事該產業而快速致富的說法，吸引缺乏替代產業的農民，以兼職投入其中。

在地方產業的故事中找到認同的記憶與相關報導，有助於勾勒當地產業的樣貌。釋迦是原生於美洲大陸及西印度群島的植物品種，隨著歐洲殖民者渡過太平洋，移植到臺灣南部數百年後，才引進臺東種植。然而，這段漫長的歷史記憶早已為一般人忘記。大多數的故事都集中在臺東農民如何改良品種，發展出大規模種植技術的過程，加上新聞也會報導農民如何靠釋迦創業成功的故事，釋迦因此轉變成許多人理解的臺東農特產品。從這情形可以看到，產業的傳說、歷史及人物事蹟，雖然不見得有辦法辨識其中成分的真實性，但當成當地產業結構的密碼，呈現產業不為人知的樣貌，也反映著地方社會的實際情況。

體驗與情感

每個使用者都有其商品體驗，以及長期使用所累積的情感，使得個人與各種產業之間產生看不見的認同與連結，而地方產

業是生活中的必需品，也最容易發生。尤其是食物料理，因為日常接觸，加上食物氣味、口感刺激，難免對個人產生強大的體驗感。釋迦含有大量的糖分和蛋白質，具有強烈的酸甜味，果肉呈綿密狀，會產生強烈的體驗認同，喜歡吃釋迦的人很喜歡吃，不喜歡的人便不喜歡。

然而，對於商品的體驗與情感不完全基於個人的喜好，也出於個人對身分、地位、財力及展現品味的考量。臺灣人買釋迦自己食用的分量有限，當成贈禮、祭祀、公司福利品的目的較多，這顯示人們將釋迦當成紀念品，其消費主要考量是個人的社會地位與關係，而不全是自身的喜好。因此，釋迦被當成臺東土產行銷，在臺9線及臺11線上處處可見釋迦的標誌，許多人覺得來臺東時總要買一些釋迦回去送親友同事，好作為自己來過這裡的證明。

[強調獨一無二體驗的地方產業]

臺東境內有許多無菜單料理餐廳，這些餐廳大多地處偏遠，也沒有積極的廣告宣傳。無菜單料理的價位大都是一般在地餐點的三到十倍，顯然不是多數在地人願意負擔的消費。但強調在地的食材及獨特的料理，吸引了來自外地的饕客。類似的還有登山導遊、森林導覽體驗等。

這些體驗產業主要利基在壟斷特定的體驗過程，強調的是有特定能力的消費者才能享受到服務。這些特規產品使其消費者也相當特別，要掌握特定的訊息、擁有足夠的時間、使用特定的交通工具或具備預約的運氣，才能消費得到這些服務，花費反而是其次。

我們可以找到許多釋迦產業的記憶，以及體驗的內容。像是釋迦農之間流傳著一些農民種釋迦而致富的「綠金」故事，讓農民願意將農地改種釋迦，投資燈具等不同的器材，並且和家人花許多時間投入修枝等工作。而釋迦是海外引進的水果，但是當地農民發現新品種的故事，以及各種獨特的技術發展，有助於「它」成為臺東的特產。至於釋迦是否好吃，每人感受不見得相同，但連結釋迦冰、釋迦酒、釋迦餅等故事，也讓釋迦的風味傳播開來。

［結語：走進地方產業的世界］

我們走過一趟地方產業的調查，從藍圖盤點、材料比對到產出成果。在這過程中，從既有的文本資料中找出產業的因素，在田野現場的結構中找尋報導人與材料，再將歷史與記憶、體驗與情感的面向放入分析中，一步步把資料堆疊起來，建立一個測試原型。在專案經理任務告一段落後，可以停下來思考，這個調查跟自己想做的事情有什麼關係。

其實只要靜下心來看，就可以從調查中發覺，這些產業宛如地方社會的縮影。臺東的知名產業──無論是釋迦，或是其他的茶、池上米及茗葉──就如許多地方社會的情形，存在各種社會組織與規範，這些大都非文字或法典記載，而是仰賴人情流傳，依靠地方的人際網絡才得以運作，這通常是外界最難參與的部分。產業的田野調查有助於反思這過程，並看到支持其存在的各種理由。

臺東各個不同產業有著許多共同的特性，反映臺東作為邊陲社會的特質：由於當地缺乏可替代的收入來源，許多人難免抱持放手一搏的心態，把手上的資源壓在特定的產業上，以求短時間內創造出榮景。釋迦在臺灣西部種植的歷史將近四百年

卻乏人問津，但在臺東卻於四十年間發展成為年產量以萬噸計的重要農作物；同樣地，荖葉在西部因為與檳榔產業關係密切而被汙名化難以發展，但由於不錯的現金報酬，因而遍及整個臺東平原的河床地，並發展出獨有的交易與配貨方式。

邊陲社會的特性，也反映在商品與地方意象的連結上。由於臺東的運輸成本高，不利於跟外地同商品的價格競爭，本地商品常是強調地方的風土民情，創造出以「異地情調」為行銷方式。像是池上米當成產地品牌，在稻田上舉辦演唱會，或釋迦作為臺東特產，把釋迦當成地標，都可以看到這種把景觀、族群、在地文化聯繫的特性。這也反映在地方的無菜單料理，強調餐廳的景點及菜單上「看不見」的食材在地性。

這些產業雖然發展出規模，但由於非仰賴一般穩定的供銷管道，總是充滿各種天災和市場價格波動的風險。釋迦在中國市場關閉後面臨銷售上的困難，荖葉的產量則是在尼伯特颱風吹垮大多數棚架後快速萎縮。由於民間沒有形成有力的組織，欠缺提升銷量的方法，加上缺乏貸款資金的支持，這些產業最後往往面臨內部轉型的困難。於是很多產業迅速衰退下來，接著下一波產業波動，可能又會造就新的產業迅速擴張或取代。

臺灣的地方產業過往大多是海外貿易發展的結果，政權的更迭使得地方產業要不斷適應母國與對外關係的重組，近代則是隨著國際關係的起伏，影響世界貿易網絡連結的能力。如何將這些不同時代的變遷經驗與現狀連結起來，找到新的商機，其實就是產業調查的關鍵。身為地方工作者，我們可藉由田野調查來找出地方產業的出路，讓我們不斷思索各式系統的可能性，並看見自身實踐的位置與機會。

CHAPTER 10

開啓奇幻世界的儀式：地方信仰調查方法

吳宗澤

FOOTNOTE | ❶
該年埔里作醮的正式全名為「南投縣埔里鎮庚子年祈安五朝清醮大典」。「南投縣埔里鎮」是醮域，是該法會作用的空間範圍和與之相關的人事共同參與的邊界，由三十三個里長收取丁口錢，以埔里鎮的居民參與為主，是要求遵守茹素禁忌規範的對象，甚至異鄉遊子也會共同遵守；「庚子年」是舉辦的時間，該醮典十二年一次，每逢「子」年就會作醮；「祈安」揭示著該法會的目的，祈求民安、地方清安；「五朝」意味著辦理五天的時間，數字以陽數為基準，其他地區有三朝醮、五朝醮和七朝醮等；「清醮大典」是指辦理道教科儀法事的形式和內容，其餘常見如慶成醮（新廟落成）、瘟王醮（驅逐瘟疫）等。

埔里位在臺灣內地的中心點，其盆地地形在風水上稱作蓮花寶地或聚寶盆，作為一個移民社會，吸納了不同時期的民間信仰，小到聚落內有各自的信仰中心，同時多設有土地公廟，劃出聚落的邊界，大到有全臺地母信仰中心的地母廟等。埔里鎮有三十三里，卻存在四百間以上的廟宇，真是一個充滿眾神的地方，當中最具特色的莫過於「九月瘋媽祖」的慶典，在一個不靠海的地方，因旱災緣故，媽祖轉變成為保佑風調雨順的豐收女神，也成為埔里人共同的地方信仰。不僅如此，更有十二年一次的祈安清醮，是埔里人共同的生命經驗。本章要介紹的是如何從事地方信仰調查，但先讓我們身歷其境，再開始說明。

那是 2020 年冬天，埔里再度迎來十二年一次的「祈安清醮」，❶ 此次恰逢一百二十週年，格外盛大舉辦。居民更加期待著，一邊互相提醒、寒暄（是第幾次參加做醮、又要吃素一個禮拜），一邊著手準備籌備事宜。在醮期內，鎮民需要全面投入「齋」的

狀態，身、口、意都要保持清淨；同時，也要遵守封山禁水的規範，不可砍伐採集、打獵捕魚，嚴禁一切傷害生命和犯罪行為，以誠摯的「清」心，迎接神明的到來。

在醮典前兩個月，大家開始清掃家門，高掛著八仙彩並張貼符咒，掛起一盞盞紅燈籠，亮起整個城鎮不同的氛圍和夜色。到了公告齋戒茹素的前夕，許多家戶與店家就會進行廚房的清潔，不只是去除髒污，更要移除一切葷食的醬料食材（連麥當勞都只賣薯條），並且清洗、擦拭所有的食物容器與用具（餐具、冰箱、鍋碗瓢盆），嚴謹的人還會清洗烘乾兩次，再再展示對醮典的重視和對神明的誠意。

在發布齋戒、封山禁水規則之時，東西南北中的五柱醮壇早已就位，並隨著中壇燈篙豎起，家戶紛紛點起古仔燈，為期五天的祈安清醮法會即將開始。當吉日子時一到，總理團、東西南北的正副柱首、各斗燈首們，全部集結在中柱的恆吉宮媽祖廟，與執行科儀的道士群，一同執行起鼓奏表上蒼的科儀。最後，眾人共同注視著騎馬紙人燃燒起來，陣陣白煙向天空飄去，象徵著快馬加鞭向天庭傳達眾人的祈願，意味著醮典正式開始。

［起鼓奏表上蒼最後燃燒騎馬紙人的儀式］

上述案例顯示，醮典作為共同生命經驗對埔里人的重要性，以及背後隱約顯現的世界觀。可以從儀式慶典的基本流程加以解析：醮典前，由日常生活轉入籌備過渡，整個埔里鎮都動起來，從外在環境（打掃、清潔、布置）到個別鎮民的內在狀態（身、口、意之清淨）都要加以調整，並且仔細小心地處理，才能迎接神聖神明的到來；進入醮典，是一系列的儀式，不僅再現埔里的整體社群，也勾勒集體精神世界的輪廓——整體埔里分成東西南北中五大神聖空間，其中以中間位置最為神聖，在此舉行主要儀式（豎燈篙、起鼓奏表等）。

　　我們可以看到，儀式推動著信仰的運作，而禁忌與象徵貫穿儀式的序列：無論是各層級社群的參與、各廟宇的串連乃至慶典的推進，都會以某種狀態或符號進行整合與互動。接下來以此為主軸，說明如何著手地方信仰的調查，以認識地方作為總體的樣貌。

［宛如閱聽奇幻作品的地方信仰調查］

　　本章所談論的信仰，不只是宗教，更側重特定人群看待世界的整體方式與意義來源，攸關乎生命終極問題的解答，告訴人由何而來、因何而去，是地方社會運作的前提與架構。在臺灣，漢人社會多以「民間信仰」稱之，地方社群通常擁有特定主神（觀音、媽祖、關公、王爺、三官大帝、三山國王等）；原民社會原本多是泛靈信仰，相信祖靈與自然界的神靈擁有特別的力量，可以影響吉凶禍福。當然，臺灣各地也不乏改宗基督教的案例，或原漢混合的狀態。但無論如何，地方信仰都在提供社群共同體「如何成為良好成員」的解答。

　　信仰是一種宇宙論，運作規則涉及世界觀、價值觀等抽象概念，增強或限制社群成員的內在狀態，凝聚成特定的象徵，

由物質的形狀、特性所承載，並且在儀式中展演，藉此與看不見的精神世界聯繫。而上述過程恰似奇幻作品，兩者都有宏大的世界觀、特定的時空脈絡、事物運行的設定等。在當代，比起某個庄頭的神明或原住民的圖騰，年輕人可能更熟悉大型奇幻IP，像是《星際大戰》、《阿凡達》、《沙丘》、《魔戒》、《冰與火之歌》、《哈利波特》等作品，箇中角色在這些背景下演出各種動人情節，引人入勝地進入所屬的世界。

這些奇幻作品會對現實產生影響，正如同信仰價值之於社群成員，例如，2024年臺中捷運隨機傷人事件中，英勇反抗行凶者的乘客，就是認同動畫中勇者的作為。不可諱言，現代多數人的生活已不完全由信仰壟罩，而在流行文化中，這些奇幻世界也會用宇宙（觀）稱之，兩者的確有不少異曲同工之處，所以為了方便理解與操作，本章將使用「奇幻作品的解析」作為比照說明，以此角度切入地方信仰的調查，讓讀者可以探索另一個令人著迷的世界。

閱聽奇幻作品，最過癮的是進入一個栩栩如生的龐大世界，在其運作規則下擁有特殊能力，開展獨特的旅程；而要進入情境中，就需要相關具體的事物、道具、場景，才能讓人沉浸於該世界。本章就以此方式來類比，如何進行地方信仰的調查，一起進入臺灣地方的多重宇宙。簡言之，就是將各式信仰對應為某種奇幻作品，理解其設定並探索如何運作。

信仰是看不見的精神世界，但由看得見的物質世界呼應，藉著有形來指涉無形，將看不到的機制轉為看得到的事物。就奇幻作品而言，是用文字、影像一步步鋪陳刻劃，展現背後龐大的體系；奇幻作品的精要，不只是氣勢磅礴的史詩戰役，更有平凡的日常互動，彼此互為表裡，才能建立出完整的世界觀。因此，對應到地方信仰，就是要將之「文本化」來進行閱讀，❷將其視為如奇幻作品一般，有其運作的基礎架構和特定規則，

FOOTNOTE | ❷
文本化是指將觀察到的內容視為一種承載資訊的文本，並用閱讀的方式來進行解讀。

以情節打動人心；其中，最重要的是，透過「日常」與「非日常」的架構打造完整的世界。這正是理解地方信仰的關鍵。

　　日常就是一般生活中的吃喝拉撒睡，屬於世俗層面；非日常則是與無形世界的互動，屬於神聖層面。基本上，神聖與世俗對應地分布在非日常與日常，是一種光譜或比例關係：在日常生活中，世俗占比高、神聖占比低，多數是工作、吃飯等世俗活動，但還是有些神聖時刻（早晚到廟宇上香或週末到教堂做禮拜），就需要特別整理儀容或虔心敬獻再進行；在非日常生活中，神聖占比高、世俗占比低，例如慶典時社群一直進行歌舞、吹奏、扛轎等活動，人仍然要維持生理機能，但往往都會壓縮、簡單處理。

　　社群的節奏就是由日常與非日常的樣態交錯而成，要以兩者為基準點來掌握地方信仰的樣貌，並依照不同階段進行調查，分別是：日常、非日常（籌備、慶典及回歸日常）；這也是地方信仰的狀態序列，日常比較靜態單純，非日常比較動態複雜。對應到奇幻作品的解析，要先理解該世界的基準設定（日常生活），並了解各種類型群體的特質（調查對象），最後總覽不同階段場景的運作方式（籌備、慶典到回歸日常），就能整體掌握一個瑰麗的體系及動人的情節。

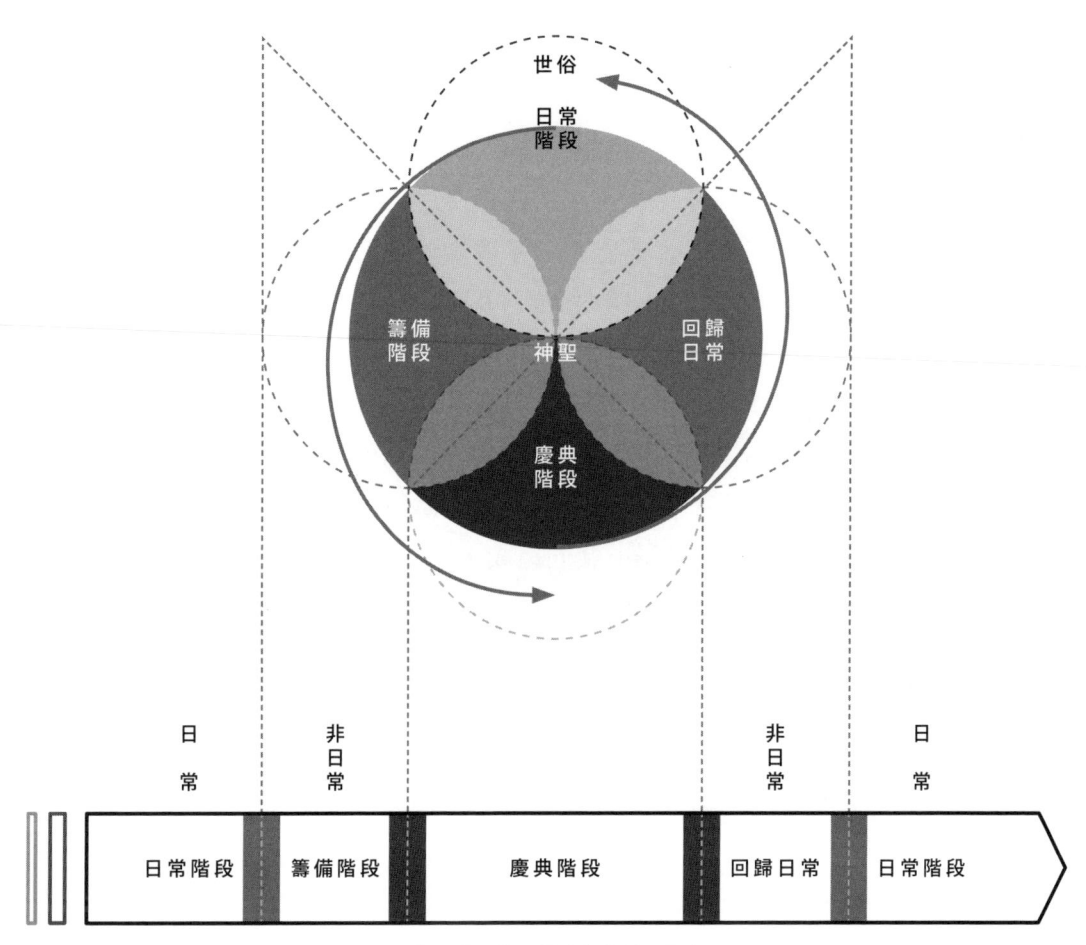

[日常—非日常階段的循環圖]

[認識日常的地方信仰]

神聖空間的所在

　　探究日常生活中的信仰，首要確認的是神聖空間之所在；對應於奇幻作品，神聖空間如同絕地聖殿、九又四分之三月臺等特殊空間，如果進行接觸，就能引發不可思議的力量，帶動讀者認識奇幻世界如何運作。而在地方，神聖空間往往是神明或祖先的居所，也被視為崇高、有特殊力量的場所，是具備神聖性的空間。神聖空間通常不只一處，也有大小遠近的區別，由地方的信仰中心以及其他神聖場所共同組成。

　　一般漢人村莊常見有：公廟、土地公廟、五營、萬善祠等；原民部落常見有：祭場、祭屋、結界或神聖標記等。這些空間之間往往是有機的連結，分布是有脈絡的，是基於社群對地方整體的概念而安排。❸ 例如，信仰中心一般出現在聚落的核心地區，以求庇護居民；萬善祠或大眾廟會出現在聚落的邊界，安撫無名之魂並化解生者的焦慮；土地公、五營兵將等不同專責的神明各有其管區（土地、水系或交界），連同整體建立起地方的空間秩序。❹

　　因此，神聖空間座落的位置，通常和聚落的意識有關。延續開頭的情境，在非醮典期間的日常生活中，確認聚落內的神聖空間分布，就能初步勾勒其精神世界輪廓。❺

神聖空間的脈絡

　　聚落內的神聖空間並非均質的，有其不同的位階、特性及由來，要從區域的時間與空間面向來探索，才能將信仰放回其地方脈絡中來深刻理解。

FOOTNOTE | ❸
最常見的例子莫過於漢人的風水觀念，聚落內的每一座墳墓、三合院及大小廟宇之間都是連動關係。

FOOTNOTE | ❹
一般來說，漢人的土地公（伯公）是神界的基層公務人員，與民眾生活息息相關，位置通常座落在最早期開庄的位置，或出於防衛的目的，而座落在村莊的頭尾處，也就是村落範圍的邊界出入口，以保庇整個村莊的安全。

FOOTNOTE | ❺
神聖空間的方位也有其用意，基本上對應於宇宙觀，是居民面對風險或尋求庇佑的方位。例如，客庄的水神伯公常座落溪邊，且面對溪流的方位，希望伯公能調節溪水以利灌溉，又不會遭致大水氾濫。又例如，金門、澎湖與嘉南平原一帶的廟宇，普遍都有設置「五營」的文化，由廟宇的神明招募地方的孤魂野鬼，擔任神兵神將，設置在聚落的東西南北中五個方位，負責保衛村莊的安全，唯有在五營所框出的聚落範圍內，才是居民心中真正的庄內，出了五營的範圍外都叫庄外。

FOOTNOTE | ❻
可參考第二章「循環時序」的相關討論。

FOOTNOTE | ❼
地方信仰中有鸞堂信仰，具備儒家與道教的色彩，多半具有教化功能，不少長輩會在晚上前往鸞堂集會，學習讀書寫字，而在特定的時間，也會進行神明降筆的儀式，神明透過文乩降下詩籤，傳達神明的旨意。

FOOTNOTE | ❽
地方信仰中心俗稱大廟，是多數地方人逢年過節特地去參拜的大型廟宇，通常是區域的信仰中心，也是大部分地方民俗節慶的核心。

FOOTNOTE | ❾
信仰圈是指一個地區有共同信奉某神明及其分靈的情況，圈的尺度通常會以鄉鎮地區為尺度，甚至超出。

一、時間節奏：在日常生活中調查信仰，時間節奏是重要切入點。從不同時間週期切入，可看到在地多元豐富的信仰樣貌；雖是同一批居民，其信仰儀式的實踐方式與內容因時序有所差異，可用日、月、年與多年的週期來討論。❻

以日來說，最簡單的例子莫過於家裡每日對祖先、土地公上香，或是路過廟宇時脫下帽子鞠躬；以月來說，一般村莊常見初一、十五拜土地公或是特定日期的神明辦事服務；❼ 以年來說，重大節慶多是一年一次，像是過年、神明生、刈香等；還有數年一次的祭典，如大型繞境、輪庄祭祀等，通常儀式舉行的區域更大或歷時更悠久。

二、空間尺度：進行地方信仰的調查，除了見樹（各個神聖空間），也需要見林（神聖空間所屬的更大區域尺度）。❽

將原先庄頭小廟的信仰放在地方的脈絡中，就能突顯其深層的地方信仰，看似不同的聚落信仰，卻同屬於某位神明的信仰圈，❾ 如埔里鎮的媽祖信仰、東山地區的佛祖信仰、西港地區的王爺信仰、西拉雅地區的阿立祖信仰、新竹客家地區的義民爺信仰、原住民地區的祖靈信仰等。

當區域的大小廟宇之間形成合境，就整合成更大的信仰圈，以庇佑該地的信眾。原本只是地方的小廟，也會因為合境的關係，成為周邊區域民眾的參拜對象。換言之，信仰圈和信眾是一體兩面的描述，當掌握一個信仰中心都是哪些人來參拜，就會知道聚落、周邊鄰里或各式尺度下的信仰中心。

總之，神聖空間會交錯在不同的時空尺度之中，最終落實為地方的神聖節奏，成為居民社會作息的一部分，並逐步建構其精神世界。

神聖空間調查

　　掌握神聖空間在地方的時空分布後,接著要來探索內容,考察空間內部事物的脈絡與網絡,❿ 基本上分為三個主題:空間配置、神聖體系及周邊事物。

FOOTNOTE | ❿
脈絡與網絡的思考請見第一章。

一、空間配置:先從神聖空間的整體感受開始。神聖空間會透過其配置傳達特定氛圍,無論是空間前後高低的安排、器物擺設方向的順序等,都會帶給人不同的感受。例如,漢人廟宇常有前殿、後殿的層次差異,通常後殿的神明位階會越高,顯現民間信仰的體系;西拉雅族的公廨設立於茅草屋中,以祭壺內的水作為神力來源,保持通風乾淨且明亮的特質。在不同的神聖空間,就能感受到不同信仰之間的差異。

二、神聖體系:應將神聖體系視為社群成員如何理解精神世界的運作方式。事實上,這是一個「演進」的過程,伴隨著地方社群、時代的軌跡而有所變化,看似完整卻是逐步開枝散葉的過程,以下從其發展歷程來說明:

　　主神的存在是神聖體系之首,之後才環繞開展其他神靈與廟宇周邊。主神作為社群信仰的核心,是社群集體信仰的起源,提供眾人身世意義之由來。因此,要注意的不只是「主神」本身,更是作為「地方的主神」,亦即該神明如何與地方產生關係,其緣起故事、顯靈事蹟,與地方開墾史、遷移史或時代敘事息息相關(墾首從原鄉帶來或祖先從某處分香而來),發掘屬於地方版本的神話故事。

　　接著考察主神旁邊的陪祀神,其出現晚於主神,並具備在地的意義考量,通常有兩種情況:第一種是社群的主觀願望,關乎理想的社會圖像或需要保佑的事項,如土地

> FOOTNOTE ⑪
> 還有一種陪祀神會以「長生祿位」的形式設立，通常是對社群有功者或是跟建廟有關的官員、土地提供者等等，會供奉一個牌位，上面註明敬稱與姓名，同享社群的香火，傾向於歷史的紀念。

> FOOTNOTE ⑫
> 法器同樣反映出地方居民希望該神明能賦予執掌的功能；相同的神明，也有不同的職責管轄：如土地公手上所持的法器，常有拐杖（執掌土地）、元寶（生意財富）、如意（仕途升遷）等差別；同樣地，關公隨著手持物不同，會有關聖帝君與文衡聖帝的稱謂差異。神將的道理也是類似。

婆之於土地公、經濟繁榮之後引入財神爺等；第二種是大型區域的模組，涉及到跨域穩定互動的體系，如大新竹地區的客庄廟都配祀城隍爺、義民爺及媽祖，分別反映著官方秩序、集體祖先及中南部互動的需求。⑪ 值得一提的是，這種考察角度還可以進一步關注神明手持的法器，更加突顯社群成員在意的事項。⑫

三、周邊事物：神聖空間內除了神明相關體系，其他就是協助說明或強化特質的周邊事物，常見的有沿革、對聯、壁畫、匾額等。以下分別說明：

沿革又稱廟誌，交待此神聖空間的緣起與經過，常見的形式是刻寫在牆面或印刷在農民曆上；對聯通常刻在梁柱之上，由當地歷代文人、地理師揉合周圍地景與典故所作；壁畫是顯示整體精神世界的圖像，更會在儀式中鮮活動作；匾額則是廟宇往來的對象與層級，題字需要符合神明代表價值的境界。

透過空間配置傳達的氛圍、神聖體系建構的歷程，以及周邊事物搭配的探討，就能夠了解這些神聖相關事物如何運作，包括起源（如何開始）、來源（從何而來）、沿革（如何演變）等，可以快速掌握這個信仰所尊崇的價值觀，反映出社群的價值美學及主觀理解的地方史。

對於日常期間的地方信仰調查，從神聖空間內部著手，用以探究能區隔世俗的「神聖性」、看不見的「社會秩序」，並觸及隱而未顯的「世界觀」。以上所述類似於奇幻作品的設定集，勾勒出其體系與規則，在此提供調查要點，方便對比探索地方精神世界。以下是日常地方信仰的 5W1H 表和案例說明。

5W1H	日常地方信仰的調查內容	奇幻作品譬喻
WHERE	神聖空間數量／信仰中心位置／神明庇佑範圍 有無合境／區域信仰中心所在	祭壇聖殿所在
WHEN	何時建廟／何時神明誕辰／其他合境的祭祀慶典時間	世界時序
WHO	哪些人會共同祭祀	人群分類
WHAT	幾尊神明／主神／執掌／壁畫、圖騰、碑文、匾額闡述何種 價值觀／神聖空間的氛圍	世界價值觀
WHY	神話故事／緣起故事／歷史事件	世界起源
HOW	居民如何在日常中維持神聖性／神聖中心提供何種日常服務	運作機制

以埔里的籃城社區為例，在日常中，可以發現有兩間土地公廟（廣文宮、天福宮），分別座落村莊頭尾的位置，從天福宮的對聯上可以看見「二水祥迎藍里月」，當中二水的意思是該土地公廟座落在兩條水圳的交會處，即是負責看管土地和水路的福神；另從碑文上看到土地公廟建廟來歷，也發現這是一個多姓村，並有少見的平埔族群的姓氏；大眾廟則位在聚落與農田的交界處，標記出早年聚落生人居住的界線；籃城主要信仰為媽祖，是來自彰化南瑤宮所分靈出來的令旗，並無特別立廟，是以香爐的形式供奉在當年爐主家中，主要原因與當年遇大旱災，居民派遣壯丁前往彰化迎請媽祖的令旗有關，傳說中媽祖顯靈帶領居民一起去巡水路並保佑收成。

籃城社區主要的慶典活動有二個，分別是農曆二月的土地公生日，居民會辦桌一起「吃土地公福」；另外就是與媽祖有關的「九月瘋媽祖」，典故來自上述起源，但尺度涵蓋全埔里，社區武館的獅陣也會出陣參與慶典。接下來，就要轉到非日常的慶典調查來進一步探尋了。

［認識非日常的地方信仰］

　　要了解一部奇幻作品，我們不能單看設定集，那只能提供梗概，還需進入敘事情節，才能身臨其境、沉浸其中，有時甚至會重溫扣人心弦的經典場面。而以地方信仰調查來說，就是要到非日常時候的儀式舉行，情節才會動起來，彰顯所有事物的運作方式與價值意義，並且會不斷再現特定的意象或行為，突顯出地方社群獨特的樣貌。

　　在正式進入非日常的討論前，先談談「儀式感」，讓大家可以從比較輕鬆的角度來切入儀式。近年來，儀式感逐漸成為一種生活態度，只要以此關鍵字檢索傳統媒體或社群媒體，不難發現是指迎接即將發生事物的準備動作，把「將就的日子」轉為「講究的生活」，感受日常中的不平凡。常見包括：切生日蛋糕前的吹蠟燭、答應求婚前的獻婚戒，或是創作前先泡一杯咖啡、比賽前觸碰幸運物等。儀式感顯然能讓人們更聚焦於特定的人事物或狀態。

　　反之，如果沒有儀式感，那種「魔法時刻」就消失了，一切又回到平凡無奇的時候。因此，儀式感可以說是從事特定行為之前的動作與心態，透過預備一些事物或做出特定表現，讓接下來發生的事情進入另一個層次，並且改變自身的認知狀態。例如，眼下許多年輕人自嘲為社畜，週間過勞、週末躺平，如此周而復始，跳脫不出青春只剩下工作的軌道，因而需要用儀式感來區隔出日常的不同層次，像是睡前的熱牛奶、約會用餐的鮮花等。

以儀式感作為理解儀式的起點,可把握到「層次切換」與「狀態調整」兩個關鍵要素,這就是儀式的雛型。而當代地方社會的運作層次相當複雜,就衍生出各式儀式類別,從過生日、祭祖、拜土地公、神明生到繞境甚至全國大選,不一而足。但基本上,可以用「個人與集體」、「世俗與神聖」兩個軸線來進行歸納,理解充斥社群生活的各式儀式從何而來。

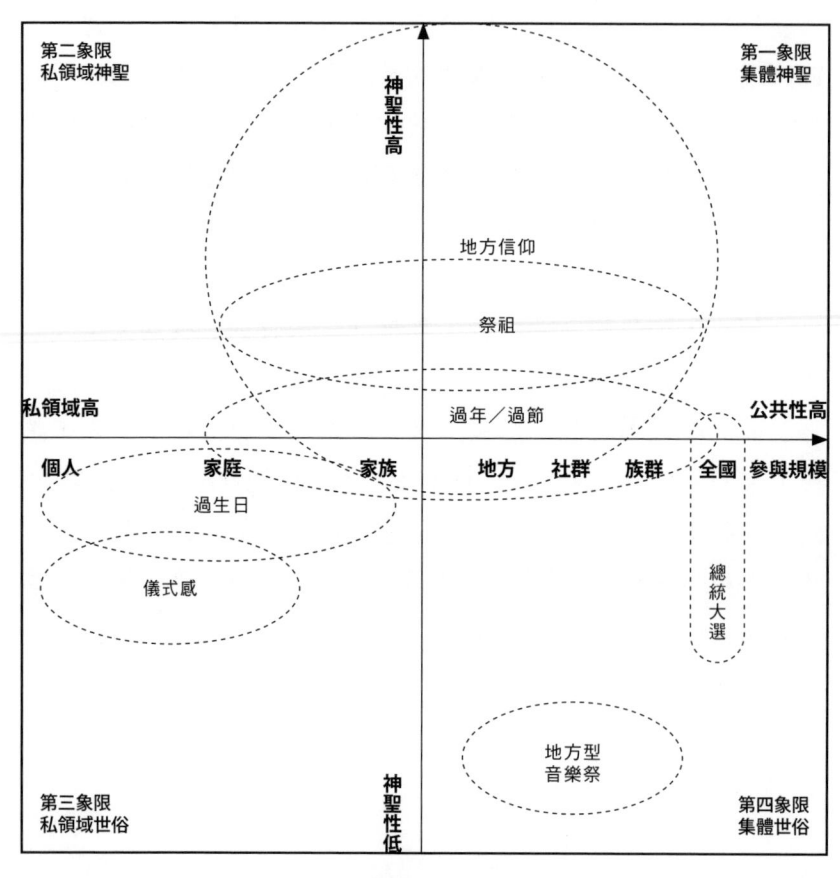

	神聖性高	
第二象限 私領域神聖		第一象限 集體神聖
	地方信仰	
	祭祖	
私領域高	過年／過節	公共性高
個人　家庭　家族	地方　社群　族群　全國	參與規模
	過生日	
	儀式感	總統大選
	地方型音樂祭	
第三象限 私領域世俗	神聖性低	第四象限 集體世俗

[儀式的區分與分布]

從上圖中,明顯可以看到儀式的長短繁簡依照特定軸線分布:越是個人就越是片刻、越是集體就越是悠久;越是世俗就越是簡單、越是神聖就越是繁複。而本章所要調查的地方信仰就屬於第一象限,透過考察集體、神聖的儀式,來掌握地方的精神世界。

儀式調查說明

上述第一象限的儀式,都是涉及神聖世界運作的特定行為組合,有其特定的規範與執行目的,必須在信仰的情境中解讀才能充分理解。而儀式的推動還要有其物質條件,有賴作為社群基礎的居民、組織人力物力的幹部,以及推動儀式進行的神聖人員及其他相關人等,才能順利進行。❸

FOOTNOTE ❸
如何接觸報導人以及發展關鍵報導人,請見第一章。

一、居民:占最多數的普羅大眾,每個人依照自身的性別、年齡、地位、家族傳統等考量來參與儀式,調查者可以用生理、社會因素為變項來理解地方社會。

二、幹部:通常經由選舉擔任特定職位,如村里長、祭典委員會的委員等,由此必須承擔特定任務,協助世俗面的籌備（收取經費、採買、動員人力等）以及神聖面的儀式（科儀祭拜）。

三、神聖人員:出任神聖任務,推動儀式進行不可或缺的角色,以其功能分為輪值居民和儀式專家兩種。前者是以代表性為主,基於一定規則出任（世襲、區域週期或神明遴選）,配合儀式的運作;後者則是以專業性為主,擁有特定的神聖知識,負責整體儀式的推進。

四、其他專業者:地方上往往有些文史工作者、宗教研究者,或是退休儀式專家可以拜訪,他們對特定儀式可能有長時間的觀察或想法,甚至擁有特定的器物。

這四種類別是進行地方信仰調查需要關注的對象，他們位屬不同的層級、位置，針對同一個儀式的禁忌或象徵可能會有不同的看法或感受，❹ 而信仰正是出於不同的視角才能交織出立體的世界。如同奇幻作品中，不會只看到主角群的視角，還有其他類別或敵對方的角度，這樣才能呈現該世界的全貌。因此，在翻閱完設定集（日常神聖空間體系與脈絡）之後，要進一步了解這些類別對象在不同階段（籌備—慶典—回歸日常）的樣態，才能好好調查地方的精神世界為何。

FOOTNOTE | ❹
例如，在道教儀式現場，常見案桌後有兩枝甘蔗尾部相連，民眾認為是祝福儀式漸入佳境，儀式後能苦盡甘來；但執事人員卻說，甘蔗綁成拱門形狀，象徵著通往神靈界的天門，甘蔗有節，象徵步入天庭的階梯，有通達天庭的含意。但無論民眾或執事人員的解讀都是正確的，因為此時甘蔗具有多重的象徵含意。

[禁忌]
在地方信仰的儀式中，往往存在諸多禁忌，包含對空間、時間、方位、族群、社會地位、性別、行為、供品的規範限制。禁忌改變日常的世俗行為，並且調整內在狀態；透過對行為的限制，建立起日常世俗與非日常神聖的分野，遵守禁忌的群體同時也會建立起社群內外的邊界。

[象徵]
儀式的象徵物具備物質性，同時承載各種價值觀的解讀與投射，卻不影響集體參與儀式的過程、儀式最終要達成的目的。象徵所傳遞的意涵，必須要能扣回地方信仰的脈絡，不只是執行儀式的專家所理解，也是地方大眾所感知的文化意涵。

籌備階段調查

日常與非日常並非斷裂或瞬間切換的情形，而是逐漸轉折過去，就好像奇幻作品中，不會從日常生活的吐嘈打鬧，直接跳到最終宿命大決戰，而是經歷大小事件的鋪陳，讓讀者逐步理解作品的設定、接受其世界觀，才能使讀者與作品的情境同步，代入最後的劇情高潮。同樣地，在信仰世界的日常到非日常之間，會有一個籌備階段的過渡期，無論是個人或神聖空間都在轉變，在這段期間大家會調整自身狀態、準備相關用品，陸續舉行一些小型的儀式，像是前奏一樣，相關氛圍開始醞釀。

在過渡階段的社群有三個特色，可以依此進行調查：第一，社群正在進行轉換以銜接非日常，通常已經準備或正在執行特定要求（如齋戒、沐浴等），以改變內在的狀態，因此適合調查有關禁忌的主題；第二，此階段畢竟還沒有正式進入最忙碌的非日常時期，仍保有日常的餘裕，正好可以利用周圍的氣氛進行相關人物的訪談或執行禁忌的觀察；第三，以週期性的概念詢問之前儀式的情形，請對方做出比較，更能顯現出變遷的軌跡。以下是各角色類別在籌備時的可能情形以及注意事項：

一、居民：一般居民準備內容大同小異，個人能發揮的範圍比較大，像是依照個人美學或財力來準備布置或供品。可以詢問大眾儀式的由來和意義，打算做哪些準備以及原因，探尋他們對於儀式的看法。

二、幹部：在籌備期間，幹部主要扮演後勤司令部的角色，規劃整體儀式進行的流程、盤點人力物力，並且著手籌措資源、到位執行。可以詢問不同位置的幹部對於儀式的看法，以及對應資源如何處理。也因幹部群的特質，在調查過程中，還有可能碰觸到社群運作的權力面向。

三、神聖人員：由於神聖人員擁有專業知識，特別適合訪談其儀式的由來、細節及意義。另外，相比於一般居民，神聖人員通常面對強度更高的禁忌要求（更長時間、更嚴苛的規定），值得進一步詢問，以理解儀式更深的層次。

四、其他專業者：在蒐集相關文獻資料或上述不同層級人員的看法後，可對宗教研究者、文史工作者、退休儀式專家等進行專題的詢問，填補一些疏漏的地方，盡可能為到來的慶典做準備。

必須注意的是，上述訪談大概多發生在籌備前期，隨著時間逼近，在籌備後期，對方通常已經沒有時間接受完整的訪談，這時就該轉為參與或觀察的調查方式。若能在前期獲得一定的信任，爭取擔任志工會是一個不錯的選項，無論是居民的角色（一起張羅或布置）、幹部的角色（協助慶典籌備）或是神聖人員的角色（準備儀式用品或個人器具），都能參與外人看不到的深層運作或取得關鍵資料，並且感受在言談之外的社群節奏與儀式精神。

透過訪談了解大致狀況後，慶典越隆重、儀式越繁複，在籌備階段就需要越多的準備工作，最好是取得相關流程表，這樣就能清楚掌握慶典全貌，並且推估每個環節發生的時間、地點及參加人員等，並以此回推衡量自身能夠調查的程度，包含團體田野需要投入的人力與設備。❺

FOOTNOTE | ❺
團體田野的操作請見第三章。

5W1H 調查法	調查說明	調查內容 （以 2020 埔里庚子年祈安清醮為例）
WHEN	1.何時將發生 2.多久一次，一次多久 3.為何選定該時間	1.2020 年 12 月 2-6 日 2.每 12 年一次，逢子年辦理，一次五天，三年後舉辦三獻圓醮，以示醮典完滿結束 3.早年普渡法會與現今恆吉宮媽祖廟落成的慶成醮，時間重合而擴大辦理的醮典，逐漸確立 12 年一個週期，並由總理團與道士共同挑選良辰吉日舉辦
WHERE	1.儀式的執行地點 2.儀式作用的範圍 3.神聖空間	1.重要儀式於中柱執行 2.埔里鎮 3.分成東西南北中五個神聖空間，其中以中柱最為核心
WHO	1.確認利害關係人：當事人、執行者以及神靈 2.集體性	1.當事人（繳納丁口錢的居民）；執行者（總理團、道士團）；神靈（玉皇上帝、埔里醮域內參與鑑醮之眾神） 2.總理團動員地方人脈資源，里長挨家挨戶收取丁口錢，仕紳捐款擔任象徵神明的要角、商家里民遵守相關禁忌
WHAT	儀式的執行過程	籌備階段集體參與的儀式包含：齋戒茹素、封山禁水、貼張天師符、掛八仙彩與古仔燈
WHY	1.儀式的目的與原因 2.儀式傳遞何種訊息	1.祈求上蒼庇佑該地區 2.保持清淨和諧的狀態，以祈求平安
HOW	1.禁忌：達成何種目的 2.象徵：象徵何種事物	1.齋戒沐浴呈現「清」的狀態來迎接神明 2.東西南北中柱的醮壇象徵臨時性的神聖空間，紙紮神像、紙船象徵有法力的護法與法船等
禁忌	1.有哪些禁忌 2.禁忌的原因為何	1.齋戒、封山禁水等 2.地方上存在不和諧的因素，如果不保持清，就無法迎請神明為地方賜福平安
神聖性	1.與何種神靈祖先鬼魂進行溝通 2.神聖性從何而來	1.玉皇上帝與諸眾神、醮域內的孤魂野鬼 2.透過齋戒區別日常與非日常。透過設置東西南北中柱之醮壇，同時埔里眾廟宇之神明入東南西北柱鑑醮，在中柱的廟宇內非執事人員不可進入，用以區別神聖與世俗。經道士開光注入法力的張天師符與紙紮的大士爺
集體性	1.對應地點與參與者的關係 2.說明該場儀式的事主是誰	1.以埔里醮域內有繳交丁口錢或以埔里為地方認同之信眾 2.身於此、居於此、心於此，願意遵守禁忌的人

慶典階段調查

　　延續前述奇幻作品的討論，在經歷大小場景、悲歡離合之後，主角群最終將迎來最高潮的場面，各種人事物的因緣匯聚在一起，以獨特又相關的方式展現整個世界的魅力。對應回地方信仰，就是從日常逐漸擺脫，一切就緒之後（包括事物、心態、氣氛），籌備告一段落，也就意味著完全轉向非日常。在非日常會開展一系列的儀式，是一連串的動態象徵，通常環繞著特定主題開展，可用中性的「慶典」稱之。

　　慶典無論大小，勢必由一系列的儀式組成，而儀式由各式象徵串接，值得提醒的是，個別的儀式或單一的象徵並無法構成完整的意義，而必須回到序列與脈絡中，才能成就整體的價值。這些構成慶典調查的兩個特色：第一，此階段是非日常的時候，所有人都各司其職，調查的方式會以觀察為主，頂多利用空檔簡短詢問，萬萬不可打擾儀式進行；第二，社群成員皆身處特定儀式中，調查需要聚焦於情境下的象徵呈現與轉變，仔細用文字或圖像進行紀錄。以下是各角色類別在慶典時的可能情形以及注意事項：

一、居民：通常慶典的現場人潮眾多，建議觀察對象先以熟面孔為主，比較可以理解推測其行為含意。而居民通常會以家庭或家族為單位來參與，因此同樣依照生理與社會因素進行分類觀察，辨別出各自負責的事項，背後大概就是地方社會的常見腳本。

二、幹部：在現場通常處於忙進忙出的狀態，可能隨時要動員人手支援慶典的雜事（如水電突然出問題或漏買什麼物資），或者因職務身分參與慶典中的特定儀式；也可能忙著四處交陪，拓展人際網絡，累積之後的聲望。觀察幹部還能避免一些

尷尬困擾，由於對方相對是公眾人物，比較能夠成為錄影或拍照的對象。

三、神聖人員：在慶典期間是全場的注目焦點，負責推進儀式的進程，一舉一動都影響著是否能夠順利進行。因此，他們的言行舉止關乎儀式的圓滿，值得詳細紀錄相關歷程。

四、其他專業者：宗教研究者、文史工作者或退休的神聖人員往往也會以觀察者的角色出現，由於他們經驗豐富，若有急迫問題可即時詢問，但只要點題就好，避免在現場從事深入討論而錯過真正重要的儀式，如此反而本末倒置。

交待完角色之後，實際進行慶典的調查進程，並將籌備階段取得的資訊整理成如下流程表，讓自己知道在稍縱即逝的動態儀式中要觀察什麼。

[2023年祈安三獻清醮慶典流程表]

事項	時間（農曆）	地點	說明	參與人員	備註
預告上蒼通疏	06/24　05:20	恆吉宮媽祖廟	向上蒼預告	全體工作人員	遞天臺三界桌
醮壇興土動工	08/28　巳時	東西南北中柱	醮壇開始動工	四大柱副柱	犯沖者迴避
豎燈篙	10/23　10:30	恆吉宮媽祖廟	燈篙定位豎立	全體工作人員	犯沖者迴避
齋戒	11/01　子時	埔里醮區	開始齋戒	一般信眾	重要禁忌
封山禁水	11/04　子時	埔里醮區	不得樵採獵捕生靈	一般信眾	禁止伐木、採集、捕獵
發表上蒼	11/04　子時	總主壇	向上蒼祈求平安	全體工作人員	醮典正式開始
中間部分省略					
燃放水燈	11/05　13:30	總主壇出發至愛村橋下	接引水中亡魂前往普渡	邀請柱首和醮主	接引水鬼
酬謝神恩	11/06　09:15	總主壇	拜天公感謝庇佑	全體工作人員	齋戒祈福後將轉普渡
謝壇送聖	11/06　10:25	總主壇	迎回壇主、拜謝燈篙、合境平安	全體工作人員	醮典正式結束

掌握慶典主題

參與慶典，須了解該慶典舉辦的目的為何，通常會存在複數的主題，❶ 有主旋律和副旋律的差異。確立主題，有助快速掌握慶典的節奏和氛圍，建立判讀個別儀式的目標與含意。

在現場時，應盡可能打開五感，以身體作為調查工具，感受無以名狀的氛圍、快慢節奏及各樣情緒，這些都是地方呈現於慶典表達的情感與價值。換言之，慶典主題會如同奇幻作品的主旨一樣，落實在各個環節上。

慶典仰賴各種有形物質和感官經驗聚焦於特定儀式，與看不見的神靈溝通、互動，該過程或簡或繁，都必須從每個環節的具體事項反推，因此需要用文字與圖像仔細紀錄儀式之間的起承轉合。

FOOTNOTE ❶
在臺灣，慶典主題大致分為幾種類型：民俗節慶、神明生日、敬神祈安、慎終追遠、超渡亡者等。

紀錄儀式過程

一般而言，地方慶典會同時有不同儀式輪番上陣，建議先練習調查一個儀式，才有能耐對複數儀式進行調查。以下用 2023 年埔里三獻醮典中「燃放水燈」的環節，勾勒真實的儀式過程。

放水燈現場位於埔里南烘溪的愛村橋下，道士與各路柱首於媽祖廟集合，伴隨鳴鼓和車陣，全員浩浩蕩蕩出發，其他鎮民則一起前往水燈施放點。儀式現場擺放一張案桌、一艘大型紙船、白色雞鴨各一隻，柱首們手捧水燈，井然有序地等待道士作法。

道士吟唱經文，以開光的七星劍，於雞冠上劃出一道口子，再將雞血滴入裝有硃砂的器皿中攪拌。緊接著手捧著雞，並以

雞冠代筆，沾著調合的紅色液體，嘴裡念念有詞、筆畫符印地走到紙船面前，點化紙船各部位；隨後，再換成白鴨，除了取血位置改成脖子，其他動作都相似，最後同樣以鴨代筆，點化紙船四處。

　　法船開光後，執事人員慢慢將其推進溪中；同時，手捧水燈的柱首們逐一將紙屋內的蠟燭點燃，放入水中。此時進入儀式的高潮，愛村橋上下全是圍觀注目的民眾，但卻發生不順的事情：理應順流而下的法船與水燈，竟因土堤過高，被水流困在原地打轉，現場工作人員立刻急促高喊：「快叫怪手趕緊把土堤挖開！」卻仍不見好轉，現場氛圍開始騷動。此時，與我同行的友人，看著一直在定點徘徊的法船，悠悠地說：「這邊很多。」

　　當怪手將土堤全面挖開，又經過些許時間，水燈開始往下游漂，法船則是又轉了幾圈後，船頭終於朝下游航行，這時騷動才逐漸平息，儀式也終於告一段落。兩週後有人在埔里的FB社團貼出法船卡在溪流下游的照片，看起來完好如初，但底下留言回應說：「法船已經完成使命，功成身退了！」

　　就現實來說，相關人等施放水燈因故受阻，當狀況排除後順利完成。然而，在當地人的主觀意識中，會看到另一個世界的樣貌，該事實由另一種規則所運作：紙船經道士開光後，象徵著一艘即將引渡水中亡魂的法船；而法船之所以打轉，在執事人員眼中，可能是因為儀式操作有誤，在群眾看來則是要接引的孤魂野鬼太多；但無論如何，順利順流後，眾人都鬆一口氣。兩週後的法船擱淺已不再重要，因為儀式已經結束，那就只是一艘單純的紙船而已。

　　上述是燃放水燈儀式的過程紀錄，詳細勾勒關於儀式的5W1H（請見籌備階段表格），呈現現場氛圍、集體性與神聖性的特

徵。這只是針對該慶典中的一場儀式紀錄,如果能熟練關於儀式的 5W1H 調查內容,參與多場儀式調查,就能夠逐漸了解整個慶典的運作。

[燃放水燈儀式之於整體醮典]

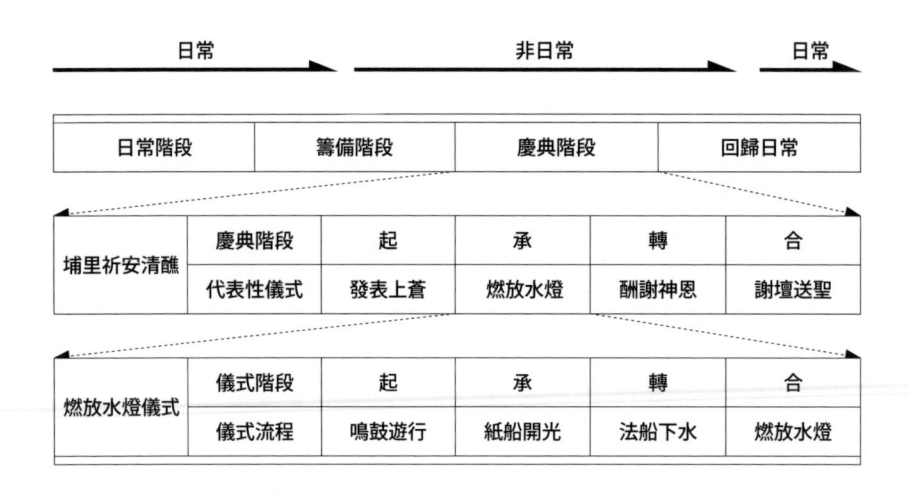

| 日常 | 非日常 | 日常 |

| | 日常階段 | 籌備階段 | 慶典階段 | 回歸日常 |

埔里祈安清醮	慶典階段	起	承	轉	合
	代表性儀式	發表上蒼	燃放水燈	酬謝神恩	謝壇送聖

燃放水燈儀式	儀式階段	起	承	轉	合
	儀式流程	鳴鼓遊行	紙船開光	法船下水	燃放水燈

回歸日常探討

慶典隨著最後一個儀式演出後，逐漸落幕，從非日常時刻又慢慢回歸日常。當然，在慶典的當下，有太多資訊、感覺同時湧入，很難同步完成系統性的紀錄。因此，建議在結束後，立刻開始彙整的作業，可參考下列表格完成。

[5W1H 調查內容說明]

WHEN	地方時序	儀式時間	週期／時長／時序階段
WHERE	神聖空間／神聖邊界	執行場所	作用範圍
WHO	主神／信眾	儀式參與者	利害關係人
WHAT	執掌／符號物件／氛圍	象徵／禁忌 儀式的人事時地物	所有儀式／氛圍 慶典的起承轉合
WHY	神話／起源	緣起／禁忌原因	主題／群眾需求 歷史脈絡
HOW	互動／服務	過程／氛圍	禁忌／規範
相關概念	信仰／世界觀	神聖性／集體性	地方精神／地方性

回歸日常之後，又可以回到日常生活的調查方式，來完成上列表格的整理，完結這個週期的信仰調查；再去觀察相關神聖空間的變化，並且繼續向居民、幹部、神聖人員或其他專業者請教慶典過程中發生的事情，如有不清楚或紀錄不完備之處，可用照片或文字紀錄提及當下的感受和解讀，並釐清是否有錯誤。這時慶典已經是過去式的「上次」，可以再次詢問「上上次」或更之前的情形，用週期性的概念進一步比較分析。

而此埔里醮典經過相關統整後，得到以下的可能解答：從耆老訪談中得知，過往日軍進大埔城發生流血衝突，因而造成居民恐慌，為安撫民心並渡化亡魂，特別舉辦普渡儀式；再比對文獻發現，最早有紀錄的醮典出現在1913年的報導，記載當

年埔里社正舉辦大祭,是全埔里的村社聯合辦理的祭典。因此,推論原先應該在 1912 年辦理的醮典,因明治天皇駕崩而順延到 1913 年,恰巧遇到埔里恆吉宮媽祖廟落成的慶成醮,將兩個慶典共同舉辦。這解釋為何作為神聖中心的中柱,始終由恆吉宮扮演。至此了解埔里為何需要發展大規模祈求平安的醮典,而此精神貫穿著所有儀式,也呼應著醮典主題。

[結語]

透過對日常的神聖空間以及非日常的禁忌、象徵與慶典儀式的調查,可發現信仰涵蓋地方的歷史脈絡、對死後世界的觀點,涉及神聖性、集體性、地方共同體等概念,能體現出地方的精神世界輪廓,並且隨著反覆操作 5W1H,地方性特徵越來越突顯。

調查貼合著儀式的特質進行:地方的儀式是交錯發生的,所以調查也是以日常、非日常交錯進行,並做出不同的準備;儀式具備週期性,所以調查也是以週期性進行,並且做出歷史週期的比較;儀式是循序漸進的,所以調查也該比照參與,一起遵守禁忌、打開五感,感受自己內在狀態的改變;儀式是多頭並進的,所以調查可能需要組織團隊,以團體田野的方式多線處理。

總之,儀式環繞著慶典主題開展,調查也環繞著儀式開展,所以相當動態、複雜。為此,本章使用「奇幻作品」的意象帶入分析,先處理設定,分階段開展不同世界的層次,以及各種角色在不同階段的樣貌;對應於地方信仰就是,在日常的神聖空間中設立象徵與象徵物,並在籌備期加以完善,最後在慶典期間以儀式串接。綜合比較整理如下表,方便讀者更加掌握。

情節階段	初始	過程	結局	未來
科幻作品	設定集	大小事件	最終決戰	迎向新生活
信仰儀式	日常	籌備工作	慶典	回歸日常
調查重點	神聖空間	禁忌、流程	象徵、氛圍	餘韻、更新

　　經過上述的調查過程，我們會理解，地方與信仰之間實則相互形塑、難分難解，共同點在於對世界的認知，體現在所有細節上。如果要用一句話來陳述，那會是「慶典是地方信仰對於現實的投影」。

　　最後，就用「水中月」的意象來收尾。從事地方信仰調查，好比站在湖邊要指出水中的月亮：岸上是信仰以外的世俗、水面是日常的地方信仰、指月之手是儀式、水中月則是慶典；真正代表地方信仰的是位在天上的月亮，高掛夜空中，看得到卻摸不到。

　　月亮即是地方精神世界的隱喻，地方居民內在的無形價值觀，投射在外在的形體事物，建立起地方秩序，有不同歷史脈絡的軌跡，使得地方信仰的調查之於地方有著深刻的意涵。雖然慶典、儀式會隨著時代與民眾的需求做出改變，可不變的是地方信仰仍透過神聖空間、儀式與慶典，在日常與非日常的週期循環中，持續再現地方性。

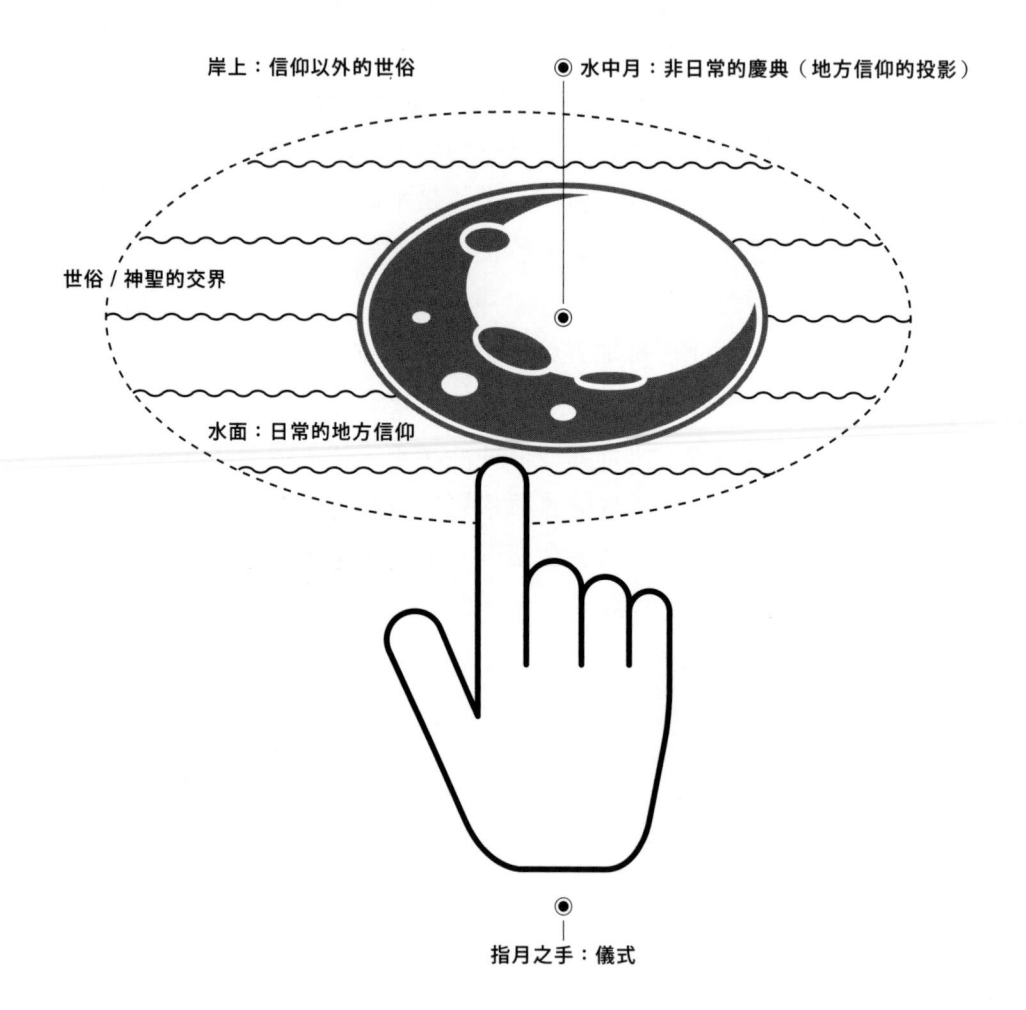

岸上：信仰以外的世俗　　◉ 水中月：非日常的慶典（地方信仰的投影）

世俗／神聖的交界

水面：日常的地方信仰

指月之手：儀式

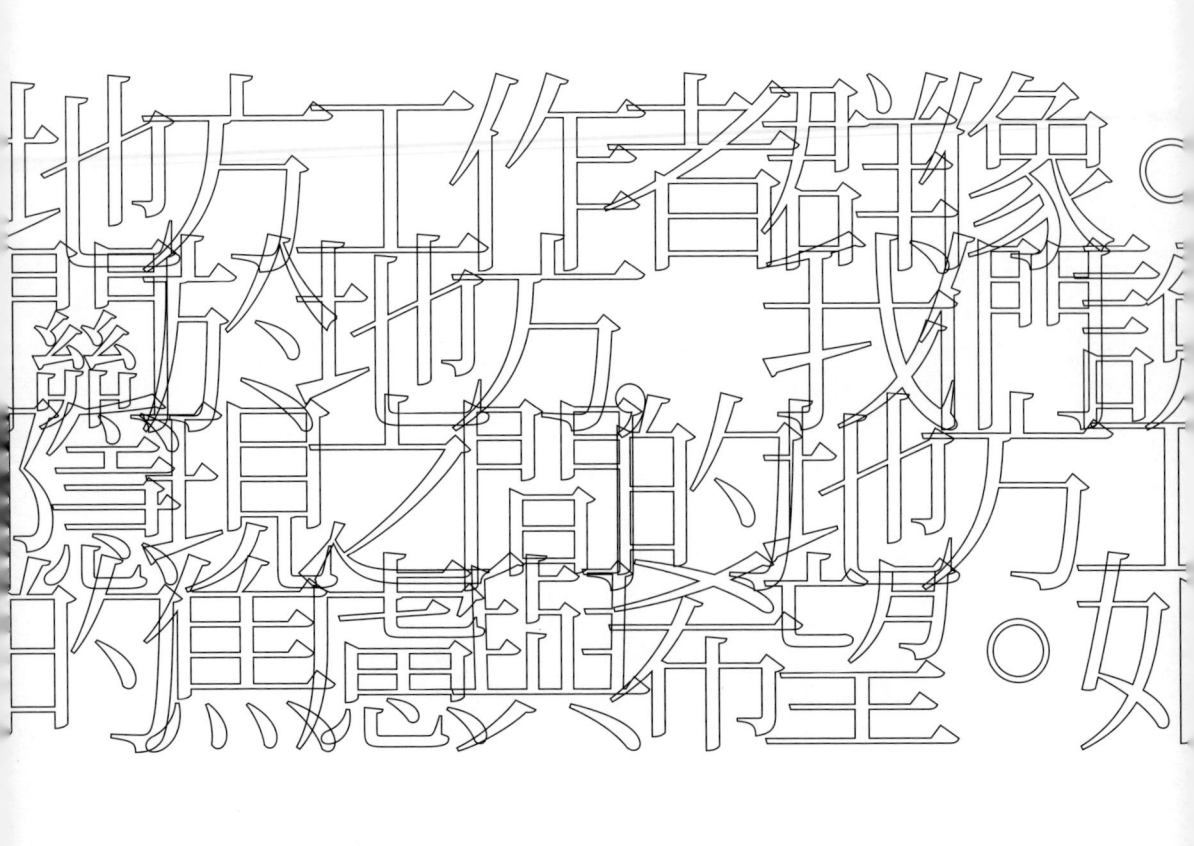

地方工作者群像。
新的地方，我們說
對現代間的地方
的焦慮與希望。如

The Backstage of
Presence and Reflexivity

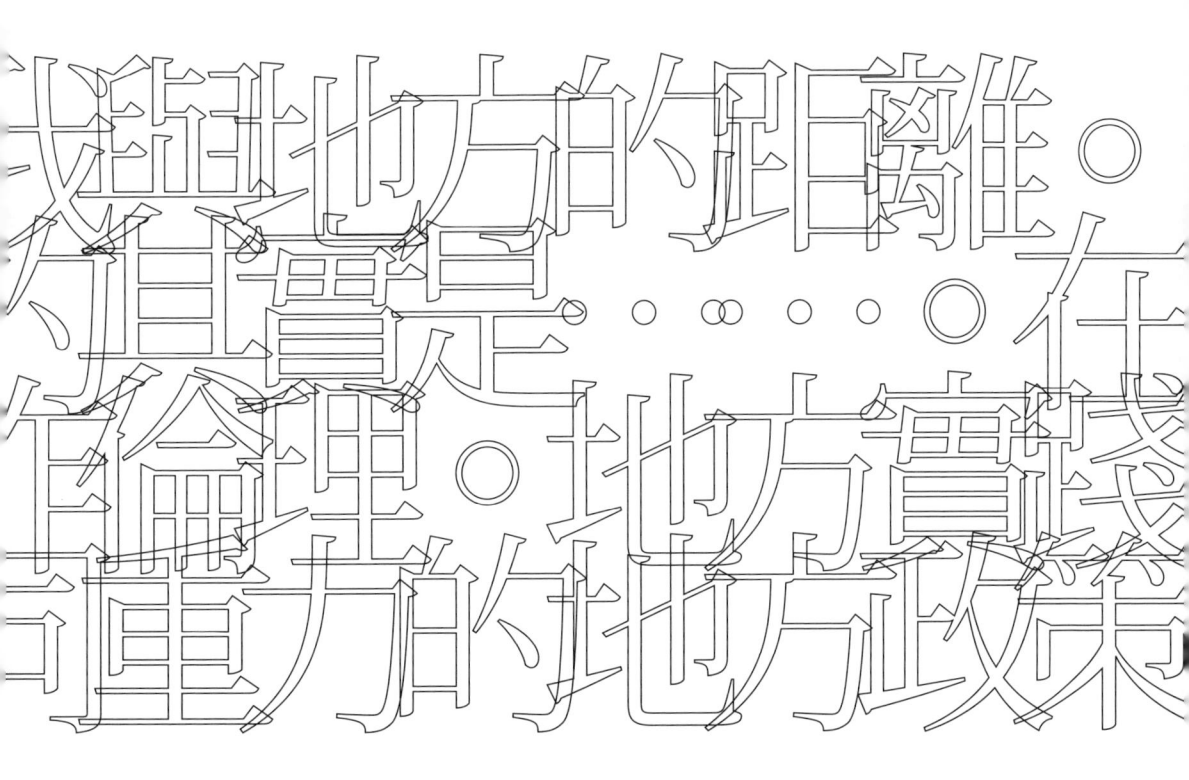

PART TWO
現身、反身的後臺

相較前一篇是如何理解地方的方法探討，本篇則提供多重理解地方工作者的角度，是作者群的現身說法，分享實作路上的心路歷程。全篇分為六章，由具備多元身分與社會位置的作者群，依照各自能發揮的角度，從不同面向來書寫關於地方的所思所想。

在章節安排上，溯源地方工作者的發展軌跡，先處理基本認知，再描繪從進入、困惑、受挫到反思的階段，力求真實展現第一線的生活點滴。首先，呈現每位作者的生命自述；然後，交待以不同身分與社會距離進入地方的方式；接著，敘明「何謂地方」，勾勒那個讓我們安身立命的世界形貌；再來，論述地方工作可能面臨的倫理議題及難處；之後，論及地方工作推動一段時間後的限制與可能；最後，處理房間裡的大象，點出政策之於地方工作的關鍵要處。各章介紹如下：

CHAPTER 11 ｜地方工作者群像

作者群分享自身如何與地方產生關聯、出於何種因緣進入地方、採取過哪些行動；並談到田野調查與自身生命的關係、賦予哪些開展地方行動的意義（作者群的自述，也提供了理解後面各章不同作者各自觀點的經驗脈絡，建議讀者可對照閱讀）。事實上，大家有著類似的歷程：在某地長大、不自覺地受地方因素影響，成為日後牽動的羈絆；在各個生命階段進出外地與家鄉，透過比較更了解在地與自身，並隨著人生涉入不同層次的地方；在過程中以田野調查找到自身在地方的位置、介入地方的方式、甚至安身立命。以上種種相信與讀者多有接近之處，也許這正是本世代地方工作者的共通軌跡。

CHAPTER 12 ｜我與地方的距離

地方工作者的身分本身就蘊含了多重型態的可能，單單此概念的提出——將地方作為工作對象——就已經代表著不是古典的「地方與地方人緊密合一狀態」，而是在某種斷裂下才能拉開距離，找出施力空間的當代多重地方。本章從作者群中選出五種典型狀態：回返家鄉（書甫發現了解家鄉，原來是要更了解自己）、來到他鄉（岡祐經歷了從認識、困惑到自身定位與在地認同的完整過程）、闖入日常（冠彰回憶如何藉由機緣認識在地，參與日常生活）、服務活動（麗蘭以志工隊的方式回國認識地方，在熟悉與陌生交織的處境中不斷自我對話）、機關工作（念儒呈現地方工作的矛盾視角，既要抱持某種抽離的角度，又勢必牽扯其中）。當代的地方工作者往往不會只經歷其中一種類型，我們期待著更多的激盪。

CHAPTER 13 ｜關於地方，我們說的其實是⋯⋯

　　看地方，像在看海，每一片海灣由陽光、灘岸、洋流、潮汐等多重因素組成，隨著時間流變，甚至連每一道海浪都不相同，儘管如此，海的特質仍然可以好好把握。本章由星崴、岡祐、宗澤、麗蘭及冠彰主筆，五位作者都提出關於「地方是什麼」的看法，他們都認為地方是富含意義與情感的空間，明確中又帶著異質與分歧。此外，他們還提及應該採取什麼「地方行動」，從地方認識出發，找到切入角度及實質作法，正呼應著地方是多層次複合體的存在。

CHAPTER 14 ｜在隱現之間的地方工作倫理

　　田野調查有一定的倫理要求，其實連帶地方工作也該是如此。為此，本章選出三種不同位置的作者來回應此議題：麗蘭談通則的情形，以社會角色（帶小孩的媽媽、研究生）及生理性別（女性）的角度切入；岡祐認為地方工作者更常擔任轉譯者的角色，處在內外溝通或承先啟後的位置時，就需要把握「確實溝通」與「量力而為」的原則；念儒則感受到，就地方工作而言，如何拿捏居民的期待及回應調查的意願，正是一種考驗。倫理，一言以蔽之，就是合宜的行動與後果的準則，只是此領域尚未建制化，還沒有明確的綱領，有待日後眾人一起投入與反思。

CHAPTER 15 ｜地方實踐的焦慮與希望

身為地方工作者，我們對於地方從來不止於審美的認識，也不只是集郵式的興趣，而更傾向採取行動，將地方導向心中理想的方向，但焦慮與疑問也隨之滋生。本章選出三種典型的場域與行動來書寫此命題：家鄉（書甫從事飲食田野時，看到傳承的無力或緬懷的感嘆，最後反思以文字作為介入方法的可能與限制）、他鄉（宗澤從事農業復振與青年培力，過程中難免遇到自我與他者關於身分正當性的質疑，但仍努力在實踐中找到定位）、活動（麗蘭在非日常生活的時空限制下，看到傳統與現代的矛盾，個人實現與集體期待的落差）。我們可以看到，作者群都想把握在地的美好，讓手指嵌入掌心的感受更加實在。

CHAPTER 16 ｜如同重力的地方政策

簡單說，政策就是分配資源的管道或管理行動的制度，就像我們的行動依賴重力，也受其限制。由於政策時時刻刻都在影響地方與行動者，反而容易被忽略，加上又非地方常見的表徵，也相對缺少討論。為此，本章從三種角度來探究此議題：政策脈絡（從事政策倡議的星嵐，梳理了戰後臺灣地方政策的演進，造就許多非意圖後果，正途還是該回到田野調查，從本土經驗出發）、執行政策（身處執行政策機構的念儒，分析國家與地方兩種層次的運作特質，並提醒「國家代理人」的意識，作為當代地方工作者的參與建議）、缺乏政策（麗蘭介紹馬來西亞的狀況，由於相對缺乏政策資源，很多時候大馬華裔只好自發推動華社的文化運動，值得作為跨國比較的參照反思）。

本篇是寫作後臺的安排，讓讀者能親炙作者群的思路，更加理解種種作法背後的由來為何。我們期待本書不只是知識上的交流，更是心境上的共享。由此路徑，我們邀請讀者進入地方來思考與生活，也一起思考地方、活出地方。

CHAPTER 11

地方工作者群像

邱
星
崴
｜

相比於周圍的親戚和鄰居，我成為南庄人／苗栗人的路程更為蜿蜒而破碎，如同進入指向明確但過程漫長的隧道，儘管一路有顯示指標，遠處也彷彿有亮光，但總要階段性張望確認，原來自己已經走到哪裡。

　　我小時候是由阿婆帶大的，晚上都跟她睡在一張大眠床，床所在的廂房、廂房所在的伙房，就是最初孕育我的「地方」，或說我所認識的宇宙。在這裡感官知覺相當立體：總會聞到房內濃淡不一的尿桶氣味，落鵝間（伙房轉折處）有時飄著炊煮米食的蒸氣；屋內採光不好，時常昏暗，睡前懸著黃燈泡，阿婆會跟我說些故事或唱些山歌，我印象最深的是山上有戴斗笠的老虎會吃人；此時多半還會聽到伙房裡其他聲音，有時是屋頂的貓打架，有時是其他人講話的聲響，阿婆總要我別理會。我的童年浸泡在這些感官經驗中，很久以後我才知道，其實這就是客家的生活方式。

　　後來我隨著父母到臺中就學，每到寒暑假，最期盼能回到老家。對我而言，在都市的生活很沉悶，往返學校與補習，回來才意味著自由。隨著年紀漸長，探索的範圍變大，從伙房周圍彎曲的巷弄、街上的雜貨店、廟後方的水田，到河壩裡的石堆，我的地方不斷在擴大，生命也分成兩

截：一截依戀著故鄉，另一截競爭著升學。由於故鄉印記實在太過鮮明，我在中學時期就自然地寫起故鄉的人事物，但總覺得太單薄，回頭想是因為生活經驗的斷裂所致，畢竟多數時間我還是在都市。

直到讀大學時，修了一門需要尋找某地清代樣貌的課程，回到家鄉做報告才發現，原來我對地方只有表面的熟悉，而由來並不清楚。這讓我感到很慚愧，於是開始試著做些訪調，逐漸被耆老所描述的世界深深吸引。當時正值社區營造的高峰，我嘗試以此為立足點，在地方推動一些事，如舉辦鄉土營、社區報等活動，頗受鄉親歡迎；後來，我也決定到新竹讀研究所，離故鄉更近一些。從大學到研究所階段，我揣著在學院中所學的公民理論，嘗試在故鄉推動公共事務，相信日常對話與理念溝通的可能，沒想到時常碰壁、甚至撞山。

有一次，我在社區巡守隊值班，一位做水電的大哥跑來跟我說，他覺得我在社區報談的溪流保育很對，但他也很為難。這種「為難」時刻反覆起落上演，最悲劇的是我做碩論田野的時候，意外在大埔事件遊行擔任主持人，回到村莊被幾位鄉親當街大罵是「死民進黨、間諜、叛徒」，彷彿過去那些社造活動都是別有居心的政治行動。這些指責衝擊著我原有的地方關係與社會空間。不久後，研究所畢業，我不再是學生了，需要找一個新的身分位置。

碩士階段的結果讓我清楚認知到：在地方，沒有經濟的自由就沒有思想的自由。因此，我決定在故鄉創業，從青年旅社開始，推動小旅行、文創、古法保存、在地飲食等，希望能充當稍稍拉動地方的小小火車頭，動力來源則是長期田野與行動所累積的地方觀點與關係。此時，我才在認識及實作上掌握何謂南庄人，並有機會推展社會條件的改變。時至2022年，我在南庄致力於建構在地交通系統，一來應對觀光衝擊與倫理，二來是要呼應南庄族群互動背後產業條件的實相。

回首歷程，似乎有意無意間，我一直在做地方或寫地方。早在童年時，地方就已經鑴刻進我的身心，隨後逐漸發酵，我捕捉著不同階段的氣息，將另一截的自己逐步拼接回地方，並在過程中認識、結交文本中或意想不到的人事物。創辦桂冠圖書的賴阿勝、《三臺雜誌》的張致遠等先輩，待我亦師亦友，使我知道前世代的人如何耕耘鄉土；另一個案例是1902年南庄事件的主角日阿拐，我從耳聞他、談論他，到現在成為南庄事件籌備會的委員要紀念他，顯示了我與地方的交纏越來越緊密，更能設想歷史處境與位置。

　　我能走到今日，受惠於人文社會科學的訓練。田野調查不僅拉我走得很深，也帶我去得很遠。在學生階段，因緣際會我多次前往印度與馬來西亞的客庄田調，看到完全不同的客家風情，更讓我理解支撐地方背後的政治經濟條件非常關鍵。近年來又因著工作緣故，有機會到各地走訪青年團隊，比較彼此異同與地方特質。這些經歷讓我可以從長時段發展、區域視野及族群文化觀念的角度來析辨，並且以更廣角度和更多層次，與地方共構共生。

陳
冠
彰

嘉義作為地方

大學離鄉求學後首次以嘉義人的身分帶朋友回嘉散步，吃了魯熟肉、豆漿豆花、雞肉飯等，之後帶朋友走到三味果汁攤前，他吸了一大口果汁後有感而發地說：「很難想像如果未來這些味道消失了，要如何跟下一代描述嘉義的地方味道。」面對這樣的感嘆，我好奇的是鑲嵌味覺記憶的「地方」如何被描述，「地方味」或「地方食物」有固定不變的配方嗎？

以三味果汁為例，原料為當季產的水果，但店面營業是一年四季，因此每逢季節更迭，同一品項的水果，適用的品種、味覺會有所不同，老闆會依著長期對於家族味覺的記憶去進行微調，像是哪種水果這季偏酸或偏甜需進行分量的調整。或許朋友所提及的味覺難以描述性，實則包含家族與果農、水果、地方共做的味覺敘事。

當時我尚不知有何方法或理論工具，可用來認識一個地方，因此無系統地閱讀了一些歷史檔案及過去地方的出版物，閱讀過程中總覺得這些被壓縮的文字難以直接觸及地方，而有了更多的疑惑。於是，我便把那些閱讀過程中記得的關鍵字及疑惑，當成進入地方的指引，試著用腳行走、以味覺的品嚐作為工具，來重新認識嘉義。

那時跟紀錄片導演李孟哲一起進行嘉義二通（今嘉義市中正路）的認識，走訪了麻袋行、山產乾貨行、針車店、神像店、木屐店等。雖然一條街不能定調一個縣市，但特定的街道卻是某些年代的縮影，而雙腳的行走與嘴巴的試吃及詢問，成為我認識地方的方法。後來與建築師陳世岸一起在嘉義進行研究，亦在網路上成立了 Chiayi Wiki 網站，開始累積嘉義地方知識的書寫。

對照地：家鄉與家鄉外的地方

我研究所就讀臺南藝術大學，住到學校附近有西拉雅族的村落──官田區社子里。為了更了解西拉雅族的文化，開始前往兩個族群祭祀空間參訪：臺南官田區社子里的四社公廨（「公廨」是西拉雅族群的祭祀場所），以及臺南大內區的頭社大公廨。我在這兩個聚落遇到幾位帶領我進入西拉雅文化的重要報導人，也是我首次被地方的人接納並參與他們的日常生活，對比先前僅僅參與祭典或是非日常的時刻，這樣的經驗讓我對地方的理解更為綿密生動。

記得某日跟著社子社尪姨在村莊散步時，沿途經過兩間有應公廟。尪姨跟我提到，「萬善祖」廟共有328位靈，「萬姓祖」廟共有108位靈，其中的代表是一位修煉有德的兔子。尪姨對靈的敘事當下令我為之震撼，原來由萬物有靈所組成的世界觀形塑了村落的日常，也是從那時起我將對於地方的興趣，從歷史檔案轉向了民間的口傳、各種媒介所存有的記憶，並重思地方如何被敘事。此後成長地嘉義與西拉雅部落成為兩股交纏的地方經驗，幫助我對地方發展進行對照與認識。

流動的地方

2020年起，我加入 Mattauw 大地藝術季的策展團隊，以曾文溪作為認識對象。面對曾文溪這樣大時空尺度的流動之地，須更新過去以單一固定的地方作為方法的思考，因此前期便跟團隊發展出「獵人帶路」的工作方法，透過獵人上山尋訪過去的流域與獵徑，反覆地透過走動、現地工作坊、地圖的繪製，跨學門成員發展出更彈性針對多地點、多議題的認識。透過獵人得知他們長時間在山林中行走，並藉由反覆地觀察與等待來累積對於山林生態及環境的認識，那是一種身體與環境相互認識後發展出來的知識。

在野外行走的過程中，聽聞獵人對於獸跡的分析與描述，還有剖析樹皮被水鹿啃咬剝皮而導致後續一連串的地景變動，我看到曾文溪不再是事件或研究的背景。就像將曾文溪流域視為一個流動的地方，我也在以山林及流域作為地方的研究中，逐漸加深對多物種及非人能動性的關注。如何描寫流域內的人群、獵徑、森林、生物等在廣闊的流動空間彼此遭逢及自我言說，便成了藝術季後持續思考的議題。

回讀本書第二章〈如果地方是一個人：地方文化的交陪與探索〉，再回看自己的地方經驗：以我的居所嘉義作為地方，我透過雙腳行走及味覺品嚐，努力描寫隨時間與記憶不斷微調的「地方味」；透過離家抵至他鄉的西拉雅村莊經驗，將其視為一對照地，反覆地與嘉義去對照關於異質地方的描述；而以曾文溪作為地方，則是透過獵人——對森林或說自然的第一線觀測者——把過去忽略的動物、植物、地質、地形、河流等多物種甚至是非人的環境構造力，一併考慮進地方如何敘事的方法中。若問地方文化探索的方法論為何，或許一如那杯三味果汁，須因著季節、地點及人群，隨時進行校正微調，沒有固定的配方，但卻能體現地方滋味／之味。

王麗蘭

從斜槓青年開始

在「斜槓青年」這個字眼還沒發明之前，身為地方文化工作者的我們，就已經是資深的斜槓青年了。然而，我們這些（可能是）第一代的斜槓「青」年已逐漸變成斜槓「中」年，也正好見證了地方發展的變化、政治局勢的變遷及各地思潮的衝擊。就我自己來說，大約在二十多年前，帶著「出國留學」的夢想，以及隱隱的「逃離大馬」的心態，隻身來到臺灣念大學。如今二十多年過去，就像我的祖父母輩落腳南洋一樣，日久他鄉竟變故鄉，我已經在臺灣成家立業。這種二次（甚至多次）移民的路徑，在我們這一代新移民身上並不少見。「地方」一詞對我們來說，是模糊不明，也是漂泊不定的代名詞。

這種不安定的感覺，直到我展開一項地方田野調查工作之後，才慢慢得到舒緩，確實是我始料未及的。這項工作就是以領隊和指導老師的身分，帶領清華大學的學生到馬來西亞華人小鎮，去做地方文化歷史的田野調查。熟知馬來西亞政治社會狀況的人都知道，當地華人對於自身文化歷史的流失有深刻的危機感與焦慮，因此許多地方和組織以保存文化歷史為己任，推廣華文教育和文化。當地人的積極與認真，常為中港臺的文化工作者和學者所感嘆。然而，當地的文化歷史保存工作也一直在與時間賽跑，因此在這樣的契機下，由臺灣的大學生帶著採訪任務的深度旅行，便有了一種可能性。一方面，當地提供場域給臺灣年輕人有所實踐，另一方面，當地則受惠於其實踐成果，並可能將之進一步發展。

從來沒想過，這項工作後來變成我重新認識地方的方式。過去總以為自己了解家鄉，但是離家之後，特別是在碩士畢業，開始做語言文化的教學工作之後，才發現自己對於家鄉

／地方的認識近乎於零。曾經埋怨臺灣社會對「我們」的不理解，但是當我下定決心打算在臺灣做東南亞／馬來西亞社會文化教學推廣工作時，我才發現問題可能出在我們自己身上。還記得每次備課時，為了介紹家鄉某樣文化、風俗、特色，我努力搜尋了一遍腦海中相關的意象，發現竟只剩下蒼白的官宣式資料或數據，毫無生命力，既沒有感動人之處，也沒有真實的生活體驗，更遑論透過講課來加深臺灣社會對東南亞或馬來西亞的認識和理解。

於是，多年累積下來的講課經驗，以及用實體田野調查的方式進入地方的經驗，包括自己利用寒暑假時間到泰緬邊境、印尼蘇拉威西、蘇門達臘、爪哇島，因參與公共電視東南亞人文紀錄片的企劃，有機會到印尼峇里島和日惹、越南河內、泰國清邁、菲律賓美岸、柬埔寨暹粒等地去訪問，讓我逐漸建構起自己的世界觀，我發現自己逐漸趨向經驗主義式的地方知識建構路徑。

返鄉是為了重新出發

同時，我也很慶幸自己有機會長期帶著學生進入地方，一步一腳印穿過大街小巷，因而有機會走進當地人的生命故事，讓我慢慢建立起故鄉／地方的形象。因為語言相通，學生和當地人之間不需要翻譯，除了中文，還有福建話、客家話、英文可以溝通。對許多第一次出國的學生來說，在馬來西亞華人小鎮，彷彿看到懷舊風情的臺灣古鎮。對於我來說，這些走過的地方，已經不只是一些地名，而是我曾經蹲點生活過的地方，一些可能比自己出生地還要熟悉的地方。

回顧這十多年的實地田野調查，對於我這個返鄉青年來說，一開始確實是一種對故鄉的莫名情懷，讓我展開了地方工作。但「懷舊」和「懷古」情結無法支撐這麼多年，事實上是過程中得以參與地方知識的生產和創造、共同為地方打造可預見的未來這件事，才是讓我彷彿著魔般不斷投入時間和心血的主因。曾經急於逃離

的故鄉，最後反而成為提供我養分的地方。只因我和故鄉重新連結，我與地方得以重新開始。因為從事地方工作，我重新認識了自己，我在異地重新想像一個在地的生活。我清楚地知道了我是誰、該往哪裡去、站在這塊土地上能成就什麼事情。

這是地方給我的禮物，也是從事地方工作的魔幻時刻。

佘岡祐

成長背景與田野觀察

我的地方觀察經驗與興趣，源於自身的生命經驗。父親的論文是做西拉雅族研究，他去田野調查時偶爾會帶上年紀尚幼的我。當時不太明白，為什麼父親會跑到陌生的地方，找陌生人聊些我聽不懂的東西，甚至進入家戶看祭祀空間。直到自己從事社區工作後，才意識到原來那就是我對田野調查的最初印象。

我的家庭非常喜歡旅行，尤其鍾愛走登山步道、漫步鄉間聚落、尋找在地景點。那時 Google Map 和智慧型手機還不成熟，每次出門父親就會丟給我一本厚厚的大輿地圖集，要我指引當日目標地點和路線。有時停下問路或與在地居民聊天，會出現意外的驚喜。而抵達新景點，一定先尋找導覽摺頁、解說牌來獲得資訊。我在不知不覺中訓練出地圖識別、地景判讀及資料蒐集的能力，更深深著迷於臺灣這片美麗的土地。時至今日，我依然深信「讀萬卷書，行萬里路」。只要有機會出門，我仍習慣以最慢的交通和遊覽方式，細細感受各地風土的迷人之處。

初入地方與實踐

大學時期就讀工程相關科系，但在系上找不到自身的定位，重修的學分多到可再多一個雙主修。在一次通識課程中我接觸到社區營造，首次踏入臺南東山淺山地區（又稱前大埔地區）進行田野實作。過程中發現此區域豐富的產業文化相當吸引我，而過往的人生經歷讓我在課程中有較佳的掌握度，這時覺得也許社區營造可以成為自身的志業。隨後，只要有機會我就往東山跑，試著更認識此區域的人文地產景。另外也透過閱讀社區營造的相關書籍，參與口述史、田野調查等不同主題的工作坊，努力自行補足相

關專業知識。

大二時，和幾位因研究計畫而相識的前輩和同學共同成立工作小組，後來轉為正式立案的「東山窯鄉文史工作室」。我們在前大埔地區的核心街區找到一間六十餘年的老街屋，以此為基地開展一系列行動。我們進行產業、街區店家、宗教祭儀、生態等不同面向的調查，協助區域內各社區組織、學校撰寫與執行計畫，開辦田野調查、空間構築等工作坊，從事文化體驗、生態旅遊及農產銷售，也曾到都市策展、到各大學演講、接手經營廢校。所有的作為，是希望摸索出一套能讓自身團隊存活，且能推動地方永續轉型的模式。

但現實總是殘酷，團隊自成立以來內外部問題不斷。基於移民史、地理環境、產業性質等因素，前大埔地區的地方社會本不易推行合作；在經歷政府社造資源模式改變、人口高齡化及社區組織領導人更迭後，地方的動能逐漸衰弱。而在營運模式未能穩定下，團隊為獲得足夠營收而過度耗損，成員流動頻繁，不斷地在破壞與重建的循環中前進。在執行林務局（現林業保育署）的計畫時，我發現生態是值得深究且社區營造較少討論到的領域；同時期 Covid-19 疫情爆發，考量主客觀因素後，我決定暫停在東山的地方工作，重回校園學習生態領域專業知識。畢業後在大型企業的生態保育部門任職，空閒時仍會回東山活動，也會尋求參與工作場所附近地區地方工作的機會。

心之所向，身之所往

除去「青年返鄉」的糖衣，地方實踐既現實又殘酷。「人」是地方工作的核心，同時也是多數問題的來源。面對依循人際關係、血親、祭祀圈、地方知識等建構的社會網絡，要深入參與或推動改變都是相當困難的任務。對於地方知識與專業技能的掌握、參與地方事務的積極程度、人際網絡的深度與廣度、自身事業規模，都會影響地方社群對工作者的評價、

合作及參與。而田野調查，正是了解地方知識、掌握地方社會脈動的重要工具。此次有機會將自身經驗整理書寫，過程中我一直在思考：那個剛進入地方的我，會怎麼看待現在所寫下的這些文字？能否感受到背後的立論基礎？以此修正文章內容的同時，也經歷了一輪對過往生命經驗的告解。

在地方工作的日子裡，多數時候陪伴我的是人力不足的孤單，以及各種突發狀況和挫折所帶來的痛苦。雖然如此，跟土地、自然及居民的緊密聯繫，振奮人心與突破困境的時刻，跨領域知識、技能的學習與成長，讓我覺得這才是我所想要的生活方式。未來會如何演變不得而知，但我確信地方將永遠是我生命中的重要組成。但願這些操作方法和經驗分享，能帶給有意進入地方的工作者一些幫助。

王昱登

從事地方文化工作的趣味

我在新竹已經待超過十個年頭，從一個臺中人逐漸轉變成新竹人的過程，最重要的是開始書寫《貢丸湯》這本地方刊物。從小在臺中海線的生活經驗與想「出外打拼」而來到新竹落腳的過程，都推動著我去思考「家鄉在哪？」這個問題。在新竹時常會被詢問關於未來返鄉的時程，但我從沒設想。對我來說，在臺灣的任何地點，從事我現在的「工作」，都是相同重要的。新竹於個人的層次可說是我的第二家鄉，但對於我正在從事的地方文化工作而言只是一個起點。

書寫地方誌的過程中，以新竹市為場域，在其中採訪調查，紀錄屬於在地的故事。除了紀錄在地故事，我試圖在每次的書寫主題中，加入對於當代的描述，試圖創造出一種蘊藏文化的日常生活方式。這種生活方式是在每日重複的生活之中，得以感受到不同的所在；是在每個城市之中仍能區辨不同地方的差異之處；最重要的是，這是在臺灣生活才能感受到的獨特樣貌。

過去訪問過那麼多的人事物，最多的驚喜與回饋，不是來自於書寫成專題產出的文字成果，而是從設想主題到搜集資料的過程。在學院的學術訓練中所獲得的工具，讓我能夠用來挖掘地方的內容。但我通常只能掌握開頭的方式，隨後便讓地方帶領著我，每次的收穫都是驚喜。那些我從沒經歷過的城市樣貌，透過口說以及歷史資料的證實，呈現在我眼前並逐漸內化成自身的經驗。

持續經營地方的動力

離開家鄉來到都會求學或工作，可能是現代大部分臺灣人的生命進程。每個都會乍看起來都十分相似，在上下課和上下班之餘找著能夠紓解

壓力的方式，卻找不到安心自在的放鬆感，總在懷念家鄉和落地生根之間游移。

不過，在我不斷挖掘屬於新竹故事的過程中，發現這樣的工作經驗，同時拓展了我對於生活環境的感知能力。同樣一棟建築物或是一條街道，因為受訪者描述的故事與我自身不斷累積的經驗，互相地堆砌在實體的空間之中。同樣一間餐廳，可能在磚瓦建材之中有著屬於過去歷史的脈絡，但同樣也是當代連結著老闆與熟客之間來往交流的場所。

我開始投入文化工作的驅力，是期待自己可以找到大眾都能夠接受的方式，讓城市的故事成為眾人日常話題之一，進而豐富個人的生活，對於生活的場景產生更多的觀感，從而喜愛這座居住其中的城市，並試圖共同打造未來的模樣。想要用更為日常且更為柔軟的方式，來促進大眾討論社會議題的機會。

過去那些實地的新竹經驗，從最一開始有點緊張地踏入店家、順著訪綱訪問，逐步組織起田野調查工作的團隊，到後來所書寫的雜誌紀錄城市的場景。而現在，每走在新竹的市街上必須提醒自己專心走路，時不時就有熟悉的面孔迎面而來。對於這座城市的「熟悉感」不斷加深，逐漸從期待地方回饋給我不同的驚喜故事，轉變成我能在日常生活中複習著這些趣味，且開始慢慢期待未來在這座城市繼續生活下去。

這次參與寫作本書第五章〈尋找更迭中的傳承：市街田野調查方法〉，讓我有機會回顧過去幾年來的歷程，慢慢整理出一套更為清楚的方法。或許在新的未來，也可以在另一座城市裡開啟新的篇章，尋找屬於那座城市的趣味和動力。

蔡念儒

地方觀察與書寫

我對地方生活的關注，可能跟自小生活的習慣有關。我居住的臺東以行政區來說，雖然是東部規模最大的縣轄市，但裡頭真正屬於城鎮的範圍其實不大，反而是周遭由許許多多分散在臺東平原上的聚落所組成。這些聚落像星系一樣散落在臺東平原各處，有的是市街，有的是農村，有的是部落，有的是四周沼澤荒地的拓墾聚落，僅僅靠著兩三條主要幹道連結起來。小時候就喜歡騎著腳踏車到處跑，經過敗落的聚落，穿過街道或交通要道，相關認知也就這樣建立起來。

大學時讀人類學和歷史學，起初對於歷史文本相當感興趣，花了不少時間涉獵各種文本，後來因田野調查而有機會走出學院，才發現原來不同的人對於這些文本的理解，充滿了各種個人經驗與記憶所累積而成的解釋。原本期待社會存在一種理性，但由於各種議題越來越多元而難以存在。

邊陲地方的田野觀察

我從關注到參與地方事務的轉變，來自於研究所時的海外田野調查經驗。當時在中國福建，針對福安地方紅茶產業的復振運動進行田野調查，見到長期在中國群眾運動動員下而日漸疲乏的地方，為了分配到改革開放後的經濟紅利，並隨著北京奧運帶起的文明熱潮，開始改變動員地方組織，由地方政府帶頭發展市場經濟導向的產業品牌方向。但地方已經習慣國家指揮動員的經濟模式，加上有限的文化資源，地方官僚難以回溯過往參與全球資本主義經濟的紅利。於是在各種既有的政治慣習運作下，地方的自主發展依然有侷限，難以擺脫文化及產業的邊緣困境。

在中國的田野調查過程，可以感受到大國邊陲的沿海山區，試圖從產業的連結中，找回舊時因位於帝國邊緣得以不受拘束，進入國際貿易市場而興盛的光榮歷史感。然而，在大國體制約束下的新產業復振中，要恢復這些消失的記憶卻是十分掙扎的過程。回到臺灣後剛好遇上因為兩岸貿易議題，產生針對中國因素的社會運動及文化反應。儘管看過不同的地方社會，從比較中可以察覺各種問題，卻也更想從實務上回應各種事情。

我開始接觸各種地方的社會議題，像是大南埔的村落、反媒體壟斷等。但在城鄉之間遊走，我看到都會與在地社會的理性有著相當的差異。每個世代多少都有共同面對的課題，像是薪水 22K 的世代剝削或中國因素的貿易不平等，但在非都會地區，當地的青年世代卻是直接面臨既有的分配方式已經難以有效運作，以至於公共及公平僅限於特定世代與城市的情形。

出於對家鄉的思念，我在研究所畢業後，還是選擇離開臺北都會，回到臺東找工作。剛回到離開多年的家鄉，充滿了各種陌生感，後來陸續參與多項東部文化資產的保存及城市發展的運動。透過在地議題的文章寫作及網路的串聯行動，推動呂阿玉建築群及舊臺東縣議會的保存、市區廢棄南京大排水溝的填平與新空間的運用、市區公園綠化的討論，以及知本濕地的保存運動。在這些過程中，接觸到地方耆老、仕紳、產業、社區、部落工作者、環運倡議者等，逐漸形成我對於家鄉的想像，不再只是空幻的美好，而是更加思索現實的機能如何成長。

實務與寫作並行的田野參與感

目前我在地方的文化機關工作，參與過許多東部地區的企劃、策展、推廣活動及文化政策擬定，從藝術策展、母語推廣、地方知識到文創場域經營。在專業人力稀少且缺乏產業結

構的東部地區，實務上經常必須在制定計畫的同時，與地方人士建立溝通和培力的默契。從公共議題、產業到美學的地方參與，形成了對於地方的期待。此外，我還從事臺東平原西側的卑南聚落移民史及部落傳統地名的調查研究工作，持續參與卑南、普悠瑪等部落文化記憶的傳承工作。

學院式田野觀察強調實證與推論的一致性，致力刻劃出一種整齊、有美感的地方圖像，但從實務出發的田野觀察卻經常與之扞格。在地的權力運作網絡，通常有賴於人情和習慣作為開展行動的動機，但不同的在地人群有不同的生存方式，彼此之間經常存在衝突的可能性。這種動能十分零碎、缺乏驅動機制的環境，經常難以用整齊劃一的立場來期待實務參與的方式。

同時，由於人口規模小，發展較緩慢，又缺乏有效的監督機制，地方社會面對都會權力菁英提出各種進步及發展價值的權威，經常以現代話語修飾的口號或保持某種「無辜」，掩蓋住抵制這些價值的行動企圖。這導致人們遇到衝突時不尋求法律或倫理等機制，經常積累到一定程度後才以衝突事件的形式爆發開來。這導致地方上要做事時經常遇到複雜處境，讓人既受地方吸引卻容易卻步。

然而，這種零碎但有厚度的地方節理，不僅是臺灣過去展開現代發展，也是當下邁進未來的基礎。社會工作者常用「革命不是請客吃飯」來強調社會行動的重要性，但請客與吃飯這兩件事卻常常是推動改革的關鍵，把調查與周遭的資源連結起來，往往才是進步的動力。

劉書甫
|
我的地方書寫

我對地方生活的關注是從飲食啟蒙的,以文學為起點,再接受人類學觀點的提點。學生時代偶然開啟我對飲食的興趣,圍繞著飲食的主題閱讀了許多文學與文化的相關著作,自己也寫一些飲饌隨筆。剛回到家鄉臺中時,覺得接下來有可能就會在這裡定居了,但覺得臺中很陌生。我成長活動的範圍主要是北屯區的水湳一帶,其他區域大多是不熟的,包括開發較早的南屯和舊城中區,除了童年的零星記憶,我基本上都是陌生的。大學和研究所在臺北就讀,加上當兵,我離開臺中大約有七年的時間。如果要重新在這裡生活,就必須對它有所理解,用行動與它產生更強的連結。於是我想從飲食的角度為臺中定位,從飲食文化的角度去回答,臺中是一座怎麼樣的城市。

我和當時的夥伴一起進行飲食寫作計畫,開始找書、找資料,到處去吃、去體驗;和老店家的老闆們聊天,也找了一些從事相關工作或研究的老臺中人請教。大家聽到我想要紀錄臺中飲食的故事,都很樂意分享。我在臉書上成立了名為「細味臺中」的粉絲專頁,把我在飲食散文裡感受到的那種寫作魅力,運用在臺中飲食的書寫紀錄上。

在採訪店主、拜訪前輩的過程中,我被各種地方飲食的故事吸引,也在其中感受到地方人打拼過生活的實感、世代之間的時空流轉,讓聽故事的人感到驚奇,也為逝去的感到惆悵。我從一個專注在哲思與文字所建構之世界的人,開始稍稍落地,想要聽聞更多、紀錄更多,從食物的味道看見生活與生命的滋味。從書桌到餐桌,味道吸引我走上街頭,走進巷弄,遇見人——這些人同在相同的城市,卻擁有殊異的生活經驗,城市人的多樣性如同城市飲食發展的多樣

性，開拓我原本單純匱乏的想像。

我逐步歸納出幾項臺中飲食發展歷程與特徵，寫作上又結合自己的童年記憶，並嘗試紀錄城市人共同的飲食情懷。「細味臺中」的寫作在網路上引起了某種程度的討論，除了臺中人，不一樣的飲食寫作質感與歷史縱深，也吸引到一些關心城市文化或餐飲的人。同名的飲食文集於2014年由二魚文化出版，應該是市面上第一本兼具飲食文化觀察與散文寫作風格的臺中專書。

蹲點舊城左營

《細味臺中》出版後，我竟沒有繼續留在臺中「深造」，反而因緣際會去了高雄左營，加入一個地方創新事業團隊。團隊除了以協會的身分紀錄在地故事、發行地方刊物、參與地方事務，也以在地募資的方式，積極爭取到舊美軍俱樂部空間經營權，重新修繕、進行部分興建並籌備營運。

團隊從無到有，將左營荒棄的舊美軍俱樂部空間，打造成將近三百坪的複合式文化園區，包含餐飲店、書店及多個展演空間。我們在軍方單位與區里間到處奔走，跟在地商家建立合作關係，也想方設法去和企業單位、民間團體建立連結，提供服務。我們編輯並發行地方刊物、舉辦作家講座，和在地店家合作舉辦手作課程、主題餐會、農夫市集、大型藝術展覽，也和大專院校作產學合作，提供實習機會。我們一心一意打造一個合作共好的地方文化品牌，並希冀這個蹲點及創業的過程，終會與我們個人的生命、與在地人的生命建立連結，散發光輝。

在左營區里、宮廟、商家、民間單位之間奔走與努力創業經營的過程中，我見證了如何透過加入地方的經濟體，在地方擁有話語權、占有一席之地，以及透過不同領域人才的聚集與專業的發揮，去取得地方事務的參與和決策權。而經營地方的理念倡議，唯有真正結合各方的利益，才能真正促成協作與資源共享。諸多務實

的地方工作經歷是過去僅作為拿筆之人的我,不曾想像過的,這段左營篇章在我的生命與工作思維上,留下了重要的印記。

成家之後

我因文學而書寫臺中,因一段感情的結束而離開臺中;而會去到高雄,蹲進左營舊城,則是因為追隨我亦師亦友的團隊主事者,追隨他的思維、善念,以及對合作經濟的願景。我努力使他鄉變故鄉,卻在經營地方、豐富地方生活的努力中,賠上了自己的健康。我的健康亮起紅燈,身心俱疲的狀況加上我與主事者的經營決策逐漸出現分歧。當我發現這段夥伴關係無法再繼續下去時,便毅然決然離開了這個曾是他方的地方,回到臺中。從臺中到左營,我看似為地方獻身,然而牽引我的似乎始終是人。

直到星崴邀我參與本書的寫作計畫,我才又把「細味臺中」撿回來,試著仿擬人類學家的眼光,重新把曾經對臺中飲食的觀察成果,梳理出一些飲食文化調查的操作方法。此時,我已有妻子和兩歲的女兒,定居臺中並投入與過去領域完全不相關的傳產事業,正在長時的工作、家庭及內在低潮中掙扎。地方已從我原本注意力的中心,隱身為我成家後,經營家庭與事業的背景。書寫本書的文章固然辛苦,然而這個任務將我與星崴,這位自高中時代即一路相伴彼此成長的知心好友連結在一起,並見證一群傑出地方工作者的專業與實踐。地方,總讓我覺得既遙遠又靠近。使我文化關懷的初心得以延續的,不盡然是地方,更多的是與人的羈絆。

吳宗澤

回首短暫的路途

從理工科步入人文，其實並沒有多大的理想轉折，姑且算是逃避所學與自身存在意義毫無相關的抵抗。大學時期成績一直吊車尾，老師上課時，我只知道看課外讀物。或者沒事的時候，看著遠方的山，翹課騎著車就往山裡去，待在山裡面，放棄自己所學的一切，只有內在的感受作為指引，沿著溪流往源頭走去，彷彿便可通達世界的真理，而埔里得天獨厚的環境滿足了我任性的需求。與此同時，我明顯感受到，這個世界有諸多的斷裂和矛盾，因此抗拒原本還算順遂的安排，卻也產生一種處在邊緣位置的失落感，而這種失落感受是真實的。大學時期最大的收穫就是透過課外閱讀，練就獨立思考的能力。

當時手機還不像現今如此發達，隨時可以查看自己的位置，我總是坐在電腦桌前，對著遠方的山頭，然後把要前往的路線，一一默記下來，不知不覺中練就了敏銳的空間感，能輕易辨別出所在方位和空間位置，殊不知未來對於地方的調查，正受惠於空間的敏感度。

理工科的訓練看重定義問題的能力和客觀的結果，數學的等號對面是一個明確的答案，這樣的訓練確實很有幫助，但跨入人文學科後，卻發現世界運作的方式並不如我們想像的客觀，存在著多重的詮釋和觀看的視角。我花了很長一段時間，重新彌補我對社會科學的認識，讓人文意義性的思考可與理工思考的方式並重，不只看重結果，也接納過程的重要性，至今仍不斷地練習。

接觸地方

對我來說，地方有很多不同時期的意涵。大學時期探索地方，可能就是接近自然，那時我並不擅長和人

互動,話不多而更善於獨處。我找尋的其實是人類真空的荒野,那裡很可能存在一種解答,可回答人的生命意義。我喜愛自然帶給我的感受,也受惠於在自然荒野中獨處的思考。

在大學的尾聲,我參與暨南大學的水沙連公民陶塑計畫以及內埔農業後援會的諸多行動,才開始意識到,要改變這個世界,不能單單只是遁入荒野之中。解鈴還需繫鈴人,人既創造危機,同時也是解決問題的答案,我姑且這樣相信,雖然我對人類普遍沒有什麼信心,但我仍就願意試試看。內埔農業後援會嘗試聲援農地不農用的社會議題,作為一個地方,面對的是土地、農人、企業、國家及制度,而這樣的案例不過是臺灣農村社會的縮影。之後,我與其他夥伴共同成立穀笠合作社,開始在農村生活並種水稻,也透過「相放伴」的方式,慢慢深化我們在埔里的網絡。我發現自己從一個邊緣的位置,去到一個受肯定的位置,其實是很誘人的,也發覺自己是有能力的(同時也看見更多的不足)。然而,我會的東西其實並不特別,就只是獨立思考和解決問題,卻也能在這個地方有所貢獻,而我終究是幸運的。

一種不同的世界觀

人類學的視野看重不同的文化及其擁有的世界觀,而我個人的世界觀是受惠於自然的無聲所賦予我的,但我卻看著社會發展的齒輪持續運轉,不斷生成各種危機,使得原有的自然世界越發脆弱凶險。真正觸動到我的,其實是某次到遠得要命又荒無人煙的深山溪谷中,看見人造的水泥攔沙壩無聲矗立著,我最終理解到,如果再這樣繼續下去,我終究只是消極地回應這個世界的問題。

然而,假如相信有一個更好的世界存在著,那又是什麼讓我如此深信呢?我認為是對基礎的假設有所不同,就像在日本里山倡議的地景中,你總會留意到神社的存在,山林作為神靈的居所,不可隨意開發,而維持

一個長時段的人與萬物共存的時空。人們願意選擇相信何種世界觀，就會創造一個相應的世界，而我們活在自己的信仰中，如同我們相信自己所處的地方，我們真的有辦法盡一點微薄之力，讓它變得更好、更永續。試著用自己的方式，與他人一同攜手慢慢地成為地方，想來也是很浪漫的事。

CHAPTER 12

我與地方的距離

劉書甫

故鄉，這是什麼地方？

「君自故鄉來，應知故鄉事。」這兩句詩詞的表述是我結束學生階段回到臺中後，重新面對這座城市的掛心之事與行動推力。

林秀幸老師曾在〈田野意象與祖先的凝視〉中，寫過她將田野地轉向故鄉的過程，她花更多的時間回到家鄉「做田野」，畢竟在他鄉無法承襲祖先的凝視、腳印和手記，那種超出感性與理性的連結。讀到這段描述時，那種「神會」是什麼？我無法體會。那種神會，在人口流動、市景更新與變化快速的都會有可能嗎？

面對臺中市，我感受到的是舊愛留不住、新歡一直來，這城一逕地擁抱創新，叫人想讓記憶駐足流連也難。事實上不只是臺中，回到臺灣任何一個都會區，可能都會發現找不到昔日的故厝，找不到昔日的街道，找不到舊日的老屋與老店，那些作為記憶座標的足跡印記都已流轉變換。我站在「故鄉」，卻好像跟著許多人一起在問：「這是什麼地方？」

正是意識到這樣的距離，我以貼近日常的飲食為主題，開始了城市記憶與個人記憶的回溯。無論是故鄉與否、城區或鄉區，試著為自己拉近某些距離，也許是大部分地方工作共

同的起點。

由內而外的旅程

　　相較於向外的觀察探問，試圖讓自己與地方連結，在故鄉做田野，我個人的經驗首先是向內的考掘，不假外求，先爬梳自身的成長過往，調閱回憶。個人經歷在初期作為主要的引導，以此延伸。以情感為線索串連起一系列的事實，更像故事。相較於冷靜客觀的學術語言與理論指導，在家鄉從事田野的人有機會運用個人生命過往故事、共同經驗，來與他人互動，尋求共鳴與共感，某種程度上讓各種訪談的進行與關係的建立相對輕鬆好進入。在他方蹲點，以外來者的身分嘗試融入，大家可能會好奇你的動機，防備你的立場，以帶保留的心態觀察你所做所言的「效期」，多少保持著一點距離。而一個返鄉青年回到自己的故鄉說想做事，一般人第一時間的反應和回饋都是正面的，相對能快速破冰，取得信任。

　　而在家鄉從事田野的人，在地方的身分往往不只是工作者或研究者，身為某某人的兒子、丈夫、朋友，那些原本自帶的身分、交友圈或共同擁有的經驗，有時也能成為方便建立關係的進路，但有時則成了人脈網絡上的包袱。不過時間久了，重點還是在地方參與中所選擇的位置，以及介入行動有多深。例如，我最初是以自媒體的方式參與地方，可以感受得到我寫什麼、怎麼寫，都會影響大家對我的態度。

　　在家鄉從事田野的人，更有條件選擇帶有自傳色彩的輸出形式，產生不同於一般的展示成果。例如，我針對臺中飲食的書寫，選擇了偏向散文的寫作風格，便是透過一部以味覺出發的個人成長史，牽引出地方的飲食紋理。其中，不避諱呈現主觀的陳述與談論個人故事，反而更能讓他人辨識工作者所在的位置與視角，建立相對準確的對話。從傳播的角度來看，一般人可能會懷疑某個論點或抗拒不夠白話的論述，卻不太會苛責一個人

談他自己的故事。

意義的賦予和尋見

　　我本來以為自己在做一項公眾事務,「返鄉青年從事地方文化工作」多麼冠冕堂皇,媒體也都下著如此之標題。

　　直到過程中逐漸覺察到,我關心自己大於關心地方。我投入臺中的飲食寫作其實是基於個人文字創作的興趣;對於飲食文化的關懷恐怕更多是服務個人生活情趣;至於後來我實際投入餐飲業經營,從作者成為業者,則是不願只是像個記者一樣從旁觀看紀錄,而要直接進入產業鏈,這點或可視為是追求自我實現。我不免發出一項內省的懷疑:一個關注自己大於關注他人的人,也可能做好地方工作嗎?當障礙與挫折持續發生,如何可能做得長久?我無事惹塵埃,竟讓這個心理障礙困擾了。

　　我自問自答:基於關心自己,才進而關心地方,這一點也許在故鄉能成立。

　　在重新了解家鄉的過程中,我也重新了解了自己,像飲食偏好、消費習慣等很身體感的部分,原來都是與地方連動的結果。其次,在故鄉尋索過往,發掘脈絡,訪談對象多半會包含自己的父母或其他親屬。了解父母的生命故事和了解別人的故事不一樣,訪談親人能拉近彼此關係。也許對某些人而言,也藉此機會在修復關係,對工作者本身具有重要的情感意義。

　　一份本質上利他的工作,也需要利己的成分才做得長久。成就自己和利益他人的心態是並行不悖的。我們總要對現實環境和外在事件做出回應和作為,然而真正影響態度和選擇的,往往是個人生命的內在動機。如此,這樣做出來的田野成果,不只是學術貢獻、行動指南或自我實現,這些外在成果反倒是求得個人意義感後的附加價值。

佘岡祐

面對隱形的人際之牆

在從事地方工作期間，常有人好奇問我：「你是東山人嗎？」而在地居民則會問說：「我先前沒有見過你，你是誰家的兒子？」得到並非東山人的答覆後，對方常會感到詫異。確實，外地人到異鄉從事地方工作，對許多人來說是難以置信的，這也反映出在異地的地方工作者所面臨的機遇和挑戰。

外來工作者首先遇到的問題是，如何與地方建立關係。在農漁山村、部落或小鎮，人際網絡可說是最重要的資產，也常是地方工作的成敗關鍵。單就最基本的租賃空間來說，何處有房子可以承租？租金相較當地行情是否合理？屋主是否願意租給外地人？這些全得靠人際網絡來打點。在成立工作室之初，縱使已經在前大埔地區活動兩年，我和夥伴仍花了三個月四處打探與請託，才找到落腳的辦公與住宿空間。由此可見，要從零開始與地方建立關係，並轉為有效的支持系統，並不是件容易的事。在人生地不熟的異鄉，外地工作者必須付出更多的行動和時間，來建構與地方的關係。主動找居民攀談或田野訪談，積極參與社區活動、宗教祭儀、婚喪喜慶等眾人聚集的活動，透過耆老、社區組織幹部、在地國中小教員等有影響力且能理解工作者理念的中介者引薦，都是可行的方式。而人際網絡的經營、深化及擴張，常會遇到基於「我群」和「他群」的隱形人際之牆，需要耗費大量心神與時間處理，常因此壓縮到用於其他工作的各項資源，對工作者來說是相當大的挑戰與負擔。

不過，外來工作者並非沒有優勢。對工作者自身而言，可以不必在意家族和交友圈可能帶來的包袱、壓力與衝突；對在地社群而言，評價外來工作者只能從其所作所為判

斷，較不會帶有來自家族或交友圈的成見和派系認定，有助於工作者處於較為中立的角色，可以較自由地推行各類工作和選擇合作對象。但這些優勢是雙向的，由於缺乏地緣、血親的人情庇護，過了剛進地方的蜜月期，中立的身分同時代表著任何標籤或錯誤會被放大檢視。如能透過觀察與日常互動，辨別個人、社群及地方的人際關係、派系屬性與地方風評，即可有效避免踩到地方事務運作和個別派系的紅線，並知曉與潛在對象合作時的好處和風險，方能發揮在異鄉工作的優勢。

在異鄉地方實踐的能與不能

我在異鄉從事地方工作中體認最深的，就是地方在你進駐之前早有自己的運作模式，在地居民並沒有義務善意回應你的要求、響應你的動員或因你做出改變。身為地方工作者，通常會具備議題倡議者、計畫推動者及調解者等社會角色，在缺乏血緣、地緣關係的情況下，在地社群對於這些角色背後動機與公共性的判斷會相當嚴格。「是不是詐騙？」「是不是要出來競選？」「是不是要跟我搶生意或權力？」「憑什麼利用我們社區的資源來牟利？」「怎麼可以代表我們社區發言？」檯面上的質疑和檯面下的人際隔閡，即便比例不是很高，但對於想要融入在地社群並創造改變的地方工作者來說，在心理和實務工作上都是難以逾越的障礙。

心理調適與在地認同，則是另一個於異鄉地方實踐時必然遇到的問題。初期建構人際網絡與支援系統的過程，同時也在建立工作者自身的在地認同，此時在地社群的反饋和遭遇到的事件會產生長遠影響。當你透過大量投入而立穩腳步，對於地方的情感投射也隨之增加時，依然難以改變「外地人」的身分。遇到嚴重挫折或因身分無力處理的問題時，常會感到個人在地認同受到動搖，質疑自己在異鄉的付出是否值得？大概要重複多次前述歷程，才能調適好自身與地方

間的互動和距離，並看清在異鄉地方實踐時的能與不能。

有次進都市策展，一位參觀者問我：「村裡在繞境時，你有沒有去扛過轎？」這是很有趣的問題，慶典祭儀一般是地方事務運作中最具排他性的部分。能夠參與扛轎，代表在地社群對你存著善意和一定的認可，因此願意讓你嘗試。若更進一步加入轎班會，意味著你能進到地方事務的核心，在身分上已經相當接近在地人。但一位資深文史工作者，同時也是東山轎班會的重要幹部，則認為外來工作者的價值不在參與轎班會，而應該從事在地居民忙於慶典活動時無力顧及的部分，像是文史導覽、影像紀錄等工作。這讓我意識到，即便清楚知曉地方事務的運作方式且擁有參與管道，與其將自己帶入為在地人的角色，不如謹記與善用異鄉地方工作者的身分，在開啟與創造改變上會更有效。也許我永遠無法成為真正的東山人，但去掉身分的符碼後，在地方上的所作所為，才是地方工作者最為重要的價值。

陳冠彰

進入地方的易與難

每當聽聞在國外從事研究的人聊及跨文化進入田野的困難時，我總是自問若研究的地方即是日常生活的區域，那麼研究的挑戰和可能性為何。身為在嘉義市長大的研究者，我選擇以嘉義作為研究地點，因為它對我而言是日常生活的一部分。雖然可以輕易地進入田野現場觀察，但如何真正融入當地社會網絡，而不僅僅是觀察生活，則是一種挑戰。

成長過程在嘉義又以嘉義進行研究的我，仿若只用一隻眼睛在觀看，容易失去對空間深度的立體感知，而重新思考什麼是我鄉／市，或張開另一隻眼的契機，多半是當非居於嘉義的友人來訪，透過他人的觀點重新對嘉義市進行視差式的凝望，方見地方的深度。

這種視差式的立體構成方式，不僅提醒了對於我城、我市的認識，也促使以他鄉的生活空間來進行認識的再思考。過去與他鄉的關係習慣以內、外為區分，而其中的聯繫多半是靠著觀察和資訊的描述，這種簡化及刻板的觀點會導致對某些對象的單一敘事想像。為了不讓自己僅是想像地方，我開始參與地方日常並以語言作為工具進入現場，除了表達及溝通，更重要的是「我」進到他人的對話脈絡中。下段我想藉由我在異鄉一直錯過垃圾車到參與清潔隊員日常的事件說明，從進入地方到參與他人的日常生活的經驗故事。

參與他方的日常

我的倒垃圾經驗源於外出就學的外宿時光，由於課業和打工，經常錯過倒垃圾的時間，為此我好奇經過住所的垃圾車的時間和路線，翌日跟清潔隊溝通後取得了他們的同意，我在臺一線陸橋下集合，我發現鄉鎮的

垃圾車都停在那裡。向路過住處的垃圾車司機再次解釋後，我開始追隨垃圾車進行研究，跟車的過程遠比預期的困難，因為速度快且行經路線陌生，曲折的道路讓我幾乎撞上垃圾車和倒垃圾的村民。

數日後，當我再次出發時，司機建議我坐上垃圾車，這樣比較安全也不會分散他們的注意力。這個提議改變了我的觀點，我從旁觀者變成實際參與垃圾清運工作。透過身臨其境的體驗和對話，我更深入了解司機與隨行員的工作狀態，以及他們如何看待路上發生的事情。

在參與收垃圾的勤務中，發生了一件事，也因此讓後來進入地方訪談順利進行。某日任務結束，垃圾車準備開回橋下停放，在路口遇上紅燈，我們緩緩地停靠在一輛機車旁，其上頭坐著一對情侶，自然反應下我看著騎士發呆，忽然看到騎士後方的女生在垃圾車停妥之際，迅速以手掩鼻且露出厭惡的表情，隨後她更進一步從口袋掏出口罩帶上，並在男友耳旁低語呢喃什麼，不久只見機車從垃圾車旁迅速離開，意識尚未回神之際，司機轉頭說：「有看到嗎？」並笑了一下。「有看到嗎？」傳達的不只是訊息的部分，同時還是確認我看到這起事件的感受。當我們兩個一同笑出來時，我覺得那是一種關係被確認了──從「我」與「他們」，進入到「我們」的關係中。

在垃圾車上聆聽清潔隊員的對話，他們的一言一行成為我眼中的焦點，任何對他們來說重要的事，對我也變得重要起來。車上的對話是雙方共同建構的事件，我提問不僅是為了了解司機對地方的說明，也是在挑戰地方「本來就是如此」的看法。司機的回答實質上是對事實或意義的重新詮釋，進入地方的日常並非單純為了收集資訊，而是透過多方的交談相互共構對地方的認識。

即使在熟悉的環境中進行研究，進入地方社會網絡仍然具有困難。透過與非居住在嘉義的友人互動，得以重新審視嘉義，透過參與垃圾車收運

工作的經歷，有機會從旁觀者轉變為參與者，體會到地方生活的深層意涵，並促進了與當地居民的互動。這種實地參與不僅豐富了研究資料，也挑戰了既有的地方認知，進入地方不僅是資訊的收集，更是與地方共同構建意義的過程。

王麗蘭

第一次愛上地方就上手

我的田野調查經驗大部分都不在臺灣，而是在「故鄉」，並以團隊的方式來完成。從 2013 到 2024 年間的暑假，十二年來，總共累積了十次以領隊和指導老師的身分，帶領臺灣各科系的大學生組成田野調查團隊，到馬來西亞的華人小鎮去執行地方文化、歷史、社會方面的訪談與資料收集的工作。對臺灣人而言是「出國」，對我來說確實是「返鄉」。

一開始接下這個任務，坦白說我感到非常惶恐。儘管自己受過訪談訓練且身為人類學學徒，但帶領一群非人文學科的大學生，出國進行一個月的鄉鎮文化歷史調查工作，當時只能邊做邊學，後來逐漸累積出一些 Know-How。

我們蹲點的時間長達三個星期到一個月，並且是以國際志工服務的方式進駐小鎮，比一般的臺灣返鄉團隊多了一些不一樣的身分和角色，不過執行的內容跟本書所談的地方調查大同小異。考量人力、物力、財力及簽證問題，我們執行計畫通常為期一個月的時間。若扣掉往返的交通時間，實際工作的天數至少也有 18 到 26 天。

這樣的工作天數，以團體田野調查來說，我覺得是相當理想的時間。從熟悉環境、認識和接觸報導人、展開人際網絡、尋找並深入議題、完成田野報告等文字作品、甚至進行二、三訪，都可以在上述的時間內完成，且過程中感覺充裕和舒適。雖然田野永遠都做不完，但考量各種條件的有限性，我覺得以當時的目標和任務來說，三個星期到一個月的時間是理想的狀態。

異地的文化初體驗：人與地方的破冰

認識地方有不同的切入點，就像戀愛一樣，第一眼總是特別關鍵。我帶領的田野調查團隊是到馬來西亞的華人小鎮和漁村。儘管是在國外，但因為是華人聚落，語言基本上都通，不過我注意到團隊對於新環境還是會緊張和不安。原來，人與地方也需要有某種程度的破冰，才能產生連結和關係。

因此，我設計一個橋段：抵達當地的第二天早上，大家從民宿走到大街上去覓食。馬來西亞的早餐店很特別，一家店面有很多小攤販，你可以隨意點餐，有椰漿飯、咖哩麵、鬆餅、雞飯等等。還可以跟路邊的其他攤販點餐，請他們送過來。體驗與臺灣這麼不一樣的飲食文化，就是團隊的異地文化第一課。

我的任務只是把他們安全帶到早餐店，坐下來之後，就讓他們自行去發揮了。我心裡想的是：既然語言是通的，那麼就讓他們自己去闖蕩吧！包含怎麼點餐、要多少錢、餐點的種類，我連簡介都省略掉，目的就是讓他們投身進入一個全新的世界。讓他們打開所有感官，親身去經歷異文化的衝擊。過去每天在臺灣的早餐，那麼習以為常的簡單流程，一到異地，就有了不同的面貌。如此一來，全身的感官彷彿都活躍了起來，我感覺到他們的心都在顫動。

這個早餐的文化衝擊對他們來說印象異常深刻。我也在這個過程中，得以觀察不同的人、不同個性如何面對和解決眼前買早餐的困難。冒險型的人很快就察言觀色，看當地人怎麼點，並模仿他們，很順利就點到餐了。一些比較內向的人，就可能跟著冒險型的人，選擇走一條相對安全的路。了解團隊成員的個性，有助於我在正式的田野調查工作上分組與分工的安排。而這一場早餐的邂逅，成了田野筆記中重要的篇章。

任務結束後要離開的前一晚，大家圍在一起規劃隔日早晨在當地的最後一頓早餐要怎麼吃、去哪裡吃、

點哪些食物、配什麼飲料⋯⋯。看著大家認真的神情，我想，這應該是一種愛吧！

返鄉不能空有熱情，還要有能力

以我十多年來帶領團體田野操作的經驗，我深刻體會到想要返鄉從事文史保存、社區營造、地方創生等工作，田野調查的技能必不可少。但這並非什麼高深的祕傳武功，而是只要有心學、人人都能夠上手的技能。最重要的覺悟是：想要做好田野調查工作，絕對不能空有熱情！用熱血燃燒的生命，很快就熄滅了。

我一直把團體田野視為一項專業工作，需要具備方法，以及領導、溝通等能力，而這些能力背後的最大推動力，來自於每個參與其中的人，共同的興趣和動機所匯集出來的動能。我覺得，這好像是一門「對地方的愛」的課程。

然而，「對地方的愛」能教嗎？我何德何能，可以「教」別人如何「愛」一個地方呢？回想過去十年來，培育和訓練各科系的學生，從理工科到人文學科、從大一到博一，這個過程彷彿是「第一次愛上地方就上手」的系列課程。

來參與的同學們共同點固然是對文化和歷史有興趣，也不排斥田野調查的工作，但我從來無法保證、也沒有信心的是，他們會不會喜歡這裡呢？他們最後會不會愛上這裡呢？從團隊的組成、培育、訓練，到現場的實作、田野調查報告與文章的檢討、修正及驗收，我們花了非常多時間、熬了許多夜晚。

最後，我發現就算沒有愛（畢竟愛的培養需要時間），但我肯定的是，一定有感情。他們用心待過、認識過、經營過的地方，終將成為他們生命的一部分，比起其他更著名的旅遊景點，他們更願意回來這裡，看看老朋友，說出一段故事。

對美好生活的想像

近年來，我越來越發現，撇除掉田野調查的任務，其實這可能是回返某種自然的生活方式。在一個地方蹲點，跟當地人「聊天」，回到住處寫下所思所想，再跟夥伴聊聊感想，或者不聊也無妨。感覺上，這是換一種方式過生活的機會，也是追求心目中理想生活方式的作法，一種趨近於浪漫不羈的美好生活想像。

當團隊工作結束，我把團員們送回臺灣，飛機騰空而起，一切彷彿回到原點，我才想著，這趟行程充其量不過是他們人生中短暫在異地的一個月，到底為什麼我會想要他們愛上這個地方？

後來的後來，不少人回到臺灣之後，總是不經意地回想起這段在異地進行田野調查的日子。有人說自己改變了看待地方的眼光，學會和一個地方相處，學到認識地方的方法；有的人後來以浪遊慢走的方式在日本京都住了一個月；有的人回到桃園老家，開始關注當地的文史團體⋯⋯。我想，也許是我們從來沒有機會在「地方」好好地生活過，以至於到了異地，反而激發出某種思鄉的情懷，進而促使我們做出更多的行動。如此，地方於「我」，才有機會產生不同的意義和連結。

對我來說，地方的田野調查工作沒有任何捷徑，而是搏感情、花時間、曬太陽、汗淶背，完成一場又一場與在地人合作的集體創作。

蔡念儒 ——

帶來改變的外人

我進入地方的行政機關工作有點是誤打誤撞。最初因為讀研究所時參與地方運動，而開始接觸議題。2010年代，臺東興起土地開發及地景改造的風潮，導入各項大型建設和開發計畫。我從陪同朋友開始參與談判，涉入各種地方文化資產、環境運動現場，書寫建築和場域的評論，開始參與地方社會倡議。研究所畢業、服完兵役後，就這樣意外在文化機關待了下來，中間轉換過單位，從臨時人員做到研究人員。

從社會參與到行政機關，我深刻感受到與地方距離的轉變。對於邊陲地方來說，社會倡議不是多受歡迎的事，這迫使人們面對討厭的衝突和隨之而來的激烈改變。尤其是2008年美麗灣渡假村抗爭事件，激化了原本臺東的保守環境，改變抗爭者的看法。相較之下，八八風災後大量的重建資源及改善進到地方政府體系，行政機關人員則是受歡迎的「外人」角色，帶來的是補助經費及神燈精靈般的許願對象。

兩者的形象也是鮮明的對照：社會倡議者必須拋頭露面闡述理念，而且來無影去無蹤；行政機關人員則是在各種公文書及會議場合中若隱若現，但卻是穩定地在地方工作及生活。這加深在地人對兩者有著不同的看待：倡議者是地方的攪局者，地方官僚則是給予者。其實兩者都具有外來價值系統的「外人」身分，只是在地人往往沒意識到，而賦予了各自的想像。

想像與現實的距離

官僚之所以作為地方上的外人，肇因於臺灣從傳統權威到民主的國家發展過程，在想像與現實有相當的距離。臺灣社會對於官僚的想像，是在

中華帝國傳統以首長權威的官僚體系與美國為主的公務體係之間擺盪，在「人治權威」及「法律效率」的矛盾中理解官僚體系的運作，人們總是期待從中找出唯一解方，這導致官僚經常以權威的角色出現。

但現實上，二戰後的臺灣社會經歷過國民黨戒嚴、土地改革、美援、工業化、民主化運動以及加入全球貿易體系等時期，大約每隔十年地方社會便遭遇新的衝擊，但同時，地方自治法及農漁會等組織卻持續存在，鮮少遇到挑戰。數十年來，臺灣的地方政府體系是在定位不完全的基礎下，為面對這些轉型衝擊，被動進行緩慢的組織改造，加上各種選舉及地方自治之下盤根錯節的結構。這使得地方的行政治理體系處於一種不穩定的狀態，雖然有法規及組織規章約束行政機關的權力，但必須結合疊床架屋的地方組織和派系，才得以運作。這構成一種難以全然窺視的權力網絡，存在著相當大的模糊地帶，身在其中的每個行動者，都受限於自己能接觸的網絡範圍，構築自己的視野和對於行動成功的理解範圍。

如此受限的環境下，在許多從外進入地方的政策計畫中，常會看到這種場景：外來的行動者對於自己的品味、技術及能力過度自信，結合地方官僚提供的「成功案例」，便搭起計畫的執行過程。許多公共事務陷在各種官場文化的關係當中無法自拔。於是，好的理念進到地方行政後，變成符合官僚美學的紙上提案，經過鎂光燈前的行銷而顯得精美壯闊，但各種展覽、影片、行銷、美化政商關係的慶典活動，除了留給地方民眾的短暫印象，很難判斷在地方留下什麼痕跡。

運用治理：
創造對地方有意義的價值系統

透過上述過程，我逐漸發現，如果不希望只是扮演永遠在過水的外人，而是一個成功的行動者，那麼運用倡議者的角色，常有意想不到的效

果。倡議者在地方的溝通，立基在掌握文化脈絡的治理，藉由一個又一個的事件，逐漸把要做的事件論述，放置到地方的意義網絡之中，才有辦法讓事件發酵。

「治理」有著強烈的現代美學及理性的意涵。教科書與文獻中呈現的治理，仰賴著特定框架的既視感，閱讀者只要掌握足夠的數字及藍圖，根據智能的拼湊，就能看到整個地方生態的結構和路徑，然後解決問題或找出某種反思性。但這樣高度理性的安排，大多時候並不存在於地方的關係及溝通語言之中。

現實生活中要找出有意義的價值系統，需要自己想辦法的勇氣。地方的數字與資訊永遠是片面的，政府機關掌握的資訊往往來自於粗糙的「盤點」，過時且仰賴當事人的主觀意識，卻沒有找出人群互動的關鍵價值，因此政策的執行彷彿只是在一片迷霧中仰賴有限的嚮導指引。但真正的價值系統，卻是在日常生活中許多小型的聚會活動與溝通過程中發展出來的，而且需要倡議與引導才會露出樣貌。這也是讓社會運動式的參與觀察成為一種進入地方的好方法。

因此，掌握公共資源只是一個基礎，結合官僚及倡議者的所長，運用田野調查的兩種策略——一邊藉由業務建立合作關係，一邊累積對脈絡的理解——找出社會的運作系統邏輯及價值觀的分類方式，輸出有效的行動，積沙成塔地進入既有的價值系統，或許是可發揮的「外人」角色。

CHAPTER 13

關於地方，
我們說的其實是……

邱星崴

何謂地方、地方性、地方人

臺灣是一個得天獨厚的島嶼，除了沙漠，擁有全世界的自然景觀。數千年來，一波波的移民進入島嶼，在不同的環境共生，發展出多元的生活方式。部落、客家庄、福佬村、漁村、舊城、老街乃至眷村，擁有不同的藝術美感、飲食習慣、祭祀慶典等，都是在地族群因應自然環境揉合文化特質的結晶，兩者交互影響，形塑了所謂的「地方」，承載著特定群體的記憶與情感，並在空間上顯著分布。

所謂一方風土養一方人，地方就是孕育著地方人的子宮，而地方人就是黏著於特定地方的社群，分享著一致的世界觀：在時間上，擁有相同的生命意義起源，例如北臺灣客家人以義民爺為共同祖先、泰雅族人發源自大霸尖山，或是孩子成為關公、媽祖或石爺的契子；在空間上，投射共享的象徵意義，例如中南部許多五營兵將、風水概念至今未衰、賽夏族將東方視為神靈前來的方向等等。

吳濁流在其半自傳《無花果》裡的描述，就是客家人所理解地方的最佳註腳：「今天，十四庄的人民能夠和平地生活，任何村莊的田裡都有水流，有稻熟，山上有茶，生產很多的橘子，這些都是義民爺的陰德，如果

沒有義民爺,恐怕不會有這樣的幸福日子過。」這段話出自吳濁流的祖父牽著九歲的他散步時,走上山崗所見的景色。其中十四庄意指義民祭的祭祀圈,從桃園楊梅一直到新竹峨眉,遍布著水稻、茶葉、柑橘的三層式地景,這些產業都是義民爺的恩賜,應該懷抱感恩之心,感謝義民爺。換言之,身為晚清文人的吳濁流祖父,其眼中的地景充滿溫度且持續循環:客家人需要努力耕種感謝義民爺,而義民爺又會保佑豐收。這就是北臺灣客家人的「地方」。

每個地方清晰可見的特質,就是地方性(locality)。簡單來說,地方性作為地方穩定的結晶現象,就像擁有獨特精神氣質的個體,雖然每天都在改變,細胞不斷新陳代謝,又經歷各種事件,因而有所差異,但仍是那個自己,並不會睡一覺起來成了不同人。同理,地方也是每天都在改變,每天都有人過世、出生,但地方還是那個地方。每個人的精神氣質,是由長久累積下來的經歷所決定的;地方也是經過數百年甚至千年的累積,沉澱出特別的精神氣質。這就是地方性。

地方性關乎著特殊社會關係的延續,也就是地方人(社群)的延續。換言之,保存了地方,就保存地方性,也就保存了地方人。說穿了,這與生態保育的概念相近。事實上,地方生態與地方社群其實有雷同的命運。工業化、都市化的衝擊,導致自然環境惡化,許多物種滅絕或瀕危,就如同能說母語的地方人越來越少。

在資本塑造的空間(連鎖大賣場、百貨公司、豪宅),並無社群文化存在的可能;資本空間擴張的過程,也就是紋理抹除、文化解離的過程。都更就是最好的案例,許多老聚落被連根拔起,社會關係被改造為交易關係。而如今,新自由主義浪潮已經拍上鄉村,地方能否維持主體性挺過將是關鍵。地方已是文化最後的棲息地,承受著龐大開發壓力。我們必須守住臺灣最後的文化巢穴,否則將無立國之本。

地方性為何重要

懂不懂地方性，重點在於能否正面表述地方，明確談出何謂南庄、鹿港、坪林等各地聚落。否則，失之毫釐差以千里，人類跟黑猩猩的DNA也可以視為毫無差別。沒有地方性作為準繩，我們難以評估方案的優劣，不知道要保存什麼、以何為基礎發展模式；乍然讓資本進入缺乏配套，更有可能毀壞賴以維生的家園。

眼下臺灣外來種充斥，正如同各地荒謬的「地方取代」現象：老街變成夜市、部落變成露營區、老市區變成夾娃娃機店。因應於此，類比生態保護的觀點，保育物種從恢復環境開始，保存文化也該由保護其棲地著手，客家庄就是客家文化的棲地、部落就是原住民文化的棲地。所以，因應臺灣「地方取代」的特殊現象，臺灣地方創生的目標應該是整體地方之延續，也就是地方性的保存。透過地方性，喚起居民認同、喚醒歷史記憶、傳承文化技藝、建立環境連結，而缺乏地方性的概念，地方創生就會變成地方亂生。地方需要創生，但需要以地方性作為地方的主體前提。

佘岡祐

何謂地方？多元的視角與觀點

地方感、地方性、地方創生……，「地方」一詞時而出現在我們周遭，但它的面貌在大眾視野中相當模糊。地方(place)在人文地理、文化人類學中最為簡單的定義，是指「被賦予意義的空間(space)」。至於空間會被賦予意義，是因為個人、家族、社區、族群具有詮釋或使用資源的需求。而空間的自然條件、對於空間運作的理解和生活經驗，讓生存在其中的人們發展出豐富多樣的文化，並反過來影響空間的意義。這種在相互影響下含有在地族群、自然景觀、經濟活動、藝術美學、宗教哲學等元素的複雜系統，就是地方的具體表徵。

從山村到漁村、從部落到眷村，臺灣擁有多樣的自然環境與族群，造就豐富的地方樣貌。地方是被人所定義出來，我們可以用地緣、血緣、祭祀圈、產業等元素抓出一個公約數，清楚指涉地方的範疇與主要特徵，這就是「地方性」。但事實上，在地方中生活的人們，對於地方的詮釋會有所不同，造就看似一體的地方內有著相當的異質性。而且，「地方」的範疇是個相對的概念。在不同的情境下，它可能是家族、社區、鄉鎮、生活圈，以至於縣市、國家。地方複雜多樣的性質，正是田野工作的迷人之處，也是挑戰的來源。現代國家的制度和政策設計，追求的是以國家為尺度的效益最大化。但此種由上而下的治理，一般不會也難以考量小尺度地方之間的差異，導致施行時常需要相當幅度的調整才能順利運作；另一方面，地方為了資源管理、社群治理及文化傳承的需求，會出現一套由風俗、禁忌、道德標準、權力關係網絡等組成的社會規範，譬如原住民族群普遍有的鳥占、夢占，反映資源使用的限制；為了公平分配利益，北門漁民會於王爺廟前點算和分配鰻苗；東

港迎王的七角頭，負有世襲的文化傳承和祭典參與義務。此類社會規範雖不見得相容於現代國家體制，但卻有效維繫地方運作，或至少受到地方社群的普遍認可。

　　基於現代科學與法治的國家體制，和基於實踐知識與在地規範的地方，兩者間的落差，是導致目前地方諸多治理和發展問題的根源。若未能辨識地方的真實樣貌與議題即推行計畫，就像在未有醫囑下服用成藥，雖有可能治癒，但有更大的可能會出現副作用甚至病情惡化。譬如缺乏評估和溝通就推行大眾觀光，很可能只有少數居民獲利，但交通壅塞、噪音、環境髒亂、物價飛升等外部性卻由所有居民共同承擔，臺灣許多觀光區都面臨類似的狀況；未釐清社會網絡便帶入資源和利益，引起地方社群衝突或運用政治實力收割成果，讓執行團隊心灰意冷而退出，在第一線社區可說是屢見不鮮；僅將文化符碼作為文創使用，卻未理解背後的文化意涵，反而不利於文化傳承，像客家藍染意象被廣泛運用，但背後客家族群的生活習慣和淺山藍染產業卻不為人所知。當地方和地方性的本質不被重視和正確解讀，許多地區投入資源和人力卻收效甚微的狀況，也就不足為奇了。

與地方共生共榮

　　併接國家體制與地方社會，將現代性導入在地知識和規範中，提升在地社群與自身的生活福祉，可說是地方工作者們的共同目標。除了田野調查，認識地方性最直接的方式就是浸潤其中，直接用身體去體會。於日常生活中釐清在地作息，在談話中理解在地術語和人際關係，用舌尖感受飲食文化，加入公共活動認識地方運作邏輯和社會網絡，參與經濟活動窺見地方生產模式。在上述對「人」的觀察之外，也要將「非人」納入考量，像是地形、氣候、自然景觀、物種、基礎建設等，皆對地方性的形塑有深遠影響。最後，地方是持續流動的，

隨著時間推移一直在發生變化，我們看到的地方很可能只是個切片，需要隨時檢視和確認接收的資訊在時間軸上的位置。

　　認識真實的地方，才有可能看到真實的問題和擬定對應的策略。但過程中伴隨著的，常是對地方工作者既定認知的打擊，以及對自身價值的質疑。若心裡出現這類聲音：「我能夠改變如此複雜的結構嗎？」「我在地方的定位究竟為何？」恭喜您已走在正確的道路上。想要與地方共生共榮，就必須具備地方的視野與實踐，這過程必然要付出代價。但若能從豐富多變的地方性中萃取需要的元素及探索感興趣的議題，並利用自身專長和內外部資源改善地方與自身福祉，這不正是地方工作的迷人之處和價值所在嗎？當越多地方將地方性作為工作主軸時，相信臺灣整體社會發展會更有希望。

吳宗澤

地方不只是一個概念，而是我們所處的生活世界。我們生活在地方中，不只有所謂的空間和邊界，還包含各種情感、意義、關係的連結。我們固然透過長期蹲點，來加深對地方的理解，但地方無時無刻不在改變，隨著時間會產生人事物的變化。然而，不變的是已經發生的事，如過往的歷史脈絡，我們現在的生活是過去的延續。此外，地理環境、氣候等客觀因素，也是長時間少有變動的。

地方就是江湖

地方就是一群人的生活所在，也可視為江湖。對地方的理解，須將自己浸泡在地方的生活中去感受。如果沒有人的地方，就僅僅只是一個空間，缺乏各種人文、人性的意義。我們習慣用各種方式將地方分門別類，無論是人文地產景，或者生產、生態、生活，雖然這些對認識地方有所幫助，但也要小心，地方並不等於我們將其拆解後又重新拼湊。換言之，我們也需將地方視為一個整體，而且地方內部是高度異質又多面向的。

我們以為可以找到某種象徵來代表地方，但實際上並不容易。誰能代表地方發聲？往往是地方的某些頭人，但他們的聲音未必等同於在地生活者的聲音。能代表地方的聲音，有時是在地習以為常、日常反覆的活動所刻劃的軌跡和紋理。從個人的角度來看，地方似乎就是生活背景，有它獨特的條件和對應的資源環境；然而從群體的角度來理解，地方的狀態也是與地方社會互動所共創的，當我身處於地方，地方也透過我的眼去審視自身。

地方的認同和語言

關於如何在心中擁有地方，我想分享兩點：認同和語言。所謂認

同，是累積自身對地方的感受，慢慢凝聚成一種熟悉的歸屬感。換言之，地方與存在之間有所關聯，是透過內在的感受，賦予地方某種存在的歸屬感，而這種歸屬也會是我們對地方的認同感。從建立地方感開始，也是我對於進入地方最初的想法。要打開你對於地方的感受，前提是你關心自身的生活周遭，願意去感知地方的變化，從清晨白天黃昏黑夜的轉變到四季的循環，不同的人事時地物在同一個地方變化著。地方充滿各種人文意義的內涵，是透過你自身的感受去建立起來的。

你會留意到地方是好／壞、看得見／看不見的同時並存，有時甚至相互矛盾。對於地方其實不存在單一的認同和歸屬感，就像面對「臺灣」一詞，不同人對它會有不同的理解和感受。我們要更進一步掌握對於地方的認同感，必須先從個人的角度出發，再跨足到群體對於地方的認同，這時就會發現上述的問題——雖然大家都有地方認同，但認同的面向可能會完全不同，同溫層和異溫層的想像有所落差。地方理所當然存在著多重的認同感，是因為地方含有多重的社群存在，大家對於過去的經驗和未來的想像有所差異。而這也是我理解的地方的一種狀態，並不存在某種大寫的地方，相同的地理邊界範圍內，實際上存在多重的地方。伴隨著生活和時間的不斷累積，每個人身上或多或少都有多樣的地方感受。

當你能夠在心中留有地方時，就會清楚知道，該如何說出地方的語言。在此，語言並不是指某種方言或古語，而是地方的身世與故事，是能感受到地方承載著各種意義的世界觀。地方的消失，其實就是我們遺落關於地方的記憶，彷彿人們生活過的軌跡都消逝了，變成意義真空的空間；只要我們遺忘，地方就不復存在。因此，我認為應當把地方的語言視為一種文化遺產，不同時期人們行動的軌跡都潛藏在其中，並成為我們現在看到的樣貌。若能看到當下的生活情境與過往歷史脈絡的相接合，並

且「再次述說」，你會發現自己學會了地方的語言，而地方在你內部思考著、運作著，你就是地方。關於地方，如何成為地方，是以身作則，活出地方的性格。

王麗蘭
｜
被質疑的身分與目的

身為大學生田野調查的指導老師，我發現通常在團隊出發之前，大家對於地方已有多種想像。例如，曾經有一位學生想像在馬來西亞的小鎮上，到處都有牛走來走去；也有學生以為田野調查工作是跟民間博物館合作，所以我們會住在博物館的二樓；還有學生想像我們將住在布滿蜘蛛網的地方……。我想，如果請大家把出發前想像的畫面說出來，絕對會是精采的交流。

除了學生對地方有「超越地方」的想像，我們進行這類跨國地方工作也會面臨各種質疑，就算到了網路與科技發達的2024年仍不例外。在出團前，學生們的家長幾乎無法想像我們將到之處的樣貌，經常以「危險」、「落後」或「貧窮」來想像一個地方。我認為，對地方的想像，真的太狹隘了！

我第一年接馬來西亞志工團的領隊工作時，我們的粉絲專頁上還寫著：「由於當地人不懂得如何進行文化保存，因此我們到當地提供服務。」從執行任務的角度來看，這段話似乎沒什麼大問題，但對具有在地觀點的人類學者和地方文化工作者而言，這是一群帶著「指導視角」、上對下傲慢姿態的「下鄉」服務者說出來的話。當時本書主編邱星崴恰巧看到這段話並公開批評，我才驚覺許多基礎觀念還是得從頭說起，於是趕緊和那群尚未建立文化相對觀的大學生討論，如何撰寫服務初衷和目的才符合在地觀點，基礎的在地文化工作坊於焉展開。

除了地方文化工作者本身的反身性思考，我們也面臨來自國際志工界的批判觀點：「本地就有這麼多需要幫助的人，為什麼還要到國外去呢？」這個提問實際上已經是國際志工界老生常談的問題，如何回應這樣

的質疑,也是地方文化工作者產生論述的重要過程,亦即每個地方工作者都必定經過一連串的質疑:為什麼要在這裡做這些事情?你是誰又為何是你來做?為什麼是這裡而不是其他地方?諸如此類的提問在工作過程中族繁不及備載,我一開始總是氣急敗壞地想要解釋或證明,但久而久之,覺得正是這些質疑訓練了我們在地工作的思考。因此,試著把每次的質疑轉變成交流的機會。

地方工作:重新賦予意義的過程

一個空降到馬來西亞華人小鎮的臺灣大學生團隊,通常在地的接受度非常高,反而是在臺灣本土面臨許多質疑。儘管國內普遍上認同國際交流的重要性,但對於「到國外進行地方文化歷史的田野調查」這類型的志工服務仍然缺乏想像。

我認為這是因為臺灣社會對於國際交流與國際志工的觀念太過狹窄,且對國際社會抱持單一的想像,覺得志工服務的接受地必定是面臨 3P 或 3D 狀況──即貧窮(Poverty)、汙染(Pollution)或政治迫害(Political Persecution),不然就是危險(Dangerous)、辛苦(Difficult)和骯髒(Dirty)的地方──彷彿只有這兩個字母的地方,才值得有志工服務。

早年在戰後和冷戰的時代背景下,國際志工服務確實是時事所造,但時代已經大大改變了!根據我近十年在東南亞各地的田野調查經驗,我發現任何帶著良善目的的國際交流、藉由志工服務認識地方、因互動而促進想法與經驗交流的工作,都值得鼓勵並積極推動。無可否認地,有時我們必須透過他者的觀點回望自身,並在實踐中重新定位彼此的角色。

因此,在長期的跨國文史調查工作中,我們除了實質上採集資料,並持續投入文化轉譯工作,從服務提供者的角度而言,其實也經歷了重新賦予意義的過程。我們在過程中不斷修正對地方的認識,也一併擴大對地方的想像。因為有了行動,我們才得

以進行論述，有了論述，才能進一步掌握話語權。

在衝突中尋找異中求同的可能

地方工作必定涉及人，只要是跟人有關的工作必然有爭執。身為自認的資深地方工作者，早已見慣不驚、百毒不侵，而背後的思考是，正因為我們是行動者，我們正在實踐中，實踐過程本來就可以容納多元的聲音。因此，或許我們可以對衝突有新的見解：我們接納衝突，也包容衝突，因為我們要在衝突中，尋找異中求同的可能。

面對地方，有一百種方法，進入地方，也是如此。這是新世代地方工作者的優勢和機會。無論是返鄉或出國，我覺得參與地方工作本身是一件既在地又國際的事（借用馬來西亞《麻河時光》的說法），因為重點一直都是人與地方。一個地方之所以美麗，一定是在那裡的人也很美。

陳冠彰

追蹤蜂徑：地方的看見與看不見

茶山鄒族獵人 Basuya 在一個下午帶領我前往部落附近的溪畔採蜜，下到河谷的途中 Basuya 站在斜坡處尋找太陽的方向，隨後以手遮住太陽直視周遭的環境，並說明他在尋找蜜蜂，Basuya 開始解釋這個動作鄒語稱之為尋找蜜蜂飛行的軌跡。透過以手遮住太陽望向手部周圍的天空，背景會呈現一片明亮乾淨，然後就要細心觀察有無東西飛過。再來要觀察飛行軌跡，無定向亂飛的是蟲，直線飛行的就是蜜蜂。如果很久才看到一隻蜜蜂，表示所在位置距離蜂巢很遠，如果短時間內看到數隻蜜蜂沿著相同的方向飛行，則蜂巢不遠。

我記得那天站在斜坡上，Basuya 向我解釋完畢後，要求我試著利用手遮擋太陽，尋找昆蟲的蹤跡。我凝視天空良久，直到他用手指引導我才勉強看到一道黑影掠過，然而我無法辨別它是否為蜜蜂，更不用說追隨它的飛行軌跡了。身為視覺藝術背景的人，這讓我重新思考「觀看」的意義。他談到不同的昆蟲在飛行時會留下不同的痕跡，採蜜者經過日常的觀察，能夠記住蜜蜂飛行的軌跡。他指出蜜蜂的飛行方式與其他昆蟲有所不同，甚至可以透過它們飛行的高低角度判斷它們離蜂巢的遠近。

對於鄒族而言，尋找或觀察昆蟲蹤跡涉及對環境、昆蟲、植物及地質等方面的先備知識，唯有如此才能夠真正看到「蜂徑」。這樣的知識通常隱藏在各地文化之中，如果沒有特定的觀察方法和閱讀能力，我們可能會陷入視覺上的文化盲點而無法看見這些重要的蹤跡。如何學習觀看和閱讀不同地方的特色，這需要融入當地的文化和知識，並且透過具體的方法去觀察與解讀，才能真正理解和感知周遭環境中的細微變化及重要訊息。

種植的姿勢：關於澤蘭

另一則對地方相似的經驗，是關於西拉雅族的民族植物澤蘭的故事，緣起於我有一間工作室借用澤蘭的西拉雅植物名取名為 I-hing，工作室成立後覺得應該實際上在現場種植澤蘭，因此我請尪姨威仁準備澤蘭種植。第一次移植後，澤蘭在花盆中快速茁壯，但約兩週後整盆澤蘭突然枯萎死亡。我再度請威仁準備了第二次移植，但結果依然如前。為了找出問題，我特意請教威仁如何照顧澤蘭。

威仁問我：「你種植的『ㄗㄕˋ』是什麼？」一開始，我以為他指的是「知識」，於是回答他，種植需要水、土壤及養分。然而，威仁用臺語再說了一次：「你ê『姿勢』（tsu-sè）是啥物（siánn-mih，什麼）？」這次我清楚地聽到了他所指的「姿勢」，但內心更加疑惑，種植澤蘭怎麼會需要特別的姿勢？

為了弄清楚，我重現自己移植的過程：蹲下身來，整理花盆、倒入土壤、小心地放入澤蘭，再輕輕覆土、用手掌壓實。當我還沒完成所有動作時，威仁就打斷了我說：「我知道問題出在哪裡了。」他接著解釋說，我移植澤蘭時所採取的姿勢是不禮貌的。

威仁告訴我，在西拉雅的文化，澤蘭會出現在祭祀用的祀壺中，或儀式時尪姨親手握著作為神靈的器物使用，因此澤蘭有其神聖性，如果在移植時雙腳張開蹲下來，以下半身面對澤蘭是極其不禮貌的。威仁強調如果移植的澤蘭在未來用於祭祀，移植時必須表現出對澤蘭的尊重。他進一步指導我，移植澤蘭時應該雙腳膝蓋合攏，然後鞠躬彎腰，將澤蘭輕輕放入土壤中。種植期間還必須確保人不從澤蘭上方跨過，這樣澤蘭才會健康茁壯。

澤蘭所帶出移植時姿勢的描述，是我過去在查詢對澤蘭科學性描述的書籍中不得見的，從這樣的描述可看到當地人群與澤蘭長久相處衍生出來的特殊關係。從追蹤蜂徑的過程可看

到對於蜜蜂的習性及生存環境的細膩描述,移植澤蘭的「姿勢」／知識則反映出特定地方的人群與植物的特殊相處方式。關於地方,我們說的其實是:如何在探索的過程中嘗試跨越因語言文化而形成的「文化盲」或「地方盲」,從看不見到看見「地方」。

CHAPTER 14

在隱現之間的地方工作倫理

王麗蘭

小孩的魅力

談到田野以及地方工作中的性別、感情和家庭的議題,就想到我在馬來西亞一個傳統漁村十八丁(Kuala Sepetang)所遇到的堪稱神奇之事。2017年暑假,我帶著剛滿七個月大的女兒到十八丁,說是一起出田野,其實只是因為當時我是全母乳哺育女兒,她的主食都在我身上,所以只好把她帶在身邊。過程中搭船乘風破浪相安無事,真是要謝天謝地。我平日偶爾在晚餐後黃昏時間會帶著她到附近走一走,自覺當時遇到的居民並不多,除了幾位熟稔的雜貨店老闆和鄰居,其他當地居民與我並沒有太多深入的交集。

直到兩年後的2019年暑假,老二剛滿六個月大,我又帶在身邊,而把那時已二歲半的老大放到娘家,請我媽媽幫忙照顧。我如同往常在黃昏時分推著十八丁特有的簡易版嬰兒車到處逛逛,突然迎面走來一位阿姨,我們對到眼微笑點頭致意,正打算擦肩而過時,她突然開口問:「欸,上次那個大的沒帶在身邊?」

我著實愣住了,上次?哪次?大的?是指大女兒嗎?欸,不對,阿姨妳怎麼知道我還有一個老大?這次的偶遇事件完全刷新了我對當地人情

世故及情報蒐集能力的理解。當我們說「小地方人情味重」的時候，實際上意味著當地人際網絡的綿密繁雜。我透過此事件才意識到，外地人進入地方簡直就像是住在玻璃屋，一舉一動、一顰一笑恐怕都被當地人有系統地輸入到他們特有的村里系統裡了。

帶著小孩一起做田野，實際上有很多好處。首先，會降低當地人對你的距離感（這點非常重要），小嬰兒可以瞬間拉近很多人之間的距離。其次，物以類聚，我可以很容易地跟有嬰兒的家庭親近，也因此得到許多（嬰兒相關的）情報。再來，能以小嬰兒作為道具／工具開啟話題，很多時候當見面不知道可以聊什麼，小孩就是最好的切入點。有時直覺上以為小孩會干擾我們從事地方工作，但我想地方工作或許是最能包容和接納小孩的職業了吧！

「陪我喝茶吧！」

不過，若要問性別在田野中是否帶來差異或差別待遇，我認為很難說，因為客觀因素太多了。其中包括外表、穿著、態度、神情、眼神，甚至肢體動作等，所以如果要說性別具有影響，其實並不一定。只能說，很多時候在較陽剛性別氣質的場域中，女性較容易有所發揮。

因此，身為女性，必須更有意識地在田野中進行活動。在田野中，身為老師的我最常耳提面命的就是，學生要照顧自己的人身安全，尤其在陌生的地方務必要提高警覺。為了顧及彼此的安全，我在分組時一定按照男女人數比例來分，通常一組內不會只有單一性別。

但有一次在某鄉鎮的訪談，讓我們留下了滿差勁的印象。那是一個午後，一組同學一如既往騎腳踏車到阿伯們聚集的大樹下，想著比較容易找到受訪者。結果，其中一位女大生跟這群阿伯聊著聊著，不知道怎麼談

到了一些外籍女性在當地的事蹟。其中幾位阿伯眼神曖昧不明地邀請她下次可以來「陪」他們喝茶。女大生當下覺得怪怪的，藉機轉移話題不再細談下去。事後我們的討論結果是，阿伯們把一些外籍女性在當地從事性工作的樣貌，套在我們女大生的身上。

類似的言語性騷擾簡直不勝枚舉。有一次，有女學生遇到一名男性受訪者直接開口問：「我家還有多一張床，要不要來睡？」儘管話一說完就伴隨著「開玩笑的啦！」試圖掩飾踰矩之言，但我們內心的警報器早已經「逼逼逼」地響起。

如此的遭遇是我們少數跟性別相關的不愉快經驗，但我並不覺得這是特例。我認為性別的因素是關鍵，而且與族群和階級有相對的關係。我在每個學期末為印尼語學生們舉辦的印尼街參訪活動中，就發現面對不同的族群，性別的議題似乎會被放大。

印尼街參訪活動的進行方式，是希望臺灣的大學生能用印尼語，跟陌生的印尼人搭訕，進行簡單的對話練習。結果有好幾次因為是純男生的組別，而頻頻受到印尼籍女性的拒絕。雖然無法分析出被拒絕的具體原因，但是後來我在分組時，都傾向讓男女平均分配，結果幾乎是無往不利。

性別不會是單純因素，但性別也的確是影響田野工作順利與否的關鍵。我認為重要的是，在地方工作的過程中，我們能否意識到自身的性別、性別認同、性別氣味、感情狀態或家庭狀態之於當地的影響為何。若能意識到，則應進一步思考，實務操作上的合宜性與合理性。在不同的場合，無論須強化或弱化，都應符合田野基本倫理與道德。

佘岡祐
｜
社會網絡與進入地方的倫理

但凡接觸到「人」的工作，就必然會遇到人際關係處理和倫理問題，在地方工作中更會直接影響到工作的成敗。在探討進入地方的倫理時，首先得先確認兩個議題：進入地方的工作內容和性質為何？會牽涉到哪些團體和權益關係人？若是文化人類學、歷史學等相關研究，倫理的範疇基本只會限縮在研究者與報導人之間，注意好訪談和資料使用的知情同意，以及對報導人的合理回饋即可。但若是公共衛生等會介入在地社群生活的研究領域，或是近年來興起的實踐型研究，以及各類在地方執行的計畫，由於涉及到更深層的社會網絡和利益關係，且經常有緊迫的計畫期程限制，其倫理問題會複雜許多。

如果在地方的行動會超出訪談或參與觀察之外，直接影響到在地社群的日常生活，那麼接下來就要確認範疇，界定會接觸到的個人與團體有哪些，以及跟他們的互動方式與關係深淺。一般可以把工作者與不同權益關係人想像成同心圓，最內圈可能是計畫或研究的目標群體、具直接影響力的公私部門，第二圈可能是有參與但關係不如最內圈的個人或團體，最外圈可能是當地的一般民眾、觀光客等。依照關係親疏、權益關係人的性質與重要性，需要擬定不同的應對方式。有些遇到時禮貌性打招呼即可，有些則要經常互動保持連繫。給予適當回饋也相當重要，可能是專業知識、情報、協助文書工作或實質的物質回饋。我在從事地方工作之初，因計畫需求而需要同時維繫多個組織和地方頭人的關係，在未妥善評估下投入了太多資源與時間，反而掏空自身組織的能量，產生深遠的負面影響。地方工作者和團隊的時間與資源都是有限的，確認不同組織、權益關係人的距離和輕重緩急，設定適切的互動

和回饋機制，方能在自身的能力範圍內維繫必要的人際關係，並避免倫理問題帶來的負面影響。

除了與個別組織、權益關係人間的關係，在地的社會網絡也是需要特別注意的部分。有人的地方即是江湖，因為血緣、地緣、族群、就學就業、政治傾向、特定事件等原因，地方會形成各式群體，以綿密的無形網絡相互影響。為了維繫人際關係而提供回饋，或選擇與任何組織或權益關係人合作時，需要考慮其與地方其他個人或團體間的關係並謹慎行動，以免衍生更多實務操作或倫理上的問題。舉例來說，有時檯面上的社區頭人，像是發展協會理事長、里長等，並不一定真正具有決策權，可能檯面下另有其人。即使看似社區頭人能獨自決定的事項，仍常需要考慮其他組織成員或社區居民的觀感。當地方上有多個派系在相互競爭，或只有一主要組織但有相當的在地居民對其有所微詞時，更需要小心處理，選擇與任一方合作都有可能造成其他方的敵意。這些負面效應有些是可以忽略的流言蜚語，但有些會造成工作上的實質阻礙。因此，在地方上的計畫或行動，必須時刻考量到這些社會網絡和外部性所帶來的影響，並非只關注個人與個人間的關係。

自身能力、認知與進入地方的倫理

對於挾著外部資源進入地方的團隊，在地居民多少會有一定期待，尤其是工作團隊所刻劃的未來願景或給予的承諾。但因為時間、資源或外部條件限制，願景和承諾很難完全實現。若在先前給予在地社群過高的期待，無法達成時的落差感將造成相當嚴重的傷害，甚至會讓在地社群不再信任外部團隊，連帶提高後續其他團隊進入的門檻。長期駐點的過程中，我見過許多學術單位、企業、學生團隊、非營利組織在地方上來來去去，也多次以駐地團隊的身分提供人脈、地方知識、參與者動員等協助。在這些經驗當中，

我認為「確實溝通」和「量力而為」相當重要，尤其是有明確時限的計畫團隊。必須要讓權益關係人和在地社群知曉自身的目標、工作範疇及能力限制，讓對方了解真實情況；在給出任何承諾或行動時，需要思考自身的能力和後續的效應，這是保障自身也是保障在地社群的重要手段。譬如，初入社區時無償幫在地組織撰寫計畫，若未讓對方了解這是一次性的特例，未來可能會將外部組織無償撰寫計畫視為理所當然，造成社區組織過度依賴外部組織的不健康觀念，並增加欲長期經營團隊與在地組織溝通的困難。改造窳陋空間時，若在地社群沒有長期的維護計畫和組織，那寧可不要進行，否則很可能出現「閒置空間再閒置」甚至怪罪建設團隊的情況。身為中介團體，我曾為了處理已離開團隊留下的問題而耗費大量資源與時間，也連帶影響後續接待新團隊的意願。無論是在地組織或已長期駐點的中介團體，皆是運用自身的信用和人脈來協助推展地方工作，也常需要承擔各類計畫、個人與團隊所留下的正面或負面資產。但這些隱形成本不容易為人所見，也使得部分團隊恣意揮霍在地社群的資源和信任，對於地方發展而言並非好事。

　　有明確時限的團隊──無論最終成果如何──與在地社群和權益關係人保持一定的和諧，讓在地組織或中介團體沒有額外的負擔，是最基本的倫理要求。至於想要長期駐點的團隊，相關的倫理問題會逐漸累加，影響夥伴關係的建立與運作。進入地方的倫理複雜且多變，但若能掌握基本原則，相信對於地方、權益關係人、工作者，都會有所助益。

蔡念儒

進入田野的角色及其相關

田野大略可以分成兩個層面。一個是實務上的層面，需要掌握某種特殊地方現象；另一個則是「沉浸」和學習的層面，理想上這種學習可以創造長期、穩固及互惠的良性關係。

期待「見樹又見林」，掌握地方現象是多數人文社會學科，甚至是各種在地方做事的人所看重的目標。這在人類學中，可用「民族誌」及參與觀察法來概括一切，其中包含對於地方社會的假設、進入當地的觀察，以及各種觀察結論的修正。不過，進入地方還需要先認清，「觀察」和「行動」其實是同時並進的事情。人與人之間的互動，除了依循法律或倫理規範，更多來自於對彼此角色的確認。在地方的「田野調查者」不是一個自絕於外的角色，任何調查者的出現對當地人往往就是新的衝擊。你觀察當地人的同時，當地人也在觀察你的行動。

理想上，我們希望這種觀察行動可落實在與田野對象的關係中。就好比我們在某個陌生的國家學習語言，既學習在語言的情境中了解當地人的思考，也希望透過這語言來介紹自己及自己的文化背景，甚至是貢獻自己的意見、能力及知識，對當地人做出某些協助，進而對地方產生良性的影響。

換言之，地方知識多少是從田野中的「情境」而來，但產生地方知識的情境不見得固定不變，而田野的倫理在於如何確保這情境，包含需要告知提供知識的報導人足夠的調查目的與來歷（知情同意原則），對於研究有貢獻的報導人、翻譯者及研究對象，也要提供認可及合理的回饋（互惠與回饋原則）。

當工作遇上田野

若是純粹的學術田野調查，倫理可限於調查者與研究對象之間的關係。但如果是因職場工作產生的田野調查，就不是如此單純的田野關係，多少會夾雜利益上的協調或某種回報的期待。行政機關握有資源和行政權力，民間難免有「官大學問大」的預設心態，期待配合官方的調查可以帶來一些權威上的效益。

這種工作的介入通常是兩面刃。行政機關需要資料的透明度，多少會影響研究對象隱私與機密的權利，保護報導人的隱私，使其免於因田野調查過程與結果而產生心理或生理的負面影響，這在常識上是大多數人都能接受的事，但在實務上，就算告知當事人也不見得能立即領會或產生有效的結果。這其實也是提醒機關及當事人，田野調查的效果多少需要事先評估，尤其是對於有關文化及個人創作結晶的事務來說，是否有需要行政上的介入，還是僅是個人的探訪，多少也要評估。

此外，在工作上，也需要注重田野調查社群的福祉，像是告知研究對象已發表的研究成果（分享原則），以及關注研究對象文化傳承的處境，盡可能協助他們取得關於其文化保存的紀錄，以利其文化建設（協助原則）。給予能直接落實的實質承諾，而非事前答應、事後拍拍屁股走人，是很需要留意的事。

從田野到書寫的倫理

倫理也會發生在田野場域之外，尤其是田野對應到書寫本身。田野的經營好壞不見得與書寫的內容有關，但田野經營的結果可能多少會影響寫作者的寫作特質，而書寫的內容肯定會影響田野的情境，甚至是當事人的記憶和論述。

書寫是一種看不見的場域，寫作者的作品發表後，總是要面對讀者社群或學術社群。民族誌及田野報告被視為具有真實性的文本，寫作者的

誠信是最基本的要求，須避免添加不存在的事情，或是扭曲某些事情，甚至藉機掩飾一些不當的行為。

誠信也涉及成果分享的倫理，要求研究者公開適當的研究成果，使其能為後繼研究者所用，是個合理的要求。只有在非常特殊的情況下，研究者才能在某段時期內不公開或不傳播其研究成果。此外，遭遇田野工作者書寫困境時，多少應考慮將之視為公共議題，扮演公共知識的提供者，適當提供行動方案的線索。

最後，常會遇到的問題是，同一個田野地點或研究議題可能存在著不同的調查者。雖然彼此有競爭關係，但仍應不阻撓其他調查者，要讓他們享有進入該田野地點或研究題材的同等機會。

進出田野，要謹記田野是一種濃縮的社會，田野工作者也是一個高度濃縮的社會角色。能力越強，責任越大，「不為惡」是基本的要求，「求共好」則是田野工作者的自我實現價值。

CHAPTER 15

地方實踐的焦慮與希望

劉書甫

一份失落感

隨著都市擴張與更新，街景和店家頻繁更易，街道與空間重組，或店家因世代間的傳承斷裂而吹熄燈號，總讓人興嘆都市之「沒有歷史」，於吃景尤然。

我初回到臺中時，所感覺到的便是這城變化快速，商業氣息濃重，一逕擁抱創新，讓生活文化不易累積。新歡來不完，舊愛留不住的情況下，竟給人一種「無根性」的感受。

臺中自清代建省城未果，至日本時代才規劃而成，是相對年輕的城市，並無如「一府二鹿三艋舺」的老城底蘊。作為中部第一大城，廣納各地一批又一批來此求生的移民人口，並隨臺灣歷史上數度的文化與族群換血而更替、覆蓋、拼貼、混血。最初與最終都是生存考量，依隨區域發展與商業環境而生滅的都市飲食，也就更不容易留下經年累月的老東西了。

而即便是老城，本來也難免面對著老工藝失傳、老店消失的傳承斷裂。

有年歲的飲食空間作為既非住家，也非工作場所的第三空間，充滿時間的印記和市民的回憶，我認為是都市的「地方資產」，有新興店家所沒有的故事力。隨著某間老店的歇

業、某種食物或飲食空間的凋零，我們失去的不只是一間店、一個充滿回憶的地方，我們也失去一幅熟悉的城市地景、一項依賴飲食情境而獲致的生活情趣、一種依賴飲食空間而維繫著的社交生活或日常儀式。因此，可以說也失去自我的某一部分，因為某種情感彷彿只有在某個場所或味道中才能存活。基於以上種種失去，我們感到失去的是一種飲食文化。

因為感受到凋零的趨勢，因為預見將面臨的失去，我們提前惆悵、提早懷舊，抓緊機會造訪老店，自顧自地與看不見的時間賽跑，不時懷念，終於弄成了一副老派。許多人要到了年紀稍長，才越發欣賞舊時代延續至今的飲食空間及其保有的人情味。我們這些老靈魂當然也愛美味的燒肉，也懂薯條、雞塊配可樂的快意，但我們更珍愛歲月造就的質感與人情味，以及不願失去能參與其中的自己。難怪，作家的飲食文字作品裡總是那麼多懷舊之情。

寫作能做的事？

藉由食譜的方式紀錄老菜式、邀請老師傅或長輩擔任餐飲學校的業師，或規劃師徒制的方式，傳承手路。我們可以想像結合地方調查，與產、官、學的合作計畫，推動地方飲食的保存工作。

不過，技藝的教學與傳承之意願、店家是否有下一代接續，最終都回歸到經營者個人的想法與決定，不是熱心的文化工作者能全然掌控的。而且，即便得以延續，後繼接班者的作為又能實際延續多少？口味變了，老顧客因著失望不再上門，社群逐漸消失者有之；後繼者將空間重新整修翻新，卻完全喪失過去的空間味道者有之。

其次，都市飲食的延續方式，往往就是為一項地方食材或食物再次找到商品化的條件。然而，當「商業消費」成為地方食材或食物的生產的主要訴求，「地方性」還能被再現嗎？透過塑造具消費吸引力的手段來

建構「地方特色飲食」，以促進消費為目的，如此，承載在地生活脈絡的「地方性」不再是地方飲食商品的出發點，反而以消費性作為基礎進行再建構。不管是官方或民間所為，這種以「形象工程」將地方文化商品化、品牌化，再藉由跨區域複製、網購、宅配，確實為地方飲食產品創造購買需求，消費行為本身卻充滿「無地方性」，這是不是飲食保存的兩難？

終將逝去的地方性，是不是終究只能透過地方文化工作者或作家的文字紀錄存證？

地方工作者將田野調查的成果訴諸文字——尤其是文學式的，而非單純學術式、教科書式的陳述——是不是多少能喚起並創造地方的立體感受，再現場所精神？閱讀和談論跟食物有關的故事時，我們會提到農業、供需、市場區位、味道、社群、品味、技藝與記憶……，打開地方飲食所處之環境區域，並展演其中的人文活動。當人們接觸這些故事時，便能清楚瞭解到，食物如何是詮釋地方的主要方式之一。就像進入地方，啟動田野工作之前，總會先尋求相關文獻，文字會不會是地方性邁向靈光消逝的過程中，最初與最後之境？

吳宗澤

重新回到地方,並不是一件容易的事。以我所在的埔里來說,大部分的人都會認為好山好水,然而細看之下,會發現埔里的空污很嚴重,還有超抽地下水的問題,一個被山環繞的城鎮,卻鮮少有人行步道和樹木。而過往耳熟能詳的木工廠、蝴蝶標本、黑膽石等,也因為對自然資源的掠奪,致使產業最後走向末路。

上述發生在埔里的事情其實並不特別,時常可見主流經濟因發展的需求,犧牲了地方的環境、生活及對公共議題的關注。我們固然可以很輕易地把這些事情和資本主義相連結,然而回顧臺灣在以農養工時期,大量的勞動人口移往都市,農業的剩餘價值被移轉到工業上,致使大部分地方都有人口外移、產業外移、人口老化的現象。因此,當我們回到地方,不只要面對經濟上的生存壓力,同時也必須關注公共事務,才有可能重新調整地方,回應全球化、現代化對地方造成的影響和斷裂。

我長期關注的是農村如何延續,透過務農的方式,將一塊一塊的田轉作成友善耕作,來照顧埔里的環境和棲地,同時經營在地的青年社群網絡,無論是移居青年、返鄉青年、青農或認同友善理念的店家,大家慢慢凝聚起來,不只是在地方上好好生活,也透過「相放伴」的方式,彼此支援協力,讓社群成員可以成為彼此的力量,慢慢形成一個社會支持網絡。

然而,這些事情並非一蹴可幾,從後見之明的角度回望顯得理所當然,可我和夥伴們花了很長的時間,從務農開始慢慢創造自己的收入,也選擇農村常態的工作型態「兼業」,來讓各自可以在農村生存下去。同時也願意去陪伴各個小農,去理解他們現在遇到的問題和處境,並在我們能力所及的範圍內提供協力,慢慢建立起彼此的信任關係,培養出「相放

伴」的習慣和默契。事實上，這些都要花時間，並不會有人為我們的時間付出金錢，穀笠合作社在地方上確實擁有很強的青年社會網絡，雖然我們並沒有很強的經濟實力，但我們擁有豐厚的社會資本。

如此實踐卻也是難題之所在，並非人人都同穀笠一樣，認同社會的價值優先，也有年輕人會恐懼擔憂下個月的薪水和收入，或抱持著「等我有錢後，我再來貢獻」的想法。和社區互動時，時常被問說「你們靠什麼生活？看不懂你們在做什麼」等等，當聽到這些聲音時，確實是會讓人挫折。當大家都在忙自己的經濟收入，而無法參與公共議題的行動和討論，也會讓人覺得無奈。有時當情緒上來，我也會出現這樣的想法：「我又不是埔里人，為什麼要做這麼多事情？然後還沒有穩定的收入，憑什麼？為什麼？照顧環境又不是我個人的事情，關照埔里的水資源也非我一人能辦到的。環境變好，不是大家都能受益嗎？」其實心底早就產生不平衡。

但轉念一想，是我自己選擇留在埔里，我喜歡這裡的環境。我能順手把看不順眼的地方調整，是因為我看得到問題，也有能力，而非大家無感，其實一般人並不清楚該怎麼做。當我能夠換位去體諒別人時，通常會有意想不到的新轉機，也才發現困住我的不是他人或地方，而是自己的預設立場。

值得欣慰的是，穀笠合作社的社群日益拓展，願意選擇留在農村、無論務農或成為農的協力者，這樣的社群夥伴越來越多，那種獨自面對的感受越來越少，而這也是我期望的。許多主流的想法是，要創造就業機會來解決地方的問題，然而地方的問題從來不只是地方造成的，更多是全球化、現代性及資本主義帶來的影響。我們其實需要更多人手，重新建立地方的主體性，從農村很重要的環節，就是有人願意務農，拿回糧食的自主權，再慢慢擴及到各個行業，無論是手釀、果醬、麵包、餐飲等，透過凝

聚社群和互相放伴,創造出一個能半自給自足的生態系,就能在經濟、社會等面向擁有主體性,而這個主體性將擁有韌性,能快速調整並回應外在的變遷。

此時,地方正在經歷各種外來力量而分崩離析,確實需要有人攜手合作重構地方的主體,先試著定居成為地方,再打造人與人、人與地方的關係。我認為是有機會可以在臺灣的農村中實踐出當代的烏托邦。

王麗蘭

從事地方工作的人，或多或少都帶著焦慮的心情，除了個性的因素，我覺得是因為我們自己如何操作，將直接影響到地方。不論影響有多大，我們終究是介入了。一旦認知到這一點，那份焦慮感將如影隨形。

在臺灣，身處事事講求KPI和數據的時代，地方工作者很大一部分的自我焦慮，源於不確定所做的計畫對地方的影響或幫助是否為正面的、有助益的或至少往好的方面前進？就算是量化評估，我們也時時在想，該如何評估才會盡可能地把當地社會的真實面貌反映出來？

然而，我們在實踐的過程中，卻也不能因為績效不好、數字不好看而放棄，所以慢慢就變成焦慮始終伴隨著計畫的執行。突然某天有件事情發生了，我們會猜測那可能是我們長久蹲點所帶來的正面影響，抑或只是巧合？

另一方面，若摒棄量化評估，讓我們重新設計評估機制，那麼我們就必須審視：什麼叫作「對地方是好的？」怎麼樣對地方才是好呢？好的發展？好的經濟效應？好的名聲？好的旅遊契機？還是讓地方的大家過上好日子？

再問下去恐怕是對於「好」的大哉問。在地方實踐的過程中，我們每天都在跟這些問題互動，在每個計畫或行動背後隱藏的是，地方實踐者對地方的期望，或許更多的是，我們對自己在這個地方所作所為的期望。因此，焦慮與期望之間是動態的過程，也因為每個地方的際遇都不一樣，我們一直沒有標準答案。

文化歷史保存工作是為了傳承，還是……？

多年來，我在馬來西亞華人小鎮從事地方文化歷史保存工作，有兩個案例讓我畢生難忘。在霹靂州務邊

小鎮，有一間由海南人阿明哥所開的「瓊美」咖啡店。兩層樓的店屋，一樓是做生意的地方，賣南洋咖啡，還有傳統點心和餐點，也開闢了一個小角落賣一些文具，扮演著小鎮上雜貨店的角色。

店主阿明哥大約六十多歲，是當地第三代海南移民。他的爺爺早年推著咖啡攤車沿途叫賣，久而久之有了一家店面。店裡斑駁的牆面上，放著一張張發黃的咖啡店招牌菜色的照片。走進狹長的咖啡店，原為中庭的地方，天花板上開了一個天窗，陽光灑了下來，一道道金色的陽光正好灑在冒著蒸氣的熱水爐上。阿明哥熟練地從熱水爐裡舀起一杯沸水，往檯面上的咖啡濾袋一倒一拉，香濃的南洋黑咖啡順勢盛滿一杯。

這樣一間咖啡店在當地頗有名氣，我想是因為老闆的好人緣，以及老闆娘的好手藝。於是，我們拍了他們的紀錄片，短短五分鐘的影片把瓊美咖啡店的一生，透過影像的方式紀錄了下來。我們在當地公開播映，影片播完後有簡短的老闆映後座談。我到現在還記得老闆站在講臺上微微顫抖的雙手，以及閃著淚光的雙眼。

未料兩年後，當我再次光顧瓊美時，它已經煥然一新。老闆大手筆裝修老舊店面，除了招牌，印象中的老咖啡店已經蕩然無存。看著依舊熱情的老闆，我內心百味雜陳。是啊！我在期待什麼呢？文化歷史的保存是要保存什麼呢？誰能決定什麼應該保存、什麼不應該保存呢？就算硬體和建築外觀都保存了下來，但後繼無人，那是否還能算是傳承下來呢？

讓勞動的身影永遠留存在影片裡

另一個案例則是在霹靂州實兆遠的故事。那裡是福州華人的聚居地，人們習慣吃一種叫光餅的小點心。這次我們的紀錄片主角是一對老夫妻，一輩子都在做光餅，拉拔五個小孩長大。因為工序繁複，又需耐得住熱，辛勞不在話下。

我還記得，那天清晨四點多，

我們一行人騎著腳踏車出發，到他們的廚房實體採訪及拍攝。只見老闆娘一手將搓好的麵餅遞出去、老闆一手接了過去並貼到燒窯內壁，中間分秒不差，默契極好，就像節拍器一樣精準無誤。貼完之後，只見老闆光著上半身，用竹扇子用力搧著老椰殼點著的火，嘩的一下就放到燒窯裡，一邊上下移動好讓內壁的餅都均勻受熱。此時的老闆早已汗流浹背，而我們除了驚嘆老師傅的手藝，也只能笨拙地站在一旁聞香。

紀錄片製作完成後，我們將之取名為《接手》，再現了我們在現場看到的兩人一傳一接合作無間的默契，也象徵海外華人飲食文化在當地的傳承。紀錄片在當地社區公開播映，也上傳到網路，當時引起了不小的漣漪。影片讓許多在地人流著口水，也令漂泊在外的遊子思念起家鄉。這是我第一次感受到，一個短短不到五分鐘的影片，雖然只有一些勞動身影的簡單畫面，卻能引起當地人的鄉愁，造成不小的迴響。

若干年後，我輾轉得知，這對老夫妻決定正式收攤退休了。這個後繼無人的辛苦傳統產業，也就硬生生在我們眼前消失了。旁人的惋惜與不捨也於事無補。老闆現在在教會園區裡快樂地當一位園丁，只有在特定節日才會接單，偶爾重啟爐灶。這個超過百年的家族事業，某種程度上透過影像永遠保存了下來，但也確實在老闆的手上畫下完美的句點。

也許該說曲終人散，或者說天下無不散之筵席，但我們似乎不願意看到地方上的傳統產業走入歷史。當我們在思考老產業的傳承或轉型時，我們是站在什麼角度和立場發言呢？只要一想到這兩個極端的案例，我總是陷入長長的沉思——如何對地方才是好的？怎樣對當事人才是好的？我到目前都沒有答案。或許還需要更多的實踐，才有機會舒緩我個人內心的焦慮吧！

CHAPTER 16

如同重力的地方政策

邱星崴

|

「一窩蜂」是臺灣的常態。每隔一段時間，臺灣的地景或街景就會不約而同刮起一股旋風。1990年代的土雞城、蛋塔店；2000年之後的觀光老街、歐風民宿；當代的彩繪牆壁、天空步道、露營區、藝術季等等，都在臺灣各個角落花開花落，而這些起伏興衰實與臺灣的地方政策息息相關。

戰後地方政策演變

從戰後起算，整整有半個世紀的時間，臺灣的地方社會壟罩在現代化的主旋律下，強調用科學與理性來改造愚昧保守的地方，各種傳統農法被化肥與農藥取代，最經典的莫過於「肥料換穀」，臺灣人必須付出比日本高三倍的價格購買肥料；蔣經國「以農業培養工業，以工業發展農業」的口號，始終沒有落實下半句。於是地方子弟只能拿著通往都市的單程票，回鄉淪為逢年過節的犒賞，配著林強的〈向前走〉以鄉愁當下酒菜。地方就這樣被現代化列車跟蹌拖行，落得人財兩失的下場。

到了1990年代，地方瀕臨瓦解，公共事務逐漸荒廢，加以臺灣國族主義的興起，政府需要新的合法性來源，因此亟需新的地方政策。而社區營造看似能一併解決大小問題，在理

念上,可提昇居民的公民素養、凝聚地方共識、處理公共事務,但實務上,卻產生兩個非意圖後果:第一,造成社區協會與村里長系統的潛在對立,前者可以承接資源,後者容易覺得受到競爭壓力;第二,為了避免紛爭,傾向迴避政治與經濟議題,導致難以處理結構性問題。

接著,在 2008 年,馬英九政府推動「農村再生」的旗艦計畫,地方社會政策正式往觀光化靠攏。基本上,農再 1.0 的政策認為農村已經接近死亡,必須重新拉皮,改善窳陋空間,才能迎來客源活絡經濟;農再 2.0 更提出農社企的口號,農夫不只要專精生產,還要懂得行銷與管理。整個農村彷彿一間大企業,每個農戶都是其中一個部門,社會問題則由經營企業的利潤來提撥解決。2014 年開始的社會創新、社會設計等思潮,看似顛倒了處理事情的邏輯,要用商業手段解決社會問題,都加深了農村公共事務往商業化方向的推進。

地方創生議題

而當代的地方創生,可說是戰後地方政策演進集大成的結果。在此架構下,政府將社會問題聚焦為人口回流問題,並向下開放提案,由地方公部門或民間企業提出。在此,我們看到之前兩種政策邏輯被推到新的層級:在經濟面,要求地方改造或興辦能對接市場的事業體;在社會面,強調要傳承地方 DNA、促進文化復振。然而,這兩者有各自不同的思路與作法,難免有所扞格衝突。更何況,地方問題不只是人口問題,「以投資取代補助」的口號,難免令區域治理零碎化、原子化,也會讓國家公共服務慢慢退場。然而,若扣除可用量化呈現的人口與產值,又該如何顯出政策的績效?

目前在地方創生的概念下,眾多以地方為名的行動似乎取得公約數與更高的正當性,近十年在各地醞釀的行動,紛紛正名為創生,小旅行、文創、走讀、展覽等活動,而花團錦簇

的同時，也進一步加劇地方的焦慮，彷彿地方沒有這些「標準配備」，無法提供精緻、有質感的產品或服務，就缺乏競爭力。這些在地焦慮更進一步刺激地方政府以創生之名爭取經費，又路徑依賴外包給顧問公司或法人團體，將資源調整為特定方式，再次成為政策改變地方的風景之一。

政策是一時的，地方是永遠的

根據上述的考察，我們可以發現，戰後地方政策從現代化以降，重複著引入、受挫、再引入的流程。社區營造來自日本、農村再生來自德國、社會創新（企業）來自美國、地方創生來自日本，這些政策在口號與作法之間錯落，在部會層級之間拉扯，每一次大型政策由中央政府發布，試圖為臺灣社會問題定錨並提出解方，但在績效壓力下，很快又宣布下一個政策。事實上，這些都涉及到何為地方的根本性問題。

以眼下最大型的地方創生政策為例，我們究竟如何看待臺灣整體地方社會？以認知圖像來說，是可以隨意流動的智慧電網，求人口平均擴散於國土；還是複雜的多面體，各種積木有特定形式而不能隨意拼合？以發展路線來說，我們是要追求產業活化帶動人口均衡，還是要調整地方體質、改善社會結構？這些都是地方問題的冰山一角，關鍵還是要看到地方之所以是地方的本質。如果政策是治療地方社會的藥劑，長久下來地方社會的問題好像抗藥性越來越強。地方創生是第一個以地方為名的政策，但不會是最後一個，若要跳脫戰後政策演變軌跡，避免囫圇吞藥的弊病，關鍵在於充分體檢。亦即，從好好認識地方開始。

蔡念儒

當政策走進地方的關係中

我們生活在全球化及民族國家並存的時代，經常把國家及市場體系帶給我們的習慣與知識，當成地方生活的方式。只是這樣的思維來到地方社會，經常面臨走不進地方的關係網絡、四處碰壁的窘境，形成大家經常引以為戒的「由上而下」政策推動失敗。

在地方失敗不是一個現代才有的問題，早在1900年代的日治時期臺灣，批評鄉下人無法教化，出現在無數官方公文檔案及報告書中，這使得採取強力的取締甚至鎮壓措施在當時得到肯定。然而，中央的權威對地方的強制介入逐漸失去正當性，1990年代民主化的臺灣，「由上而下」已是個負面詞彙，意味著威權的中央政府將一套硬性的框架強行實施於地方，忽略地方的需求，造成擾民和行政上的困難。直觀上，這些政策走向失敗理所當然，不過從各種政策歷史來看，臺灣在現代化的過程中，不乏推動得十分順利的「由上而下」政策——土地清丈、部落服勞役、穀物換肥料、九年義務教育、農業機械化等——為何現今中央的「由上而下」就會顯得失敗，而且讓人印象深刻？

檢視公共政策之所以失敗，主要還是政策進不到公共秩序的網絡及地方群眾的品味當中。相較於菁英習慣以「常識」的觀點來看待公眾事務，地方的秩序通常是由各種特殊化的群體利益與關係網絡組成，這些網絡彼此相關卻又各自獨立，依附在不同的經濟資源下，就像俗語「靠山吃山、靠海吃海」，依靠環境條件形成秩序。如果只憑藉知識和資金，無法掌握關係與秩序，其實也難以打進去。

文化權力造就獨特的發展路徑

地方秩序通常會形成傳統,但並非一成不變。19世紀末西方人紀錄下的臺灣,是個多數地方交通不便、仰賴私人武力維持高度自治的聯合村落體系,產業主要仰賴糧食農業,廟宇是地方自治和文化教育的中樞,官府的威信僅限於徵稅、徵招兵勇和平定叛亂,這些多仰仗有功名、官銜或政府授勳的仕紳協助,遑論其他的公共政策。但經過百年的時間,今天多數地方社會,掌握資金的公司取代民間團練,候選人及其身後的選舉團隊取代仕紳家族,高度集中的工業產值遠超過農業產值,再加上各種由國家主導的交通、水利基礎設施及產業園區,儼然是不同的國度。

這變遷過程中,外力的介入扮演主導角色,包括國家政權的武力壓制、選舉、美援、土地改革、進出口投資建設等,將地方居民切割成各種原子化的法定個體身分,像是原住民、農民、公務員、教師、軍警等,再以這些身分去參與不同的組織,如農漁會、職業協會、宗親團體、宗教團體及社區協會等。地方居民受到重組,以地方組織或利益團體參與公共事務,是隱藏在現代化過程裡的關鍵。臺灣的地方組織經過這樣的轉變後,大致可含括為三個系統:地方派系掌握各級地方政府及民意代表的席次,是政治權力的縮影;金融體系如農會及信用合作社等,是儲蓄和放貸的單位,也是資金的主要來源;社區組織則有社區協會、部落協會、廟宇或教會,以及其他各種團體,這些通常是扮演地方文化與社交的基層單位。

值得留意的是,這些地方組織相當程度上得到國家賦權的利益:候選人有政黨支持,在選舉拿到一定票數可以獲得補助金;各種地方產業的融資及補助、補償金;還有數十年來社區營造的各項補助及獎勵機制。當賦權的規模擴及各種社會功能的科層體制,便形成臺灣地方社會與國家緊密勾連的特性,造就推動創新政策藍

圖及理性體制的困難之處。

成為國家代理人

回應前面提到「由上而下」的失敗，來自於國家代理人與新政策推動者之間的扞格。地方組織體系與國家連結讓地方組織自行成為部分的國家代理人，掌握特定意見的正當性。因此，如果有人想推動有意義的公共政策藍圖，多少得掌握一些國家代理人的條件，而國家的制定者如果沒有對應到代理人，就會在地方的關係網中寸步難行，被代理人們篡奪自身的正當性。

這種國家代理人的形式有很多類型。在地方團體，可能是劃定自己的社會身分，可以跟中央政府的部會溝通或參與部分行政計畫的制定；在部落組織，可能是擔任部落協會主席或幹事，推動部落自治或部落文化復振；在宗教團體，可能是將地方首長拉入宗教活動之中。因此，沒有國家代理人身分的地方參與者，就需要制定自己的方針，以對應這種現代性的機制。透過找尋價值認同的關係，建立自己的參與網絡，創造出另一種現代性的可能。畢竟，這是個資訊大幅增加造成高度分化的年代，政策上的共識只能靠一定的認同來維持。

王
麗
蘭

|

在臺灣，早年從事社區營造，到近年做地方創生的組織和團隊，應該都是直接問：「要找哪個單位補助？」因為大部分都有政府的補助。

相較之下，在馬來西亞華人社會做民間的社區營造或文化歷史保存工作的人，彼此都不會問資金來源，因為大多數都沒有政府的補助，一定是自掏腰包或向民間募款而來。這是二者在地方相關政策上最根本的不同。實際上，馬來西亞也不完全沒有社區營造的補助，只是並非在大政策的宣導下執行，故也難以看到具體成果。更多的是，偶一為之的短暫性計畫經費；活動辦完之後，經費無法核銷下來，被吃案的情況也時有所聞。

本文無意把馬來西亞的社會狀況放置在馬來人（國家與政府）／華人（民間）的二元對立架構下討論，但是很長一段時間，由於特殊的政治狀況，馬來西亞華人在從事地方文化歷史保存、社區營造，乃至地方創生相關工作時，多數時候確實是靠民間自己的力量完成。

這與臺灣的狀況正好可用來相互對照和討論，當然兩國民情不同、民主政治進程不一樣，我並沒有要比較誰是誰非，而是希望作為一個參考點，進一步刺激兩地的地方工作者及政策擬定者參照思考。

再窮也不能窮教育？

馬來西亞華人社會吸取了不少臺灣地方發展的經驗和作法，從社區總體營造到近年的新南向文化交流等政策，都促進了民間團體的經驗交換。

馬來西亞華人社會所面對的最大難題，在於其對國家的忠誠度始終受到懷疑。然而，與其他東南亞國家不同的是，在二十世紀初到二次大戰時，馬來西亞華人的人口數與本土族群（馬來族）人口數量相當，若再加上印度裔人口，便超越了馬來族。英國

殖民時期，英政府在當地（馬來半島）執行分而治之的政策，進而分化了當地族群和移民族群，使得馬來西亞在國家獨立與成立後，始終面臨國內多族群的局面，在政治、經濟、文化等層面上多有競逐之處。

在國家政權推動國族建構的工程中，華文教育不被國家政策所接納，在華人民間社會激起一波又一波的保衛華文教育運動。因此，馬來西亞的華文教育運動並非只是教育運動，而是社會運動。

然而，隨著時代的更迭，社會已經有了不同的面貌，不同的世代開始用不同的管道從事社區工作。例如，在馬來半島雪蘭莪州的烏魯冷岳社區文物館，可說是大吉隆坡地區最早投入社區工作的案例。創辦人已故李成金原本是中學老師，他對社區工作有獨到的見解，於是在當地首創文物館，為的是作為社區活動中心、串聯與活化傳統華人社團，並當作社區文化歷史保存及交流空間。也就是說，他的目的不在於成立博物館，博物館只是他介入社區的手段之一。

這間創辦於 2000 年、鄰近吉隆坡的華人地方博物館，可以說帶動了往後華人社會的博物館運動與地方工作。

風起雲湧的民間博物館運動

除了上述的社區營造活動，我因為博論田野調查的緣故，意外發現民間社會以及華人社會在博物館和文化資產保存的課題上，有了新的進展，其中的表現頗讓人驚豔。根據我的研究統計，華人社會在近二十年來共建立了約 93 間博物館，包括會館、華校，以及新興華人社團組織所建的文物館、故事館、校史館和紀念館等，還有很多地方歷史文化館，如歷史最悠久的烏魯冷岳社區文物館、新山華族歷史文物館、務邊文物館、實兆遠墾場博物館等等。這類地方文化館成立的目的，大多是希望保存地方文化和歷史，以及營造歷史教育現場，並促進相關的地方研究。而這類博物館

都是由民間資助成立，幾乎沒有獲得政府的補助。

這群人建立民間博物館的行動，實際上就像我們所從事的地方工作，只是他們的形式是以博物館的面貌展示在大眾眼前。根據我的研究，這是延續了過去華教運動累積的社會能量與動員，由第三、四代華人所繼承的民間力量。進一步分析他們的展示內容後會發現，其所展現出來的認同已經逐漸轉向在地認同，像是在強調自己祖籍地的同時，也強調在該地區發展的歷史。

馬來西亞華人民間社會透過建立博物館的方式，來展現自己的在地認同與生根的企圖。當然，若進一步分析會發現，前述的博物館運動參與者，還是以老牌的華人社團為主，是華人文化保存活動的延續。

重新與地方連結的新興地方組織

若將焦點轉向更年輕的世代，就會發現馬來西亞有一群青年更接地氣了！這群地方文化工作者、政治工作者、領隊導遊、文藝青年、建築師、設計師等個別或組織起來，在地方上做事。他們所做的事，很像臺灣的社區營造和地方創生行動，包括規劃地方小旅行、發掘在地好滋味、建立獨立民宿、辦雜誌、創造文創空間等等。這些團隊的計畫各異，但都是「從」地方出發、「為」地方出發、「在」地方出發。

這些青年世代切入社區的方式很不一樣，有的是若干同好組成社團，也有以個人為單位設立獨立民宿，或一群人斜槓來辦地方雜誌等。在社區營造與地方創生的概念傳入當地以前，實際上已經有人用一己之力，投入像是位於馬來半島東海岸登嘉樓 (Terengganu) 北部的本那麗 (Penarik)，被譽為馬來西亞最早的地方創生工作者李雲平，早在三十幾年前就投入馬來傳統房屋的保存並轉化成精品酒店，組裝且逐漸形成了古蹟部落 (Terrapuri)。從李雲平三十幾年的經營經驗來看，他一早就知道文化

保存、社區營造的工作不能只靠熱血，若想持續，就必須有商業經營模式介入。這正是近年來地方創生所談的核心概念。

在疫情期間異軍突起的地方雜誌《麻河時光》，是由馬來半島南部小鎮麻坡一群專業人士所組成的聯盟。裡面的成員包括建築師、設計師、文案寫作者、幼教老師等，因為疫情的關係被迫「留」在家鄉、「住」在家裡。透過串連和發想，他們認為不應該坐以待斃，反而結合了眾人的力量，試圖透過雜誌的出版，將地方的故事用「一條河」的概念貫穿。雜誌的出版完全是透過眾籌而來，成員充滿機動性與靈活度。

另一個值得一提的例子，就是這幾年我們的合作對象，在南馬柔佛州靠近新加坡的鳳梨小鎮北干那那。這個小鎮與其他華人新村小鎮一樣，曾經面臨產業轉型、人口外移的情況。當地社區組織「想像北干」創辦人徐銘權，是來自新加坡的返鄉青年，致力於復振當地消失已久的中秋傳統——風箏燈籠。我們與他們合作，2023年開始進駐當地，用三個暑假的時間與在地人一起紀錄當地歷史，書寫地方故事。

在家靠父母，出外靠朋友。馬來西亞的地方案例告訴我們，當政府長期缺席，父母官沒有提供資源，就是我們向外廣結善緣的時候了。因為有需求，因為有人願意行動，民間自己的力量就會長出來。到了這個時候，政府若要介入，便可以借力使力、相輔相成。

即使馬臺兩地的地方景況懸殊，但我覺得還是有個共通點：只要民間的力量夠厚實、夠堅強，就有機會介入政府政策，創造更大的影響力。

後記｜AFTERWORD

一起成為地方工作者

　　臺灣是一個得天獨厚的島嶼，複雜多變的自然條件與前仆後繼的多元族群在此交會，形構出星羅棋布的多種地方，滋養出多樣的臺灣人。然而在當代，受到都市化、工業化、現代化乃至新自由主義的衝擊，各地方樣貌漸趨模糊。弔詭的是，與此同時，「地方」卻又相當炙手可熱，不僅政府部門的資源爭相投入，[1]小旅行、走讀、文創、體驗等民間活動也百花齊放。

　　雙重矛盾的社會樣態——衰退與活力、貧瘠與熱絡——在臺灣各地糾結盤旋。正是在這樣的背景下，我們成為進入地方耕耘的工作者，多數走過求學、離鄉再進鄉的道路，換言之，都經歷過某種「再地方化」。過程中，我們仰賴田野調查，以此認識地方、釐清定位、尋找支點，並且縫合與地方的距離。

　　在以上的背景和軌跡中，顯現了臺灣地方工作團隊的發展曲線：初期，我們懵懵懂懂，只是出於素樸的情感或召喚；之後，我們跌撞上路，有時受各地華麗活動吸引，有時焦慮自己或地方不如他人他鄉；最後，我們逐漸成為地方的一部分，與之共同起伏一起喜悲。這些點滴都走過心頭，至今也時不時困擾著我們。

　　顯然，地方工作註定以多工斜槓的方式進行，也沒有完結的一天，但正是這種多重糾結，奠定我們的地方基礎，而且可以用某種「大寫的我」的姿態生活其中，感受到自己不只是個體，還是整體地方的一分子，是漫長歷史中的一塊結晶，能夠

FOOTNOTE | [1]
包括國發會的青年培力工作站、文化部的青年文化村落、教育部的青年社區參與行動、農委會的大專生迴游農村等。

出於地方而行動。在此意識下,「我們」這個群體逐漸完成從自在 (in itself) 到自為 (for itself) 的轉型;近十年來,從隱約到爭鳴,臺灣的地方工作者的隊伍已然成型。

以上這些歷程與思緒,正是本書撰寫的前提,的確相當複雜,因此,從發想、組隊、研討、撰寫到修訂,花費超過一千六百個日子。然而,各篇章的書寫並不是平均每天寫十個字就完成,更是一趟曲折的旅程:一開始,我們反芻改寫,嘗試將自身經驗以最平易的方式帶出;中間發生疫情,無法出田野的時候,我們在線上一起檢視心路、反思反身;解封後,我們又一再發現「欠一味」(不夠完備)的所在,因此不斷超展開、自我增生。

本書的有機性還來自作者群生命階段的變化,在將近五年的歲月裡,歷經小孩出生上學、團隊擴張改組、職涯轉型升遷、取得碩博士學位等等。我們深刻感受到,出於地方的特質,無論是地方工作、作者群乃至本書,都是某種地方特調的成分,當然讀者也是如此;而「特調」——無論是作為地方性呈現的滋味,或是掌握地方的理解方式——都來自土地生生不息的生命力,彼此相互牽引。

因此,本書更是新階段的起點,期待更多的互動、交流及合作,很歡迎透過出版社聯繫作者群,在未來一起發展屬於臺灣的特調。

田野特調
調查地方的手法、配搭與尾韻

主編
邱星崴

作者
邱星崴、陳冠彰、王麗蘭、佘岡祐
王昱登、蔡念儒、劉書甫、吳宗澤

責任編輯
黃恩霖

裝幀設計
井十二設計研究室

印刷
漢藝有限公司

出版者
游擊文化股份有限公司
電子信箱　　　　guerrilla.service@gmail.com
官方網站　　　　https://guepubtw.com/
臉書專頁　　　　https://www.facebook.com/guerrillapublishing2014

總經銷
前衛出版社＆草根出版公司
地址　　　　　臺北市中山區（104）農安街一五三號四樓之三
電話　　　　　（02）2586-5708
傳真　　　　　（02）2586-3758

ISBN 978-626-99522-2-9

初版　　　　2025/05（一刷）
定價　　　　NT$500

田野特調：調查地方的手法、配搭與尾韻
邱星崴、陳冠彰、王麗蘭、佘岡祐
王昱登、蔡念儒、劉書甫、吳宗澤　合著
——初版——[臺北市]
游擊文化股份有限公司，2025.05
352 面；17x23 公分

ISBN 978-626-99522-2-9（平裝）

1. CST：社會學
2. CST：田野工作
3. CST：研究方法

540.1
114004211

電子信箱　　游擊官網　　臉書專頁

本書如有破損、缺頁或裝訂錯誤，請聯繫總經銷。
著作權所有．翻印必究